J. Lozano Diez
Dr. en Teología Bíblica

CREER EN TIEMPOS DIFÍCILES

La ciencia no apagará
la llama de la fe

J. LOZANO DIEZ nació en Madrid (España) el 18 de mayo de 1937. Es licenciado en Teología Pastoral por la facultad de teología de Collonges s/Salève (Francia), Master en Teología de la Misión por la facultad de Aix-en-Provence (Francia), licenciado en Teología Bíblica por la facultad de Granada (España) y doctor en Teología Bíblica por la misma facultad con la mención *Magna cum laude*. Ha sido pastor de iglesia, de distrito y evangelista de la Unión Adventista durante más de veinte años. También ha ejercido como responsable de la asociación pastoral de la iglesia durante 14 años y como presidente de la Unión Adventista durante 4 años. Es en la jubilación cuando ha tenido la oportunidad de pronunciarse sobre las cargas que los creyentes cristianos deben hoy soportar para mantenerse firmes en la fe. El carácter escatológico de esta obra no implica decepción o angustia por la rápida secularización de la sociedad postmoderna y por nuestro futuro, sino un signo de esperanza para quienes creen y estudien las Sagradas Escrituras con la mirada puesta en el acontecimiento más grande de la historia: el establecimiento del Reino de Dios.

EDITORIAL CLIE
C/ Ferrocarril, 8
08232 VILADECAVALLS
(Barcelona) ESPAÑA
E-mail: clie@clie.es
http://www.clie.es

CREER EN TIEMPOS DIFÍCILES. La ciencia no apagará la llama de la fe
ISBN: 978-84-8267-997-6
Depósito legal: B-8281-2016
Teología Cristiana
Apologética
Referencia: 224955

Impreso en USA / *Printed in USA*

ÍNDICE GENERAL

Introducción

Para no pocos autores, los conceptos «religión» y «espirituali-dad» están interaccionados, de modo que no es posible entender la una sin la otra. H. Küng escribe al respecto: «La crisis espiritual de nuestro tiempo está marcada de un modo decisivo por la crisis religiosa» (*Teología para la posmodernidad*, p. 19). En el presente, en esta sociedad que muchos definen como «posmoderna», millones de hombres y mujeres permanecen indiferentes ante la idea reli-giosa de Dios, cuando no se tornan beligerantes contra la fe en sus variados sentidos. Es un fenómeno nuevo por su magnitud, puesto que alcanza a grandes sectores de la sociedad que nosotros conside-ramos como «avanzada» o culta.

A lo largo de la historia, las gentes se han movido recorriendo grandes distancias para visitar lugares que eran considerados san-tos: la Meca, Santiago de Compostela, Roma, el río Ganges y tantos otros. Todavía hoy se mantienen, llenas de concurrencia, las visitas a estos lugares, aunque en algunos casos las mismas se han visto re-ducidas notablemente. Si hasta el siglo XVIII la religión y la sociedad se identificaban entrecruzándose a casi todos los niveles, hoy ya no sucede así, pues cada vez se conforman más como entidades clara-mente diferenciadas. Lo social y lo científico vuelven la espalda a la fe en Dios, cuando no se oponen activamente a las opciones de la esperanza en un futuro trascendente. Es un conflicto, por lo menos en apariencia, entre no creyentes y creyentes, y digo en apariencia por pensar que aun el ateísmo evolucionista toma hoy posiciones que tienen no poco que ver con la fe, aunque no se trate de una fe en Dios. Así parece verlo también la periodista de investigación cientí-fica O´Leary Denyse: «Es importante notar que las discusiones del siglo veintiuno sobre la fe y la ciencia no son un debate entre la fe y la razón sino entre dos formas de fe diferentes. Cada uno puede creer en las leyes misteriosas en referencia a infinitos universos o creer en Dios. Estas dos inmensas posibilidades son muy antiguas: no ha habido ningún descubrimiento nuevo después de todo» (¿Por diseño o por azar? El origen de la vida en el universo, p. 52). Tal vez lo que más nos llama la atención en la sociedad presente sea su dinámica propagandística, mostrada por ateos reconocidos (citaremos algunos más adelante), quienes hoy se han decidido por un verdadero apostolado activo a favor de la increencia. Intuyo que se ha producido una especie de reacción en el ateísmo que podríamos considerar como «misionera», mediante la cual se busca que el que cree no crea, que el que acepta una visión trascendente de la vida sólo acepte su temporalidad, que quien confía en Dios acepte creer sólo en el hombre como dispensador del futuro de la humanidad. En este sentido, sólo citaremos en este trabajo a algunos autores de los siglos XIX y XX (muy significativos por su crítica de Dios y de la religión), tales como L. Compte, A. Feuerbach y F. Nietzsche, en el siglo XIX, a quienes se puede encuadrar entre los más firmes promotores del ateísmo. Igualmente citaremos a algunos científicos y pensadores contemporáneos nuestros, como R. Dawking, St. Jay Goultd, S. Harris y Ch. Hinchens, entre otros.

Los ciudadanos hoy, a finales de la primera década del siglo XXI, nos vemos obligados a participar de una confrontación entre la ciencia y la fe, siendo ésta de una magnitud tal como no es posible encontrarla con anterioridad en ningún momento de la historia. El filósofo A. N. Whitehead escribe: «Cuando uno considera lo que la religión representa para la humanidad, y lo que la ciencia es, no es una exageración decir que el curso futuro de la historia depende de la decisión de esta generación sobre la relación entre ambas. Tenemos aquí las dos fuerzas generales más fuertes que influencian al hombre y que parecen situarse la una contra la otra» (Science and the Modern World, pp. 181-182). Nunca antes estuvieron tan claramente definidas las dos posiciones, ni la sociedad tan dividida entre el dominio de la creencia y la increencia. Nunca antes se soslayó tanto a Dios, aparcándole a un lado del camino, substituyéndole por otros «dioses» que nada ofrecen para el más allá puesto que su propuesta, placentera y hedonista, sólo tiene que ver con lo temporal pero que, en compensación, nada exigen.

Nada en la historia parece que suceda por casualidad, teniendo que aplicar la ley de «causa y efecto» para hallar la correcta explicación de las cosas en su tiempo histórico. Es en el pasado donde debemos encontrar la respuesta a la situación de conflicto entre creyentes y no creyentes que actualmente vivimos. El presente se explica desde el pasado, así como las futuras generaciones tendrán que encontrar algunas respuestas a sus problemas en nuestra actual generación, pues cada generación pasada, situada históricamente, ofrecerá respuestas clarificadoras a los acontecimientos a los que tendrán que hacer frente las generaciones futuras. Los elementos generadores de la actual situación de crisis de fe vienen de lejos: nacieron en su momento y, de acuerdo con el natural avance histórico, cultural y científico experimentado, se han desarrollado tomando carta de naturaleza entre nosotros.

El pasmoso avance de la ciencia, especialmente en el siglo XX, ha propuesto muchos interrogantes que el hombre ha decidido responder de una manera un tanto simplista: Dios no existe porque ya no es necesario para justificar las maravillas de la naturaleza de este pequeño mundo y aun del universo. Es cierto que entre las dos vías, creación y evolución, se ha abierto una tercera que podríamos presentar como «vía de compromiso», es decir, una vía intermedia que busca hacer válida la existencia de Dios sin renunciar por ello al largo proceso de la evolución (P. Teilhard de Chardin me parece que es el exponente máximo de esta teoría). No hay duda de que en las tres proposiciones encontramos argumentos favorables importantes, conceptos con los que podemos estar de acuerdo y conceptos para discrepar, pues los objetivos finales son inalcanzables para la mente humana y para los medios que el hombre de ciencia posee. De tal modo es esto cierto, que podemos pensar que, sin importarnos cuánto avance el conocimiento científico, siempre nos encontraremos a una distancia inalcanzable de la respuesta final. El misterio siempre acompañará a las criaturas, como si el saber definitivo tuviera como objetivo mantener al hombre a la distancia oportuna y en una posición de dependencia respecto de lo «absoluto».

El científico o pensador (filósofo) concluye que Dios no es ya necesario (aunque lo fuese en algún tiempo en el pasado, como lo reconoce Freud, pero lo hace en base a hipótesis, intuiciones subjetivas o claros deseos de originalidad). Estos son tiempos difíciles para el creyente pero, tal vez por eso mismo, tiempos apasionantes para la búsqueda de una fe auténtica, personal, interiorizada y experimentada; una fe dinámica, fuerte para el debate con la sociedad que no cree en la trascendencia de esta vida y, por lo tanto, nada espera de un futuro eterno. En fin, una fe fuerte y sabia para no renunciar a la esperanza trascendente que nos viene de las Escrituras y que debe dar un colorido especial a nuestra existencia.

Contra este criterio esperanzador, se pronuncian hoy no pocos autores que se expresan con gran dureza contra la fe, y a veces con tan fuertes sarcasmos sobre la religión cristiana, que nos hace pensar que están movidos más por algún resentimiento personal que por una crítica constructiva a la religión. El filósofo X. Zubiri lo dice de un modo más directo: «Yo creo sinceramente que hay un ateísmo de la historia. El tiempo actual es tiempo de ateísmo, es una época soberbia de su propio éxito. El ateísmo afecta hoy, *primo et per se*, a nuestro tiempo y a nuestro mundo» (*Ateísmo, Historia, Dios*). Personalmente percibo el mismo sentimiento de Zubiri cuando leo a S. Harris, R. Dawkins o Ch. Hitchens, autores ateos a los que más adelante nos referiremos. No obstante, citaremos ahora como ejemplo a Sam Harris (psiquiatra de profesión y ateo por vocación), en su obra *El fin de la fe*, cuyo hilo conductor trata sobre la religión organizada, el enfrentamiento entre la fe religiosa y el pensamiento racional, y los problemas de la tolerancia en el marco del fundamentalismo religioso. La obra está destinada a asegurar que la religión es sólo un problema para el desarrollo socio-cultural de la sociedad actual y que la fe religiosa está destinada a desaparecer. Harris comienza su libro describiendo el periodo de «duelo colectivo y estupefacción» que siguió a los ataques terroristas del 11 de septiembre en la ciudad de Nueva York, y exponiendo en él una amplia crítica a todos los estilos de creencias religiosas, capaces, asegura, de gestar actos tan dramáticos e inhumanos como este. Volveremos sobre este tema.

Señalo, más a título de anécdota que de confrontación, cómo el propio Hitchens (un ateo activo) parece certificar su nulo compromiso con la religión a la que ataca duramente en su obra *Dios no es bueno. Alegato contra la religión*, indicando con ello que no parte de una experiencia religiosa que pudo ser defraudada por alguien o por algo, en algún momento de su vida, e incluso me atrevería a decir que no parte siquiera de una actitud de respeto por lo religioso. No concede ninguna importancia al hecho de que fue miembro bautizado de la Iglesia Anglicana, ni que se uniera a la Iglesia Ortodoxa Griega «para complacer a mis suegros griegos», ni, finalmente, casarse ante un rabino judío reformista quien «era consciente de que su homosexualidad de toda la vida estaba castigada por principios como una ofensa capital, punible, según los fundadores de su religión con la lapidación» (p. 30). Harris no deja en pie nada que tenga que ver con las iglesias o con la religión. ¡Es tan fácil desacreditar algo o a alguien usando hechos anecdóticos o puntualmente históricos, pero sin la necesaria perspectiva! Este autor sigue la antigua táctica: «Desacredita, que algo queda». Siempre he sentido poca simpatía por el método del descrédito, la broma fácil o la anécdota que ridiculiza a un individuo o a un colectivo, porque, por ese camino, todos nos reiremos de todos, incluso de los ateos.

En el siglo actual, participando de una sociedad más y más tecnificada, se está librando una batalla entre el intelecto y los sentimientos de la humanidad. Muchos, con un concepto materialista de la historia, creen firmemente que los avances de la ciencia pueden llenar los huecos de nuestra comprensión de la naturaleza, enseñando que creer en Dios es fruto de una superstición ya superada, y que sería mejor para la humanidad aceptar el fracaso de la fe como elemento rescatador del ser humano. Sin embargo, muchos creyentes se manifiestan convencidos de que la verdad que creen, nacida del análisis espiritual interior, es más convincente que las ideas que eliminan a Dios, procedentes de la fuente de la filosofía, la biología, la física o las matemáticas. Siendo esto correcto en base a la libertad a la que cada uno tiene derecho (todos somos dueños de nuestra creencia), no deja de ser preocupante que, finalmente, la creencia en Dios se haya presentado, a veces, bajo un aspecto tan beligerante como pueda serlo la posición materialista que hemos citado anteriormente. Así pues, tenemos a la fe y la ciencia confrontadas, en lugar de que, juntas, busquen caminos de entendimiento para hacer posible una mayor riqueza en la comprensión de la verdad, tanto la inmanente como la trascendente. Ante esta situación que vivimos con toda su tensión, podemos preguntarnos ¿daremos la espalda a la ciencia porque se la percibe como una amenaza para Dios? O por el contrario, ¿daremos la espalda a la fe, concluyendo que la ciencia ya está lista para ocupar el lugar que la religión, ya superada, debe dejar vacío? Ahí reside el dilema al que creyentes y no creyentes tenemos que hacer hoy frente, aunque no deberíamos olvidar que, como escribe el científico F. S. Collins, «el Dios de la Biblia es también el Dios del genoma. Se le puede adorar en la catedral y en el laboratorio. Su creación es majestuosa, sobrecogedora, compleja y bella, y no puede estar en guerra consigo misma. Sólo nosotros, humanos imperfectos, podemos iniciar tales batallas. Y sólo nosotros podemos terminarlas» (¿Cómo habla Dios?, p. 226).

Daremos un apunte más sobre el tema que ahora nos ocupa (lo trataremos extensamente más adelante) y que podríamos definir como «un sentido escatológico de la fe». Lo haremos en referencia al texto del evangelio: «Cuando el hijo del hombre venga, ¿hallará fe en la tierra?» (Lc. 18:8). Los creyentes en las Escrituras no podemos olvidar que éstas tienen un claro sentido escatológico y que el texto que acabamos de citar podría ser incluido entre la documentación revelada sobre escatología y, más concretamente, sobre la parusía o segunda venida de Jesús. Es este acontecimiento una doctrina central del cristianismo, puesto que todo cuanto es y significa la fe tiene como objetivo la trascendencia, el más allá, el Reino de Dios, en fin, la vida eterna. La parusía, como suceso íntimamente vinculado con la resurrección, es decisivo en el marco de la esperanza cristiana pues, sin el regreso de Jesús a este mundo, la fe cristiana pierde todo sentido teológico, así como su valor en la espera de un futuro galardonador de las vicisitudes tenidas durante la experiencia en esta vida. La parusía es la culminación del proceso salvador concebido por Dios a favor del ser humano caído en el pecado; así como la actual crisis de fe y el denodado enfrentamiento entre ciencia y religión podría entenderse como un esclarecimiento escatológico que ilumine nuestra espera de la parusía y el camino de nuestra esperanza.

Además, la fe cristiana, tema central de esta obra, debe adornarse con una característica que la capacitará para hacer frente a los «ataques» de la ciencia: cambiar su pasado marcado por la «estática», la «contemplación» y la «mística» por una disciplina práctica, por una actitud dinámica de participación y propuesta a la sociedad, es decir, por una acción evangelizadora que dinamice en nosotros la vivencia del evangelio, como un poderoso argumento contra la propuesta actual al hedonismo, la indiferencia hacia los ideales de cualquier clase y el egocentrismo que se encuentra enraizado en nuestra sociedad occidental materialista. Si vengo de la nada y hacia la nada me dirijo, entonces «comamos y bebamos que mañana moriremos» (1 Co. 15:32). Esta es la consecuencia del nihilismo (vacío) al que S. Pablo hace referencia cuando lleva a cabo su planteamiento cargado de lógica: «Si no hay resurrección de muertos, Cristo tampoco resucitó;

y si Cristo no resucitó vana (kenòn, vacía) es entonces nuestra predicación, vana es entonces nuestra fe» (vv. 13-14).

Frente al inmovilismo acomplejado que puede afectar a los creyentes hoy, debido a la oleada de propuestas que renuncian a Dios y a toda forma de vida ultraterrena, debemos responder con una fe interiorizada, más individual que nunca, firmemente adquirida por la revelación y la búsqueda sincera, profundamente deseosa de ser compartida, más dependiente de Cristo que de la Iglesia, más dependiente de mi propia convicción a la luz de la Escritura que del colectivo. Ambos necesarios, pero con una cierta jerarquía. Karen Amstrong lo expresa del siguiente modo: «De nada sirve sopesar las enseñanzas de la religión para juzgar su verdad o falsedad, antes de embarcarnos en un modo religioso de vida» (*En defensa de Dios*, p. 17). Puede que el argumento genésico que los científicos buscan en las estrellas, debamos finalmente buscarlo aquí, entre los hombres, mediante una experiencia del amor fraternal que alivia el alma y consuela al afligido. No cuesta pensar lo inútil, por no decir doloroso, que puede resultar para las buenas gentes de Haití que les fuéramos a animar (después del terremoto y el cólera) con el mensaje de que no hay Dios ni vida después de esta vida y de que la segunda venida de Cristo no tiene sentido después del rechazo de toda existencia trascendente. Si el dolor complica a veces la creencia en Dios, también el dolor puede llenar de desesperación el corazón de los millones de personas que, por terremotos, tsunamis, guerras, hambres y plagas, sufren y mueren sin tener derecho a pensar que existe un «después» que compense su sufrimiento. La fe no será empíricamente demostrable, ¡pero es tan necesaria para la vida!

PRIMERA PARTE
Los complejos caminos de la fe

CAPÍTULO I
Creer hoy, una experiencia difícil

La crisis de la fe cristiana tiene su historia y sus causas. No se nos ha venido encima de repente, sin avisar, sin ofrecer datos que nos advirtieran de que tal hecho se estaba produciendo. De eso trata esta obra, ofreciendo una breve historia del fenómeno producido por el enfrentamiento de la fe y la ciencia, así como el necesario análisis de las causas que lo han producido y de las consecuencias que se han obtenido. Podría parecer simplista el hecho de tratar un asunto tan complejo en unas pocas páginas, pero renunciamos a un desarrollo más técnico en aras de una mejor comprensión del tema por todos aquellos que se acerquen a él, en busca de explicación para sus posibles inquietudes espirituales.

Creyentes de todos las confesiones cristianas se preguntan hoy con preocupación por el futuro de la Iglesia. Personalmente estoy de acuerdo con quienes piensan que, tal como sucedió con el Judaísmo, que gozó de la protección divina para su supervivencia durante siglos, así Dios protegerá a su Iglesia hasta el fin, hasta que Él venga a rescatarla. Luego mi inquietud está menos en la supervivencia del cristianismo (que corresponde sólo a Dios hacerla posible, mientras cada creyente colabora), que en la experimentación viva de mi fe en Jesucristo. El ataque del maligno contra la Iglesia es sólo la suma de los ataques individuales a los creyentes que la componen. Atacando a cada creyente, ataca a la Iglesia toda y, por el contrario, con mi victoria sobre la apatía religiosa, se hace posible proporcionalmente la victoria de la Iglesia. Si Dios protege a su Iglesia universal y yo, con su ayuda, permanezco fiel a la cruz de Cristo, no tengo nada que temer, ni del presente ni del futuro.

En el siglo actual, participando de una sociedad más y más tecnificada, se está librando una batalla entre el intelecto y los sentimientos de la humanidad. Muchos, con un concepto materialista de la historia, son conscientes de que los avances de la ciencia pueden llenar los huecos de nuestra comprensión de la naturaleza, enseñando que creer en Dios es fruto de una superstición ya superada, y que sería mejor para la humanidad aceptar el fracaso de la fe como elemento rescatador del ser humano. Sin embargo, muchos creyentes se manifiestan convencidos de que la verdad que creen, nacida del análisis espiritual interior, es más convincente que las ideas que eliminan a Dios, procedentes de la fuente de la filosofía, la biología o la psicología. Siendo esto correcto, en base a la libertad a la que cada uno tiene derecho (cada cual es dueño de su creencia), no deja de ser preocupante que, finalmente, esta posición se haya presentado, a veces, tan beligerantemente. Así pues, tenemos hoy enfrentadas a la fe y a la ciencia en lugar de que, juntas, traten de encontrar caminos de entendimiento para hacer posible una mayor riqueza en la comprensión de la verdad, tanto la inmanente como la trascendente. Ante esta situación que vivimos con toda su tensión, podemos preguntarnos ¿daremos la espalda a la ciencia porque se la percibe como una amenaza a la creencia en Dios? O, por el contrario, ¿daremos la espalda a la fe, concluyendo que la ciencia ya ha alcanzo el nivel necesario para conseguir que la experiencia religiosa sea innecesaria?

Puede que el peor adversario del cristianismo no haya que buscarlo entre los evolucionistas ateos o los filósofos de la «muerte de Dios» (a los que nos referiremos más adelante), sino en la pérdida del sentido religioso de los propios creyentes. Ahora no se trata tanto de discernir si la fe actual, aunque menos contundente que en el pasado, llegue a ser más o menos sincera por tener que ejercerla en un medio que no la favorece en absoluto. Ser creyente hoy, cuando hay tantas propuestas que desalientan la profesión de una fe genuina, determina con mayor firmeza la autenticidad de esa fe.

Podemos considerar la sociedad actual (que se define como posmoderna) como una sociedad «presentista», es decir, que nada que escape al presente interesa, con un peligroso olvido de las voces del pasado que nos advierten. He vivido una larga experiencia pastoral con las almas, en múltiples países y con muy plurales culturas. He visto, como si de una gráfica se tratara, los picos y las caídas del interés de las gentes por el mensaje evangélico. No se trata de que la sociedad no necesite ya la palabra alentadora del amor y de la esperanza, —¡la necesita con mayor intensidad si cabe!, pero no lo sabe— dejando por ello de ocuparse en la búsqueda de un verdadero sentido de la vida, aunque éste parece estar muy claro en términos materiales. Tal vez la publicidad, alentando el consumo de cosas, o la política, o las severas discrepancias que siempre han acompañado a la historia del cristianismo, sea lo que ha producido ese gran desinterés por todo lo que tenga que ver con el pensamiento y la trascendencia. Les decimos a las gentes que tenemos un libro común en el que nos inspiramos (la Biblia), que creemos en un mismo Dios revelado en Jesucristo y que todos aspiramos a la vida eterna; sin embargo, ¡a veces somos más adversarios que amigos! ¿Por qué extrañarnos entonces de que se mire con reticencia a los creyentes cuando intentan compartir con ellos su esperanza? Como muestra podemos citar a G. Hallosten, quien da por supuesto que Europa ya no es un continente cristiano (*Europa: perspectivas teológicas*, pp. 535-551), ya que el cristianismo se ha desplazado a las iglesias de los países más deprimidos o los emergentes, menos tocadas por la filosofía de la muerte de Dios y el materialismo. Es allí donde todavía no aparece generalizado el concepto de libertad en la relación de los creyentes con su Iglesia, libertad que, indebidamente utilizada, está generando un proceso de secularización que se convierte en un gran escollo para el desarrollo administrativo y misional de la misma. Abundando en la noción de crisis de la Iglesia, Juan Martín Velasco señala: «Para los analistas 'modernos', el rechazo del cristianismo y, después, la negación de la trascendencia ajena al hombre, son las condiciones indispensables para el progreso de la sociedad (…) La modernización de la sociedad exige la eliminación en ella del cristianismo» (*El malestar religioso*, p. 23).

El poder del mal tiene empeñada una lucha contra cualquier expresión de fe en Jesucristo, recurriendo para ello a su arma más eficaz, que no fue nunca la persecución física en todas sus formas, sino la actuación sutil, solapada y silenciosa; sin manifestar, cuando puede evitarlo, la realidad de su ataque. El método es antiguo como el mundo mismo, pues, de acuerdo con la Escritura, la desdichada historia del pecado se inició así, sutilmente, con palabra suave y amistosa, buscando la perdición del hombre al ofrecerle un estatus que satisficiera su «ego» y su autoestima, situación que sigue vigente. Veamos brevemente su actuación en el Edén. Se presenta a Eva debidamente informado de lo que Dios había enseñado a la pareja: «¿Con que Dios os ha dicho?». Satanás lo sabe, está al tanto de las condiciones puestas por el Creador para que vivieran en paz y

CREER EN TIEMPOS DIFÍCILES

eternamente. Este conocimiento debía permitir que Eva se confiase, para poder así completar Satanás su actuación con un ofrecimiento magnífico, «tentador»: «No moriréis». Es decir, «si yo conozco lo que Dios os ha dicho, también sé que no moriréis», antes bien «serán abiertos vuestros ojos, y seréis como dioses, sabiendo el bien y el mal» (Gn. 3:5). Nada de golpes en la puerta de su corazón, ni ningún tipo de violencia, sino sutilezas que doblegan su voluntad encaminándola por la senda equivocada que le interesa que sigan. El resultado es suficientemente conocido gracias al relato bíblico (Gn. 3:1-7). No existe presión física, ni tortura, sólo un método suave que se impone a la voluntad. Las consecuencias fueron terribles.

En las sociedades libres y democráticas, donde a nadie se le amenaza por causa de sus creencias religiosas, donde cada individuo se encuentra en disposición de seguir los dictados de su conciencia sin ningún tipo de represión legal, ¿es tentado el creyente? ¿De qué forma? ¿Cuál es el canto de sirenas de la sociedad dirigido al creyente? Todos hemos oído hablar de la experiencia de Ulises, el héroe mitológico que superó el peligro de los irresistibles cantos de sirena que atraían a los marinos con sus barcos hacia la costa haciendo que se estrellaran contra las rocas y perecieran. La solución la encontró tapando sus oídos con cera para no oír la sutileza de la música maravillosa con un destino de muerte. ¿Podría aplicarse esta historia mitológica en la sociedad del desarrollo y la abundancia en la que vivimos? ¿Podríamos hoy encontrar algo que nos haga recordar los cantos de sirena del relato mitológico?

Tenemos otro ejemplo de actuación sutil y persuasiva del Maligno, aunque esta vez sin éxito por su parte. Ahora se trata del segundo Adán, de Jesús en el desierto, cuando fue exhaustivamente tentado con la aviesa intención de malograr el plan de la salvación elaborado por Dios a favor de ser humano. ¡Nada de violencia, de forzar a su oponente o de amenazarle! De nuevo la sutileza y la astucia. ¿Tienes hambre después de 40 días de ayuno? Pues «di que estas piedras se conviertan en pan»? (Mat 4:3) Yo sé que puedes hacerlo. Después agudiza el sistema, el método para hacer caer a Jesús. Se olvida de lo físico y toca su orgullo, su ego más íntimo. Si eres lo que pretendes que eres, entonces «échate abajo, que sus ángeles mandará por ti» (vv. 5-7). Fracasado su propósito, vuelve a la carga con la tercera tentación, con la que pone en juego toda su astucia tentadora ofreciéndole «todos los reinos de este mundo». Finalmente se retiró fracasado, porque ser astuto no garantiza que se sea inteligente ¡y Satanás no lo es!, como no lo es nunca, por definición, el error y el pecado. Jesús resistió la prueba con su sentencia: «Vete Satanás, que escrito está: 'al Señor tu Dios adorarás y a Él sólo servirás'» (v. 10).

Como en el caso de Jesús, con enorme sutileza a veces, es probada la fe de los creyentes, y esto más firmemente que a través de la violencia. No se trata de obviar que ésta ha sido utilizada en la larga historia del cristianismo, pero ha sido siempre menos eficaz para eliminar, o siquiera debilitar, la fe en Dios y en la revelación mostrada a través de Jesucristo.

Cuando los cristianos de los primeros siglos tuvieron que soportar las persecuciones romanas, no cedieron en su fe, aun a costa de su vida. Muchos murieron por ella y la sangre derramada por los mártires se transformó en caudal de vida ejemplar para miles de convertidos por su testimonio (el término «mártir» viene del griego *martyria*, que significa «testimonio»). Satanás generó mucho sufrimiento entre quienes creían en Jesús, ¡pero se equivocó de método! La fe cristiana se expandió por todo el imperio, de modo que se dice que a finales del siglo segundo ya se oraba al Señor en todo el imperio romano, incluido el norte de Europa (Oury G. M., *Histoire de l'Évangélisation*, pp. 18-20). Por eso pienso que el mayor peligro para la fe ha de venir de las tácticas astutas y sutiles del mal, no de la violencia. Ambas, astucia y violencia han sido y serán utilizadas por el maligno, pero la peor de ellas, en mi opinión, será la oposición sutil. Es posible pensar en la torpeza del maligno en su proyecto de hacer matar a Jesús en la cruz del Calvario. Primero, intentó impedirlo sutilmente utilizando al apóstol Pedro, cuando esté, al oír decir a Jesús que «le convenía ir a Jerusalén, y padecer mucho de los ancianos, y de los príncipes de los sacerdotes» (Mt. 16:21), reprende a Jesús diciéndole: «Señor, en ninguna manera esto te acontezca» (v. 22). Al no tener éxito su propuesta (v. 23), Satanás tomó el camino de la eliminación, mostrando con ello cuán necio puede ser el pecado. Inicialmente no quiere que sufra (sencillamente no quiere que vaya a Jerusalén), pues parece saber que tal sufrimiento era la clave de la salvación de la humanidad y su definitivo fracaso y condenación. Después pasó a desear su muerte y a hacerla posible manipulando la favorable disposición de los dirigentes judíos. ¿Acaso ignoraba en aquellos momentos que la muerte de Jesús, y sólo su muerte, haría posible el triunfo del ser humano para vida eterna? ¿Cómo podía ignorar que si Jesús moría, triunfando sobre el dolor y el pecado, él estaría definitivamente condenado? Ya he dicho anteriormente que Satanás disfruta de una información mesiánico-profética de alto nivel, pues no podemos olvidar que «también los demonios creen y tiemblan» (Stg. 2:19). Sólo podemos concluir que la inducción de Jesús a la muerte, la llevó a cabo Satanás con la esperanza de que el Hijo del hombre se rindiera en algún momento de su martirio, no que muriera, pues Jesús, muriendo, viviría eternamente y, con él, todos los que creen en su nombre. La «victoria» de Satanás en la cruz fue la garantía de su fracaso, y la «derrota» de Jesús, muriendo, fue la garantía de su gloriosa victoria sobre el Maligno. ¡Qué torpe el proyecto de Satanás, pues no supo discernir que la muerte en la cruz de Jesús era la garantía de su propia muerte! A partir de entonces puede decirse que la persecución por causa de la fe, y aun la muerte, sólo ha de triunfar circunstancialmente sobre el bien y la vida. La victoria está plenamente asegurada: »¿Dónde está, oh muerte tu aguijón? ¿dónde, oh sepulcro, tu victoria?» (1 Co. 15:55).

La historia de los circos romanos, las guerras de religión y la Inquisición, confirman plenamente que, a pesar del mucho dolor producido, su eficacia contra la fe fue temporal y más aparente que real. Es por eso que debemos reconocer otros métodos de persecución de la fe en Jesucristo, nada violentos, pero extremadamente eficaces, algunos de los cuales podemos encontrar en esta sociedad posmoderna, en nuestro tiempo, y descubrirlos es una misión necesaria.

Aunque es cierto que en nuestro vasto mundo, con cientos de lenguas, culturas y realidades sociales tan diversas, no podemos más que generalizar las conclusiones a las que lleguemos en base a nuestra apreciación de la realidad, puede decirse que la situación de la experiencia de fe en las iglesias es hoy preocupante. La fe, en ciertos lugares de la sociedad (especialmente en los países encuadrados en el «primer mundo») es, desde hace unas décadas, un bien escaso que cada vez lo es más. Es lógico que, a la luz de la Escritura, muchos creyentes se refieran al tiempo del fin en términos de angustia, dolor y persecución, pero no parece que impresione tanto la crisis de fe que se detecta en la sociedad occidental y que igualmente está explícitamente señalada en Lucas 18:8. ¡Y esa puede ser la obra maestra del diablo! Quienes tenemos una larga trayectoria como creyentes, podemos constatar como los cambios socio-políticos inciden directamente sobre la experiencia religiosa de los miembros de las iglesias. Viví personalmente en España los primeros 35 años de mi vida en un régimen político dictatorial que sólo «toleraba» la discrepancia con la Iglesia oficial dominante, sin ninguna clase de libertad religiosa. Veinte de esos años los viví como miembro de una la Iglesia Cristiana Adventista y puedo asegurar que aquellos años fueron de una intensa experiencia espiritual y una actitud fraternal en la comunidad como no he vuelto a encontrar hasta el presente. No quiero pensar que la pérdida es irreversible y nunca volverá, pero me resulta muy difícil entender cómo en las actuales circunstancias sociopolíticas y espirituales podremos recuperar aquella situación de privilegio que tanto recordaba el espíritu manifestado por el cristianismo primitivo. Pienso que todos los que disfrutamos de una edad suficiente como para haber vivido aquellos momentos, pensamos que ser más cultos y disfrutar de mejores oportunidad económicas, no nos ha hecho mejores cristianos. Parece que, como veremos más adelante en esta obra, se produce una inversión de valores en la sociedad y en la Iglesia: A mayor desarrollo social y cultural, menor compromiso con la fe y con la esperanza en un futuro trascendente. Satanás ha recuperado (y parece que con éxito) el método sutil y seductor que utilizó con Jesús ofreciéndole todos los reinos de este mundo, pero la diferencia está en que, si con Jesús fracasó, no sucede lo mismo en esta sociedad posmoderna. No siempre y no en todos, pero cualquier observador atento a la realidad que vive, será consciente del progreso social y económico que las sociedades avanzadas han experimentado, haciendo así más amable la existencia, mientras que no sucede lo mismo en el ámbito religioso, donde, como lo señala J. A. Paredes, «La vida se ha ido secularizando (…) en el sentido profundo de que el hombre moderno ha aprendido a arreglárselas sin Dios y a sentirse artífice y responsable de la historia» (¿Dónde está nuestro Dios?, p. 86). El mal se viste de progreso, de individualismo y de hedonismo, encandilando a hombres y mujeres que, por no aceptar un proyecto de trascendencia, hacen del presente su única opción y de los placeres de esta vida su único credo.

CAPÍTULO II
Una sociología de la fe: las dos ciudades

Hemos de tratar aquí el tema de la fe, preferentemente desde una perspectiva social y no teológica, por tratarse de evaluar antes el modelo de fe que vive la sociedad presente, que la consideración de la fe como definición teológica y don de Dios. En la sociología de la fe, lo que predomina es el individuo que experimenta una relación íntima con Dios por medio de su servicio a la sociedad, antes que ocuparse en definirla. Es decir, la fe como actitud dinámica, de acuerdo con el modelo ofrecido por Jesús en la atención dada a los enfermos y afligidos de su tiempo. Después de que Jesús fuese arrebatado en el aire y una nube le recibiera y le quitara de la vista de los discípulos, se cerró con ello un capítulo de realidades reveladas y se abrió un paréntesis, que todavía dura, en el que la fe es ya el único conducto posible para la comunicación del alma con Dios. Ya andamos sólo por fe, no por vista, siendo peregrinos «ausentes del Señor», tal como lo expresa el apóstol Pablo (2 Co. 5:6-7).

Sería interesante desarrollar aquí una historia de la fe (cristiana para ser más preciso), situada en el contexto de los acontecimientos vividos por el hombre a lo largo de los últimos dos mil años, pero tal cosa no es posible, pues debemos decantarnos por una perspectiva de la fe en búsqueda de su sentido escatológico, como argumento profético que nos mueva a ser vigilantes con el acontecimiento culminante de la historia de la salvación, junto con la experiencia del Calvario: la parusía. Cuanto sea dicho, pues, debe estar dirigido hacia ese objetivo con la esperanza de que, alcanzándolo, certifiquemos nuestra confianza en las Escrituras y renovemos (si es que la hemos perdido) nuestra alegría al descubrir que lo negativo en la historia puede aceptarse como positivo en teología; que del estado de angustia que experimentan tantos sectores de nuestra sociedad, brote la realidad de un mundo mejor que ahora sólo contemplamos en la esperanza. Para muchos creyentes, este debe ser el último período en el que se culminará el cumplimiento de las señales escatológicas que encontramos en la Biblia (así como en otros libros de religiones), que están asociadas con el acontecimiento más trascendente de la historia: La venida de Cristo y el fin del mundo. Para otros, científicos como es el caso de Martin Rees, catedrático de investigación en la Universidad de Cambridge, este tiempo también puede ser el último de la humanidad, por mera conclusión lógica y científica. Rees escribe: «Creo que la probabilidad de que nuestra civilización sobreviva hasta el final del presente siglo no pasa del 50% (...), ya sea por intención perversa o por desventura, la tecnología del siglo XXI podría hacer peligrar el potencial de la vida y acabar antes de tiempo con su futuro humano o post-humano» (*Nuestra hora final*, p. 16).

Ahora bien, antes de que esto suceda, tenemos que vivir la experiencia de sobrevivir a la tensión de ser fieles a Dios, en quien creemos, siendo necesario para ello la certificación de nuestra confianza en Jesucristo como el artífice del asombroso plan de salvación, concebido desde antes de la fundación del mundo (1 P. 1:18-20). Desde que Adán se convirtiera en el «padre de todos los pecados», sus descendientes nos hemos visto obligados a vivir sometidos a un doloroso punto de tensión entre el bien y el mal, entre el deseo de vivir y la inevitable experiencia de morir, entre el deseo espiritual y el pecado, entre lo trascendente y lo temporal. En fin, un fuerte punto de tensión entre *La ciudad de Dios* (Agustín de Hipona) y *La ciudad secular* (Harvie Cox).

1. Las dos ciudades

La *ciudad de Dios* es, probablemente, la obra más significativa de Agustín de Hipona, la cual escribió entre los años 413 y 426. En ella, Agustín cita dos ciudades como símbolo de la sociedad de su tiempo, pero cuyo sentido metafórico puede actualizarse en cualquier época de la historia. Jerusalén y Roma son citadas por este autor como símbolo de la ciudad de Dios (Jerusalén) y la ciudad del pecado (Roma), que en aquellos momentos (siglo V) estaba a punto de caer en manos de Alarico, desmoronándose con ello lo que hasta entonces había sido el imperio romano. Agustín extiende el sentido metafórico de las dos ciudades, tomando del Apocalipsis la figura de la nueva Jerusalén, patria definitiva y eterna de los salvos, realidad de todas las promesas que Dios ha hecho a los hombres que creen.

El creyente en Dios vive en una sociedad donde trabaja, se forma cultural y psicológicamente, ama, crea una familia, goza y sufre. No obstante, deseando conservar esta vida, que se presenta al creyente la mayoría de las veces como una aventura apasionante, no renuncia a aquella otra ciudadanía de la «ciudad de Dios», impidiéndole este doble deseo, esta tensión entre el presente y el más allá, sentirse plenamente identificado con este mundo, pudiendo llegar al fuerte deseo de abandonarlo. Se encuentra en este mundo, pero siente que no es de este mundo, pues sabe que su ciudadanía está en los cielos, tal como lo sintieron los hombres y mujeres de fe en la antigüedad (Heb. 11:10, 16). Dos ciudades, dos mundos, dos situaciones a las que debe hacer frente, puesto que, como creyente debe vivir esta vida, pues sólo en ella podrá hacer posible, por la gracia de Dios, la recepción en la «ciudad de Dios». Esta vida cobra su mayor y mejor sentido cuando la hacemos trascender en la vida eterna. La fe es ese don divino que nos transporta más allá de lo que se ve, de lo temporal y perecedero. La vida así se percibe desde dos perspectivas bien diferentes: la del que no cree en Dios y que contempla su existencia como el final de todo, sin ninguna opción de continuidad; frente a la del creyente, que extiende su visión hacia las profundidades de la eternidad, observando por la fe un eterno y espléndido futuro.

El punto de tensión para el creyente se encuentra en el hecho de que las dos ciudades, con las cuales se siente comprometido, no pueden jamás ser coincidentes, como no lo es lo material con lo espiritual. Al final, se trata de uno u otra. El cristiano, sin embargo, no puede abandonar ni la una ni la otra (J. Ellul, *Présence au monde moderne*, p. 47). Mientras se encuentra en esta sociedad, debe vivir en y para ella, pero sin renunciar nunca a aquella que las Escrituras llaman «la mejor, a saber, la celestial» (Heb. 11:16). Este punto de tensión que las «dos ciudades» generan en el creyente, es la clave de su lucha, tan magistralmente descripta por Pablo al final de su vida: «He peleado la buena batalla, he acabado la carrera, he guardado la fe (...) me está reservada la corona de justicia» (2 Ti. 4:6-8). El camino, no obstante, está cargado de conflictos en el alma humana, pues nada es sencillo para la fe en un mundo que se opone a ella de forma tan variada e intensa.

En muchos momentos de la vida del creyente, las dos ciudades entran en conflicto en su corazón, en su mente y en sus deseos inmediatos. La esperanza puede llegar a ser insostenible, abrumado por la tensión entre la espera y la realidad que vive. Como J. Ellul ha escrito, cuando esa tensión se produce, el creyente puede perder «el carácter revolucionario de la fe cristiana» (*op. cit.*, p. 46). Lo hemos visto en demasiados casos: la fuerte realidad de un presente seductor o doloroso ha sido más fuerte que la esperanza en el futuro. La espera puede llegar a ser insoportable cuando ya no se es capaz de aceptar que, en esta vida, sólo vivimos en la esperanza de nuestros proyectos de futuro y que precisamente en ellos encontraremos la fortaleza que necesitamos para seguir caminando. En relación con el hombre creyente que está en estado de espera, F. Domont ha escrito, con una idea «presentista», que la esperanza, avalada por las promesas de Dios, es futuro y es presente: «le afirman en el sentimiento de que las promesas recibidas son realizables, que los frutos que espera ya están ahí, en el corazón mismo de la espera» (*L'espérance chrétienne dans un monde sécularisé*, p. 21).

El proceso de secularización que se desarrolla y que podemos aceptar como indiscutible en la sociedad occidental presiona sobre la fe del cristiano que, aun aceptando lo que Jesús mismo sentenció, «no son del mundo, como tampoco yo soy del mundo» (Jn. 17:16), no es insensible a las ofertas que el maligno le hace, a fin de que se instale en el presente, haciendo «de la realidad de cada día su verdad como hombre». Viene a colación con el tema la conocida experiencia del joven rico (Mt. 19:16-22), que fue a Jesús buscando la «ciudad de Dios» (pues quiere la «vida eterna», v. 16), pero sin entender que antes era necesario que situara en su corazón el sentido que para él tenía la ciudad «secular», en la que se asentaban sus intereses materiales, pues «tenía muchas posesiones» (v. 22). Esto lo supo Jesús enseguida y quiso mostrarle que la doble nacionalidad no es posible cuando nos referimos a la fe y la salvación eterna. No tenía que renunciar a ninguna de las dos ciudades, sino situarlas en un orden correcto. No se trataba de rechazar esta para aceptar aquella, sino de hacer que ésta y aquella se complementaran: el presente debe ser utilizado para encauzar la experiencia de fe hacia el futuro. El joven rico, teniendo como deber superior dirigir su vida hacia la ciudad de Dios, la celestial, la deseada, tomó el camino de lo tangible y «disfrutable» en el presente, decidió renunciar a lo que había venido buscando: el Reino de los cielos. Como he citado anteriormente, este joven hizo de la realidad de cada día su máxima verdad como hombre, su experiencia más querida, su fuerte deseo. La narración de esta experiencia, que se inició de la manera más optimista (un joven que busca un bien mayor), se concluye dramáticamente: «el joven se fue triste, porque tenía muchas posesiones» (v. 22). La tensión generada por las dos ciudades en aquel corazón joven tuvo como resultado la victoria de los intereses temporales sobre los espirituales y eternos. Jesús no le puso las cosas difíciles por capricho, pues era necesario que aquel muchacho hiciera su elección, la cual se manifestaba tanto más necesaria cuanto más rico era. La cuantía de lo que se le pedía que abandonara debía convencerle del valor asignado a aquello que pedía (la vida eterna) y la intensidad con la que él mismo lo deseaba.

El lado amable de esta tensión que el creyente experimenta entre las dos ciudades o, lo que es lo mismo, entre las dos maneras de concebir la existencia en este mundo, lo encontramos en el hecho de que quien elige la ciudad de Dios, impulsado por su fe en Él, vive ya aquí una experiencia basada en el amor a Dios y a su prójimo, esencia misma de la atmósfera que debe existir en el Reino de Dios. Feliz en su esperanza, el creyente se hace solidario con los demás seres humanos, rechazando la ausencia de trascendencia de la sociedad «ateizada», para compartir los beneficios de su gozo en el Señor. En relación a esa capacidad para decidir a favor de lo espiritual y trascendente (aunque emplazados en medio de una sociedad posmoderna que, como veremos más adelante, parece dedicar sus mejores esfuerzos a anular la existencia de Dios y la fe del hombre), es maravilloso descubrir que no sólo posibilita cambiar nuestra visión pasajera e insegura de la vida, sino hacer que ésta se derrame con su esperanza para alcanzar el corazón de alguien que me necesite, sin importar el precio a pagar por auxiliarle.

2. La grandeza de los seres pequeños

F. S. Collins cita en su obra *¿Cómo habla Dios?* una historia sufí muy significativa, aunque de difícil comprensión: «Había una anciana que solía meditar a las orillas del Ganges. Una mañana, al terminar su oración, vio un alacrán que flotaba indefenso en la fuerte corriente. Conforme el alacrán se acercaba, quedó atrapado en unas raíces que se extendían dentro del río. El alacrán luchaba frenéticamente por liberarse, pero cada vez se enredaba más. Ella se acercó inmediatamente al alacrán que se ahogaba, quien en cuanto lo tocó, le picó. La anciana retiró su mano, pero en cuanto recuperó su equilibrio, nuevamente trató de salvar a la criatura. Cada vez que ella lo intentaba, el alacrán la picaba tan fuerte que su mano se llenó de sangre y la cara se le descomponía por el dolor. Un hombre que pasaba y vio a la anciana luchar contra el alacrán le gritó: '¿Estás loca? ¿Quieres matarte por salvar a esa cosa odiosa?'. Mirando al extraño a los ojos, la anciana respondió: 'Si la naturaleza del alacrán es picar, ¿por qué debo negar mi propia naturaleza de salvarlo?'» (p. 35).

Tal vez lo más extraordinario que encontramos en la experiencia del ser humano sea su altruismo, su capacidad y deseo de compartir con otros su esperanza, sólo porque necesita hacerlo, sin esperar recompensa alguna. La expresión del amor sentido y su inmensurable grandeza es para mi mucho más misterioso que la realidad material de la naturaleza y su existencia en la vida de las criaturas es un misterio para el que me parece insuficiente el recurso de acogerse a períodos de tiempo ilimitados; un misterio de difícil solución si ésta debe justificarse en función de millones de años transcurridos y de un proceso casual evolutivo. ¿Podría decirse que el misterio del amor es superior al de la física cuántica?

Para los poetas, el amor es el más poderoso de los sentimientos y para los teólogos, como el apóstol Pablo, es el más grande de los dones concedidos por Dios: «Ahora permanecen la fe, la esperanza y el amor, estos tres: pero el mayor de ellos es el amor» (1 Co. 13:13). El apóstol no disminuye el valor ni la importancia de la fe y la esperanza, sino que hace más grande el amor. Se trata de una poderosa trilogía ofrecida por Dios a los hombres, y que éstos se empeñan en empequeñecer, desvirtuar o eliminar con su conducta cotidiana. La vida de muchas personas ha certificado, a lo largo de la historia, el inmenso poder de esas tres virtudes teologales. ¿Cómo de la nada pueden surgir los sentimientos, cómo puede la evolución generar algo tan indefinible como el amor que despierta en los hombres lo mejor de sí mismos? En lo más profundo de nuestra personalidad humana debe existir una fuente de la que emanen esos sentimientos que, como consecuencia, mueven acciones capaces de transportarnos más allá de la vida y de la muerte. Nuestra naturaleza, como la de la anciana sufí antes mencionada, puede impulsarnos a hacer el bien a quien viene a nosotros en estado de necesidad, ¡aunque a veces nos vaya la vida en ello! Jesús, entregando su vida en la cruz, es el ejemplo más luminoso que podemos aportar. Al preguntarle por qué lo hacía, él también pudo responder: «¿Por qué debo negar mi propia naturaleza que me impulsa a salvarte?».

CAPÍTULO III
Inquietos por una realidad nueva

3. ¿Acomodados en la indiferencia?

Hace ya más de veinte años sentí que debía reflexionar sobre la situación de riesgo en la que me parecía estaba adentrándose la Iglesia, lo cual hice mediante tres artículos escritos en la Revista Adventista bajo el epígrafe general «Especies en peligro de extinción». En dichos artículos planteaba la crisis de vocaciones al ministerio pastoral, al ministerio evangelista (Ef. 4:11) y a la experiencia del «catecumenado». No se trataba de hacer profecía sobre el futuro de la Iglesia, sino de evaluar una situación que, ya entonces, me parecía preocupante. Cierto es que detectar los problemas es mucho más sencillo que aportar soluciones que los corrijan. Hoy, veinte años más tarde, es fácil observar que tanto la crisis social como la crisis en las iglesias dan fe de que el fenómeno de secularización está en pleno desarrollo. Lo que entonces era sólo un presentimiento, una intuición, hoy es una realidad en claro desarrollo. Sin embargo, no podemos obviar que la realidad no es la misma para todos los lugares del mundo (la ciencia, la cultura y la economía parece que determinan mucho el comportamiento religioso de las gentes), pero en los centros del «viejo« cristianismo de occidente se siente que el espíritu de la fe está en decadencia.

Cuando nos referimos a la crisis en el ministerio pastoral, la evangelización o en el catecumenado, en el fondo estamos haciendo una referencia directa a la crisis de la Iglesia en su conjunto, incluyendo a su sector más numeroso y significativo, que es la feligresía. No puede hablarse de problemas en un sector sin hacer referencia al otro, pues ambos son interdependientes: los pastores y evangelistas sirven a la Iglesia, mientras que la feligresía conforma la Iglesia y justifica el ministerio de quienes la enseñan y dirigen. El interrogante puede plantearse al tratar de discernir dónde empezó a generarse el problema: ¿fue primero entre los que ejercen el magisterio de la Palabra o entre quienes son sus destinatarios, es decir, la feligresía? ¿Será una responsabilidad compartida? Seguro que sí, aunque sería imposible determinar el momento exacto y los personajes que dan lugar a una crisis religiosa. De las dos opciones encontramos en la viña del Señor: Jesús, el gran predicador y Maestro, que además llevó a cabo su ministerio con apoyado de señales maravillosas, fue sin embargo abandonado en los momentos claves de su ministerio, tal como lo contempla Isaías con visión profética: «Despreciado y desechado entre los hombres, varón de dolores (...) y como escondimos de Él el rostro, fue menospreciado, y no lo estimamos» (Is. 53:3). Por contra, Jesús, que enseñaba y predicaba el evangelio del Reino, «viendo las gentes, tuvo compasión de ellas; porque estaban derramadas y esparcidas como ovejas que no tienen pastor» (Mt. 9:36). A Jesús le fallaron sus seguidores en los momentos cruciales de su vida y al pueblo le fallaron los pastores cuando les necesitaban. Se trata, pues, de señalar la realidad de la crisis que afecta a la Iglesia, sintiéndonos todos en alguna medida responsables de ella.

Voy a referirme aquí a lo que podríamos considerar como funciones eclesiásticas, no a capacidades personales, puesto que cada estudiante de las Escrituras debe ser a la vez alumno y maestro, alguien que aprende para luego compartir enseñando. Es tal vez en este mecanismo que encontraremos la respuesta que explique por qué la Iglesia puede verse inmersa en una crisis de espiritualidad generada desde dentro, aunque es cierto que cualquier comportamiento del creyente suele estar afectado por la influencia del medio social. Es decir, que ningún problema relacionado con la fe se puede acreditar sólo a causas *extra-ekklesia*, es decir, al entorno, al medio social en el cual la Iglesia se encuentra establecida. Tampoco es correcto focalizar sólo el problema en la situación inversa (*intra ekklesia*), es decir, por causas nacidas de la propia Iglesia. Es posible que estemos contemplando un proceso que podríamos definir como «una Iglesia de especialistas», en referencia al hecho de que, con mayor frecuencia cada vez, el creyente se circunscribe más a su propia esfera de responsabilidad, perdiendo con ello la perspectiva de globalidad que la propia naturaleza de la Iglesia reclama, limitando con ello su aporte misional y evangelizador al conjunto. El que se prepara para enseñar, lo hace, con frecuencia, ateniéndose estrictamente a su roll docente, mientras que la feligresía se reafirma cada vez más en su posición casi exclusiva de alumnado. Se manifiesta así una clara disminución de la acción evangelizadora, es decir, que la Iglesia cada vez se recluye más en el interior de sus templos con una notable dejación del compromiso *ad extra*, compromiso tan difundido en los escritos neo-testamentarios y tan claramente expresado por Jesús en su encomienda: «Id por todo el mundo; predicad el evangelio a toda criatura» (Mc. 16:15). Esta situación se traduce en un cierto abandono del compromiso cristiano y, con él, la responsabilidad de compartir lo que antes nos ha sido entregado. No podemos olvidar que «de gracia recibisteis, dad de gracia» (Mt. 10:8). Las iglesias en los países donde la misión es la principal motivación de su existencia, son aquellas que gozan de un mayor crecimiento y una más perceptible vivencia de la fe.

Sorprende comprobar estadísticamente cuán pequeño es el porcentaje de cristianos que se cuestionan su actual nivel de dedicación a la misión de Cristo, y que se inquieten por el futuro de su fe y de su Iglesia. J. Martín Velasco escribe al respecto: «Resulta patético escuchar una y otra vez llamadas a una nueva evangelización de Europa y ver como nuestro viejo continente sigue su curso, interesado hasta el apasionamiento por otros problemas: económicos, sociales, políticos, perfectamente indiferentes a las insistentes llamadas religiosas para que recupere sus raíces cristianas» (*El malestar religioso de nuestra cultura*, p. 6). En Occidente, muchos se limitan a lamentar el triste declive de la práctica religiosa en los medios cristianos y a mantener una actitud religiosa defensiva, como intentando salvar lo que queda de la cultura cristiana recibida. Otros, en los países en desarrollo, se centran, y no les falta razón, en sobrevivir a la escasez económica y social en la que se encuentran, ¡eso sí!, dejándose ganar por la esperanza en la recompensa prometida por el Señor que les espera en la vida eterna. A partir de un cierto conocimiento eclesiástico-misionero, no es difícil comprobar que en la actualidad existe una gran diferencia de actitud evangelizadora en los diferentes sectores geográficos en los que hemos dividido el mundo, pues, mientras que en Asia, África o Latinoamérica, muchos cristianos viven, sufren o mueren literalmente por su fe, en la sociedad de occidente se asume una actitud de indiferencia religiosa, despilfarrando con ello, a la ligera, siglos de herencia cristiana.

4. Fe y ateísmo

Aunque es cierto que en nuestro vasto mundo, con cientos de lenguas, culturas y realidades sociales tan diferentes, no podemos más que generalizar las conclusiones a las que llegamos en base a nuestra experiencia o nuestro estudio de la realidad, puede decirse que es inquietante la actual experiencia de fe de la Iglesia. La fe, en ciertos lugares del mundo (especialmente en los considerados socialmente el «primer mundo») es, desde hace bastantes años, un bien escaso. Este proceso de oposición a la fe y de decadencia de la misma, parece estar contenido en las Escrituras, llevando a no pocos creyente, en base a una interpretación algo dramática de la escatología bíblica, a referirse al tiempo del fin en términos de angustia, dolor y persecución. Esta forma de contemplar el fin de este mundo genera a veces un gran temor «por las cosas que sobrevendrán sobre la redondez de la tierra». Sin embargo, aunque ciertas profecías pueden considerarse como los grandes pilares de la escatología bíblica, no parece que impresione en la misma medida la crisis de fe, preconizada por el mismo Jesús, como una importante señal escatológica, tal vez porque la crisis de fe se presenta como la antítesis del sufrimiento y del martirio. No se sacrifica por su fe quien no cree.

Sólo en la medida en que experimentamos la ansiedad o el vacío de una vida sin fe y sin esperanza que nos proporcione una luminosa perspectiva de futuro, podemos evaluar la ausencia de significado de nuestra existencia y, entonces, sólo entonces, sentiremos que la fe juega un papel decisivo en la lógica aspiración humana de paz y de felicidad. ¡Y esa puede ser la obra maestra del diablo! ¡Otra vez la sutileza engañadora!

Quienes ya tenemos una larga trayectoria como creyentes, hemos podido constatar que los cambios socio-políticos inciden directamente sobre la experiencia religiosa. Curiosamente, la incidencia es, con frecuencia, de sentido inverso, puesto que no siempre han coincidido los estados de libertad religiosa con los mejores momentos espirituales y misioneros de la Iglesia. Viví personalmente esta experiencia, pues durante los primeros 35 años de mi vida viví en España bajo un régimen político dictatorial, que sólo «toleraba» la discrepancia religiosa con la Iglesia oficial dominante, sin ninguna clase de libertad religiosa. Más de veinte de esos años los viví como miembro de la Iglesia Cristiana Adventista y puedo asegurar que aquellos años fueron de una intensa experiencia espiritual, gozando los creyentes de una fraternidad en la comunidad como no he vuelto a encontrarla. No quiero pensar que la pérdida es irreversible y que nunca volverá, pero a veces pienso que se fue para nunca más volver, pues me resulta muy difícil encontrar en las actuales circunstancias sociopolíticas y espirituales de la sociedad y de la Iglesia los argumentos que me permitan pensar que en algún momento volveremos a aquella situación de privilegio espiritual. A la luz de situaciones como ésta, tan repetidas a lo largo de la historia del cristianismo, podemos deducir que ser más cultos, gozar de una cierta abundancia de bienes materiales y tener resueltos problemas como el de la educación o la sanidad no garantizan una mejor experiencia espiritual, ni una fe más auténtica.

Satanás ha recuperado su seductora manera de hacer «sus» cosas, de llevar a término sus objetivos, de culminar con éxito la perniciosa misión que se ha impuesto: aniquilar la experiencia de fe en el hombre, tal como intentara hacer con Adán y con el mismo Jesús. Hoy se enseña que la fe «es la raíz de todo mal». Esta es la conclusión a la que llega el conocido ateo S. Harris en su obra «El fin de la fe», la cual escribió después de la catástrofe del 11 de septiembre en Nueva York, aseverando que «la única manera de librar al mundo del terrorismo era abolir la fe». Es decir, que para algunos «apóstoles» del ateísmo como S. Harris, R. Dawking y Ch. Hitchens la solución para la dramática situación creada por el terrorismo se encuentra en la renuncia a cualquier clase de creencia religiosa. Me parece que estos autores, como tantos otros, olvidan que el ser humano, además de ser un ente social, es un ser agresivo por mil motivos diferentes y que, de quitarle la fe religiosa (suceso, pienso, totalmente imposible), le quedarían otros mil motivos para agredirse y para matarse. Es como si pretendiéramos que, consiguiendo que «Dios no sea necesario» (Hawking) y no creyéramos en ningún tipo de recompensa final, ni tuviéramos conciencia del pecado, entonces se acabarían el terrorismo y las guerras. Es como si pretendiéramos que los países comunistas fueron modélicos en la paz y la armonía durante su etapa como entidades ateas. No hay duda de que la religión, olvidando a veces su esencia cristiana y el por qué de su existencia, ha generado guerras y mucho dolor, pero no se la puede hacer responsable de «todas» las guerras y de «todo» el dolor del mundo. Aunque no creyéramos en Dios, habría todavía mil motivos que justificarían la violencia que practicamos. El mal se viste de progreso, de individualismo y de hedonismo, encandilando a hombres y mujeres que, por no aceptar un proyecto trascendente, hacen del presente su única opción y de los placeres de esta vida su único credo. Es lo que podríamos calificar como «una sociología del pecado», en referencia a los sutiles métodos de seducción utilizados por el enemigo de las almas.

Está claro que el ateísmo se fundamenta en la razón o, lo que viene a ser lo mismo, en todo aquello que está al alcance de su comprensión, extrayendo sus conclusiones sobre el pasado y el futuro, desde su óptica personal, como si todo tuviera que «ser» y «suceder» de acuerdo con su criterio, aunque no tenga argumentos objetivos suficientes para ello. Es más, cuando se encuentra ante una situación que no puede explicar desde la perspectiva de la ciencia, entonces encuentra su refugio en la evolución: no comprendemos ciertas cosas o ciertos estados simplemente porque todavía no estamos suficientemente evolucionados. Cuando alcancemos un nivel evolutivo superior, dirá el ateo, entonces comprenderemos lo que ahora nos está oculto. Así pues, asegura, no necesitamos a Dios para que nos enseñe lo que por ser humanos se nos escapa, sólo es necesario tiempo para que la evolución alcance el nivel adecuado. Incluso el actual enfrentamiento entre razón y fe es el resultado de la evolución que hemos experimentado. Así pues, el desarrollo científico, resultante de un proceso evolutivo intelectual, nos permitirá discernir conceptos que nos liberen de las cadenas de la religión (siempre en la línea del antropocentrismo que hace a Dios innecesario).

Ch. Hitchens, ateo radical (según se desprende de las obras de las que es autor), ha escrito: «La fe religiosa es imposible de erradicar precisamente porque somos criaturas que estamos evolucionando» (*Dios no es bueno*, p. 27). Luego, según él, la evolución (supongo que científica), cuando alcance un cierto nivel, acabará con la fe. Y pregunto yo, ¿no es también posible que el desarrollo de la ciencia y del conocimiento futuro del universo aporte respuestas que hagan más comprensible la existencia de Dios? ¿No es posible que un mayor desarrollo de la ciencia y una teología más madura hagan posible una aproximación a la fe en un Dios origen de todas las cosas? ¿Por qué todo tipo de desarrollo científico tiene para algunos que terminar siempre con el aniquilamiento de la existencia de Dios y de la fe? ¿No será que les traiciona su subconsciente porque es eso lo que desean creer?

Ya hemos citado algunos ejemplos de científicos e intelectuales que han abandonado el ateísmo para creer en el Dios Creador. No creían en Dios y ahora creen, y el cambio lo han hecho en su edad adulta y en su madurez intelectual y biológica. Aunque A. Einstein se consideraba agnóstico, después de leerle pienso más bien que era deísta, puesto que aceptaba a Dios, pero no se sentía capaz de creer en un Dios personal que se ocupa de nosotros. Es útil citar aquí uno de sus pensamientos sobre la posibilidad de que exista un ser superior: «Mi religión consiste en una humilde admiración del espíritu infinitamente superior que se revela en lo poco que nosotros, con nuestro entendimiento débil y transitorio, podemos comprender de la realidad» (*The Humain Side*, p. 66). Parece que Einstein admira al «espíritu infinitamente superior» y reconoce que nuestro entendimiento es «débil y transitorio». Sin dudar me uno a esta formulación de la fe, aunque yo sí crea en un Dios personal que actúa en mi vida para salvación. Eso mismo sucede con F. S. Collins, el reconocido genetista citado más arriba, quien escribe: «Después de que me convertí, pasé un tiempo considerable tratando de discernir las características de Dios. Concluí que debe ser un Dios que se preocupa de las personas». (¿Cómo habla Dios?, p. 234).

CAPÍTULO IV
Los silencios de Dios

5. ¿Dónde está tu Dios?

Se dice que cuando Benedicto XVI visitó el campo polaco de exterminio nazi, en Auschwitz, ante el recuerdo del terrible dolor que allí se vivió durante la Segunda Guerra Mundial, preguntó: «¿Dónde estabas Señor cuando todo esto sucedía?». Un Dios, además, que había prometido: «Yo estoy con vosotros todos los días, hasta el fin del mundo» y que ha dejado tantas promesas de que nunca nos abandonaría: «No te dejaré ni te desampararé». C. S. Lewis, quien fue ateo en la primera etapa de su vida (luego se convirtió y se hizo un excelente comunicador de su fe), tuvo que experimentar el dolor de la muerte de su esposa, dolor tan fuerte que le llevó a escribir su pequeña, pero emocionante obra *Una pena observada*. Crítico con Dios por la pérdida de su ser amado, escribe que, cuando las cosas te van bien, eres feliz y te vuelves a Dios, que «te recibirá con los brazos abiertos», y añade duramente: «Pero vete hacia Él cuando tu necesidad es desesperada ¿y con qué te encuentras? Con una puerta que se te cierra en las narices, con un ruido de cerrojos, un cerrojazo de doble vuelta en el interior. Y después de esto, el silencio» (p. 11). Es, sin duda, el dolor de quien no encuentra explicación para el sufrimiento en un momento determinado de su vida, pensando que, como dice la Escritura, Dios es amor y, además, es Todopoderoso. No obstante, cuando Lewis se convirtió, lo hizo con un corazón que, además de reconocer a Dios y aceptarle en su vida, encuentra una explicación para el dolor de los hombres, la cual recoge en su obra «El problema del dolor». Con un sonido de trompeta bien diferente al de su obra anterior sobre el silencio de Dios frente al dolor humano, escribe: «Dios susurra y habla a la conciencia a través del placer, pero le grita mediante el dolor: es su megáfono para despertar a un mundo que está sordo» (p. 97).

Con el epígrafe «el silencio de Dios», se hace referencia a las dificultades encontradas por el creyente para creer en un Dios a quien no puede ver, tal vez no tanto porque Dios no se deje ver, sino por nuestra incapacidad para percibir todo aquello que supera nuestro humano nivel de percepción. Dicho de otro modo, es posible que nuestra incapacidad para ver a Dios no se deba a que Dios no «esté» o que no desee revelarse a nosotros, sino que nuestra actual naturaleza caída no soporta un determinado nivel espiritual que, de acuerdo con las Escrituras, sí pudo gozar anteriormente. La historia bíblica muestra, hasta con una cierta cronología, que es el pecado del hombre lo que ha dado lugar a esa «catarata» óptica que nos impide ver lo que Dios desea revelarnos para alimentar la fe. El profeta Isaías así pareció entenderlo ya en su tiempo, cuando escribió: «Mas vuestras iniquidades han hecho división entre vosotros y vuestro Dios, y vuestros pecados han hecho ocultar su rostro de vosotros, para no oír» (Is. 59:2).

Es lógico que el creyente desee hoy, en el siglo XXI, gozar de las visiones sobrenaturales que acompañaron la experiencia de los patriarcas y de los apóstoles, y que han quedado reducidas al ámbito de los antiguos místicos. La teofanía fue el modo de revelación utilizado por Dios para recuperar la fe de su siervo Elías (1 R. 19:4), cuando el poderoso profeta entró en una espiral depresiva, deseando morirse, y Dios tuvo que ir a su encuentro para recuperarle (v. 9). El diálogo entre Dios y Elías que tuvo lugar en aquella entrevista «teofánica» fue de gran importancia, tanto por el contenido de la misma como por los resultados obtenidos: la vuelta de Elías a su ministerio profético, con tiempo para ungir a su sucesor el profeta Eliseo (1 R. 19:19). Cómo nos gustaría gozar hoy de aquella manera directa de comunicarse Dios con el hombre (podría decirse que amistosa), pero estamos rodeados de tanto «ruido social» que no es posible gozar de mayores niveles de percepción espiritual. Nuestra mente, así como nuestro sistema auditivo y visual, están tan ocupados en descifrar la enorme información que nos llega de todo tipo y de todas partes, que no queda otra opción que doblegarse ante una sociedad que no está construida para percibir el nivel superior de la espiritualidad, sino para recoger sólo los mensajes derivados de una realidad material y científica.

Pienso que la sociedad actual, precisamente ésta a la que consideramos la sociedad posmoderna, es la causa principal del origen de lo que consideramos como «el silencio de Dios». La teología bíblica nos enseña que Dios nos habla y, además, no tenemos pruebas de que Dios haya renunciado a seguir haciéndolo, pero la verdad es que ya no le oímos. La sordera no elimina el sonido, simplemente no lo percibe. A Dios le intuimos en nuestra naturaleza de creyentes, pero cuando clamamos a Él, debemos esperarle en el silencio. Podemos aceptar que Dios nos habla, pero así mismo reconocer que nosotros, al otro lado de la comunicación, podemos fallar en la recepción, en la sintonía.

Es fácil ver la cantidad de cosas, situaciones y teorías que impiden al hombre moderno relacionarse perceptiblemente con Dios. La voz de los intereses sociales es tan fuerte y sugerente a la vez, que el ciudadano de hoy no percibe el sonido de la voz de Dios que le habla. Por eso la misión personal e íntima del hombre, un ser pequeño en este planeta diminuto, debe ser la de aprender a escuchar con la esperanza de que en algún momento se reproduzca la experiencia de Saulo en el camino de Damasco, cuando «oyó una voz que le decía: 'Saulo, Saulo, ¿por qué me persigues?'» (Hch. 9:4).

Cuando Samuel, el joven que llegaría a ser el último juez de Israel, se encontraba durmiendo en el templo de Jehová, oyó que le llamaban en el silencio de la noche. Desconcertado por la voz que escuchaba desde la cama, recurrió a Elí pensando que era él quien le estaba hablando. El anciano sacerdote, entendiendo que era el Señor quien llamaba a Samuel, le aconsejó que, de repetirse la voz, respondiera: «Habla, Señor, que tu siervo escucha» (1 S. 3:9), cosa que ciertamente hizo. Sé que puede parecer un anacronismo traer a colación hechos como éste, tan distanciados en el tiempo, y en circunstancias tan especiales y diferentes a las actuales, pero es la invitación a escuchar la voz de Dios lo que debería estimular el pensamiento, motivando con ello nuestro deseo de trascendencia. En lo más íntimo del alma humana existe la esperanza de una vida permanente, por lo que todos podemos aspirar a que la existencia no termine con esta corta vida. No faltan quienes ridiculizan al que cree en la vida eterna, pero nadie negará su deseo de que ésta sea posible. Es como si en nosotros, aunque sea subconscientemente, anidara un misterioso sentimiento de trascendencia, contra el que luchamos cuando la fe no existe.

Hay demasiado ruido a nuestro alrededor, demasiados intereses personales, demasiados objetivos materiales, demasiado deseo de placer, demasiada preocupación por lo inmediato, demasiadas prisas, demasiada gente cercándonos, demasiado deseo de experimentar en el breve espacio de esta vida. En fin, que cada mañana se levanta de la cama un ciudadano de este mundo, cargado sobremanera con sus responsabilidades, y cada vez menos interesado en encontrar tiempo y oportunidad para pensar en dedicarse, aunque sea mínimamente, a la meditación en soledad y disfrutar del necesario recogimiento que haga posible «escuchar» la voz del Eterno. Como criaturas de Dios, enfrentamos una situación de claro conflicto, pues debemos creer en un Dios que parece que ha dejado de hablarnos directamente, de manifestarse a nosotros mediante aquellas teofanías que tanto impresionaron en tiempos veterotestamentarios. Como ha sido señalado anteriormente, la responsabilidad de que tales acontecimientos no tengan lugar hoy es nuestra, pero esa verdad no libera al creyente del dolor que le produce la ausencia del Dios «visible». Se trata de una fuerte carencia para la fe, pues la ausencia de «señales» más perceptibles y portentosas, típicas de los tiempos bíblicos, resulta hoy muy dura de asumir. Dios habla porque nunca se ha alejado de nosotros, como ha dejado dicho: «He aquí, Yo estoy con vosotros todos los días, hasta el fin del mundo» y, no obstante, podemos referirnos a Él como un Dios del silencio, que habla, sí, pero a Quien no escuchamos. Nuestro nivel carnal, en el que nos movemos preferentemente, impide la sintonía con el nivel espiritual, fallando así la comunicación. Pablo, en su tratado sobre la carne y el espíritu, concluye con toda claridad: «Porque si viviereis conforme a la carne, moriréis; mas si por el espíritu mortificáis las obras de la carne, viviréis. Porque todos los que son guiados por el Espíritu de Dios, los tales son hijos de Dios» (Ro. 8:13-14).

Vivimos una situación difícil para la fe, puesto que ya no experimentamos las mismas experiencias que enriquecieron la confianza en Dios de los hombres y las mujeres del Antiguo y del Nuevo Testamento. Aunque el remitente divino es el mismo «ayer, hoy y por siempre», ya no se dirige a sus destinatarios con la misma eficacia que lo hizo en la antigüedad. Con las mismas necesidades vitales, sí, pero con culturas totalmente diferentes, sobre todo si se trata de comparar a los creyentes de los primeros siglos y los receptores del evangelio en el siglo XXI. No se trata sólo de pequeñas diferencias sociales, culturales o lingüísticas con el pasado histórico, sino de una sociedad que ha experimentado los más asombrosos cambios, mayores que en cualquier otra época de la historia de la humanidad.

Es lo que algunos llaman «la ruptura de la modernidad contra el cristianismo» que impone el criterio de que ambos no pueden subsistir juntos, considerando que es imposible «la reconciliación del cristianismo con la modernidad» (Juan M. Velasco *El malestar*, p. 23). Sin embargo, el geofísico A. Udías Vallina, citando a Max Planck, fundador de la mecánica cuántica, escribe: «Ciencia y religión no se interfieren entre sí, son como dos vías paralelas que, en el infinito, se unen en un mismo Fin Último» (*Ciencia y religión*, p. 339, 2010). Para Planck no existe, por tanto oposición entre ellas: «la ciencia guía el conocer, y la religión el obrar» (*ibíd.*). Esta idea parece que fue apoyada por A. Einstein cuando resumió la relación de la ciencia con la religión en su muy citada frase: «La ciencia sin la religión está coja, y la religión sin la ciencia está ciega» (citado por A. Udías Vallina, *op. cit.*, p. 345).

Es asombrosa la fijación que encontramos en cualquier autor ateo-modernista contra la fe cristiana de hacerla responsable de todas las desgracias que acontecen en nuestra sociedad. Lo mismo sucede con los científicos ateos, para quienes casi cualquier descubrimiento, sea éste alcanzado en el marco del macro o del micro cosmos, se convierte en un argumento para poner en duda la existencia de Dios, cuando no para negarla rotundamente.

Ha habido épocas en las que Dios guardó silencio con su pueblo por motivos que sólo Él conocía y que nosotros sólo podemos intuir, siempre en relación con la naturaleza de Dios y la condición altamente pecadora de los hombres. La trayectoria seguida por la revelación de Dios a los hombres, según las Escrituras, sigue un camino decreciente, es decir, que va de mayor a menor de acuerdo con el modelo siguiente: 1) Las teofanías o manifestaciones de Dios a los hombres. 2) La teocracia o gobierno de Dios. 3) El profetismo o la comunicación a través de los profetas. 4) En el Nuevo Testamento, Dios nos habla a través de los apóstoles, la mayoría de las veces por inspiración, siendo que la revelación directa queda restringida a algunas situaciones realmente especiales, relacionadas, principalmente, con el nacimiento, el bautismo y la muerte de Jesús.

Hay algunos períodos en la historia de Israel en los que también se dejó sentir el silencio de Dios, muy probablemente como una manifestación de su desacuerdo con la conducta rebelde de su pueblo. Un claro ejemplo de esa ruptura de Dios con el rey de Israel y su pueblo lo encontramos en la experiencia de Saúl cuando, temeroso ante el inminente ataque de sus enemigos (los filisteos), «consultó Saúl a Jehová; pero Jehová no le respondió, ni por sueño, ni por Urim, ni por profeta» (1 S. 28:6). Dios detiene el diálogo con las criaturas cuando comprende que, tanto Él mismo como su mensaje, son rechazados o simplemente ignorados. Otro ejemplo, aunque diferente al de Saúl en su desarrollo histórico, se deja ver en la ruptura de Dios con Israel, cuando pide al pueblo que no pelee contra Babilonia (su enemigo), sino que se entregue, diciendo esto en contra de lo profetizado por los falsos profetas (Jer. 27:14-16). Dios va a permitir que su pueblo sea esclavo en lugar de morir a manos de los ejércitos que atacarán a Jerusalén. Jeremías les dice de parte de Dios: «No los oigáis (a los falsos profetas que les piden «no sirváis al rey de Babilonia» v. 14); servid al rey de Babilonia, y vivid» (v. 17). Es decir, ¡id a la cautividad! Dios no se olvidará de su pueblo ni le abandonará en las manos de sus enemigos, pero Israel que ya no escucha a Dios, rechazándole con su actitud rebelde, rechaza también con ello cualquier forma de ayuda que el Señor de Israel pudiera darles. El pueblo vivió así la experiencia más dramática de su historia: el exilio durante décadas en Babilonia. La inhibición de Dios fue una forma de mostrar su desagrado por la conducta rebelde que Israel había manifestado hasta entonces (a pesar del dramático ministerio de advertencia del profeta Jeremías), pero, no lo olvidemos, pudo ser también la menos mala de las opciones que la rebeldía de Israel dejaba a los buenos propósitos de Dios a favor de su pueblo. Dios no podía pelear contra Babilonia y a favor de Israel si su pueblo le rechazaba. Sólo quedaba aconsejarle que aceptara la posición menos dramática del conflicto con Babilonia y entregarse, aprender la lección de su dependencia de Dios y creer la promesa de que Él intervendría en su momento para hacer posible su liberación (Jer. 29:10-13).

El silencio de Dios se ha convertido en el gran argumento del ateísmo contra la existencia de Dios, puesto que se preguntan ¿dónde estaba Dios cuando se produjo la catástrofe del tsunami, el terremoto de Haití o las inundaciones en Pakistán? ¿Dónde está Dios cuando nos alcanzan los millones de pequeños o grandes dramas de la vida cotidiana en nuestro mundo? ¿Dónde estaba Dios en los dos bandos de la Segunda Guerra mundial, y en todas las guerras? Y ¿dónde estaba cuando decenas de miles de seres indefensos morían de hambre o víctimas de todo tipo de horrores en los campos nazis de exterminio? Como puede verse, estas preguntas caen directamente sobre el tema del dolor y del sufrimiento en este mundo, tema para el que no hemos encontrado aún una respuesta satisfactoria, fuera de la fe en un Dios que busca con empeño para nosotros, no una vida aquí, confortable y ausente de problemas, sino la garantía de la vida eterna y perfecta que viene a continuación. Pero el tema que estamos tratando es otro.

Jesús dijo poco tiempo antes de morir, «voy, pues, a preparar lugar para vosotros» (Jn. 14:2), siendo así su partida lo que justificaría su regreso, es decir, lo que hemos definido como la «parusía» o segunda venida de Cristo. Cuando ascendió, Jesús se ocultó en la nube que lo recibía (Hch. 1:9) entrando así en un «lugar», más allá de nuestra capacidad de comprensión. Así parece entenderlo Pablo cuando dice que Jesús está «sobre todo principado, potestad y potencia... y todo nombre que se nombra» (Ef. 1:21). «La ascensión, por lo tanto, revela los límites de nuestro conocimiento; cuando Cristo dejó el mundo, la Palabra se escondió de nosotros de nuevo y permanecería para siempre incognoscible e innombrable» (K. Amstrong, *op. cit.*, p. 169). No podemos dudar del hecho de que la ascensión de Jesús nos emplaza a una situación de «silencio», pues es a partir de la ascensión que ya la presencia de Jesús, aunque real, se vuelve intangible, entrando de lleno en la experiencia de la fe confiada, en la cual nos encontramos, hasta que Jesús se haga de nuevo presente en la parusía.

Después de la ascensión, Dios ya no se manifiesta en conversación dialogante, próximo y revelador, sino que hemos pasado a un estado en el que se reclama una percepción espiritual de las cosas reveladas, reclamándose más que nunca que la percepción de lo trascendente se haga individual e interiormente. Entramos en el Reino de la fe plena y madura, pues ya es sólo mediante la fe que podremos conectar con la «otra» realidad: la de la trascendencia.

El misterio de la fe se contempla, pues, frecuentemente desde el silencio. Silencio de Dios, que ya no interviene visiblemente en nuestras situaciones más felices o más dramáticas; simplemente calla o nos habla a través de la creación o de la Escritura. Además, podemos citar el silencio de los hombres y mujeres que, ahogados por el dolor, la ansiedad y el temor, parecen no tener ya energías ni siquiera para preguntar «¿por qué me has abandonado?». Encuentro muy ilustrativa una experiencia que se narra en la historia bíblica, y que ilustra cómo Dios utiliza el silencio a modo de confirmación callada de aquello que ha decidido con el hombre y para el hombre. Me refiero a la experiencia vivida por Abrahán y su hijo Isaac, contenida en el texto de Gn 22:1-14. Estando Abrahán en Beer-seba, se le apareció el Señor para encomendarle una misión dramática: «Toma ahora tu hijo, tu único, Isaac, a quien amas, y vete a tierra de Moriah, y ofrécelo allí en sacrificio» (v. 2). Ante esta dramática orden divina, Abrahán nada responde, nada pregunta y nada discute, por lo menos no consta en el texto que lo hiciera, pues el relato bíblico sólo nos dice «Y Abrahán se levantó (…) y fue al lugar que Dios le dijo» (v. 3). Nuestro personaje bien pudo reclamar a Dios «recordándole» el modo en que había recibido aquel hijo como cumplimiento de su promesa, siendo por ello su único hijo, a la vez que Abrahán se había hecho mucho más anciano que cuando recibió la promesa, estando por ello ahora más necesitado de ayuda y cariño. Sin embargo nada dijo, simplemente guardó silencio delante de Dios, bien porque el fuerte dolor que sentía le impedía hablar, bien porque su misteriosa fe le impulsó a aceptar la orden divina de inmediato. Silencio del hombre ante la voluntad suprema de Dios: ese es el buen silencio, el que salva, aquel que obedece aún antes de entender, el silencio reverente que renuncia, sin condiciones, a la lógica humana porque confía más en la sabiduría divina. El silencio del hombre ante Dios debe ser fruto de la fe en Él, pues, aunque resulte paradójico, «el propósito de la revelación es decirnos que no sabemos nada de Dios» (K. Amstrog, *op. cit.*, p. 136). Es a esta conclusión que estamos abocados, pues, debido a que ante la inmensidad de Dios se hace insuficiente nuestro pequeño intelecto, sólo el humilde silencio, fruto del anonadamiento ante la magnitud de Dios, será nuestra respuesta más lógica.

En los primeros siglos del cristianismo se produjeron serias discusiones teológicas entre los diferentes grupos que conformaban la Iglesia de entonces. Concilios, edictos y catecismos no fueron suficientes para que los hombres se pusieran de acuerdo y, mientras que unos se enredaron en largas discusiones sobre la cristología y sobre la conducta del cristiano, otros optaron por el «silencio espiritual». «Los monjes acudían en masa a los desiertos de Egipto y Siria para vivir en soledad, meditar en los textos escriturarios que habían memorizado y practicar los ejercicios espirituales que les procuraban serenidad» (K. Amstrog, *op. cit.*, p. 136). No necesitamos estar de acuerdo con esta forma de encontrar el silencio del alma, pero la citamos aquí para mostrar la necesidad que el hombre ha tenido siempre de esa soledad callada que le capacita para escuchar la voz de Dios, tan necesaria y, desdichadamente, tan distante a veces.

Tal vez tengamos necesidad de referirnos al silencio de Dios porque no somos capaces de callarnos cuando Él nos habla. No debemos rehusar la palabra bíblica cuando nos dice: «Jehová está en su santo templo, calle delante de Él toda la tierra» (Hab. 2:20). ¡Demasiado ruido, demasiadas prisas, demasiados intereses personales, demasiada trasgresión de la ética cristiana, demasiado aturdimiento para no escuchar las reclamaciones de Dios por una moral trascendente y no meramente circunstancial! El silencio de Dios se expresa mediante la claudicación espiritual del hombre, pues quien ha aseverado que «con amor eterno te he amado» quiere certificarlo con un permanente y eterno interés por los asuntos del hombre y por su salvación. El profesor A. Einstein se manifestó contrario a la idea de un Dios personal que se ocupa de las criaturas, y lo hizo en los siguientes términos: «He dicho repetidas veces que, a mi juicio, la idea de un Dios personal es infantil». Esta idea, bastante extendida entre los científicos que aceptan la existencia de un poder inicial no específico (al que los creyentes llamamos Dios), y que es el origen de todo lo creado, no alcanzan, sin embargo, a aceptar a un Dios que continúa, más allá del tiempo y del espacio, ocupándose de su creación. Tal vez deberíamos superar este «sentimiento de orfandad» concediendo a Dios un voto de confianza, tal como lo hace H. Küng: «Me gustaría recomendar a los científicos que, al menos como hipótesis, tomaran a Dios en consideración» (*Principio*, p. 57). Ch. Darwin admitía que no podía probar la hipótesis evolucionista, pero que, no obstante, tenía confianza en ella (K. Amstrong, *op. cit.*, p. 338). ¿No tiene el mismo derecho el creyente cuando se le dice que no se puede demostrar la existencia de Dios? La fe genera la necesaria confianza para aceptar la realidad de un Creador. De acuerdo con la conclusión de Darwin en su breve autobiografía: «El misterio del origen de todas las cosas es irresoluble para todos nosotros, y yo debo contentarme en ser agnóstico» (*En Dios no existe*, Ch. Hitchens, p. 157). Es decir, decide proclamarse como gnóstico que es, sin duda, una posición cómoda en la que parece que se está abierto a todo, pero sin tener que decidirse por nada: «Dios puede o no puede existir; cuando alguien me demuestre sin ningún género de dudas una u otra posibilidad, entonces la aceptaré». En esas condiciones, cuando no puede demostrarse empíricamente la existencia o la no asistencia de Dios, ¿por qué no decidirse por aceptar a un Ser Creador y Sustentador de todo lo existente? Cualquier descubrimiento, cualquier avance de la ciencia, se utiliza casi siempre para negar (y aun para combatir) la existencia de Dios, no para reafirmarla. ¿No resulta extraña esta postura de un sector importante de científicos?

Aunque la relación Dios-hombre es para el creyente una realidad irrenunciable, nos parece igualmente aceptable lo que en las Escrituras podría entenderse como «un proceso decreciente de comunicación divina». Dicho proceso reclama grandes períodos de tiempo histórico y, por mi parte, un tratamiento somero, dada la naturaleza de esta obra y sus objetivos bien diferentes. Se trata de provocar el estudio individual y pormenorizado de las grandes etapas de la comunicación de Dios con las criaturas, para estimular en ellas una profunda experiencia de fe, que ya hemos considerado como el vínculo de unión con el Creador. Aquí propongo sólo resaltar las etapas que, desde una perspectiva general, me parece que señalan el proceso de revelación de Dios desde los orígenes hasta el momento presente, cuando el «silencio» divino se hace notar con mayor claridad. Para ello es necesario referirse a los períodos siguientes: **teofánico:** Dios habla directa y aun visiblemente al hombre; **teocrático:** Dios gobierna a su pueblo; **profético:** Dios habla ya a través de hombres y de mujeres; y, finalmente, período de la **iluminación:** Dios inspira el mensaje hablado o escrito del autor. Después vino el silencio es decir, Dios comunica pero el hombre no capta el mensaje, pues no escucha con suficiente atención. Como puede apreciarse a primera vista, éstas son etapas que muestran un orden decreciente en la relación de intimidad de Dios con el hombre. Ahora bien, estas etapas no pueden detallarse mediante propuestas cronológicas o matemáticas, sino diferenciarlas de acuerdo con un modelo determinado de revelación que, a veces, se superponen el uno al otro, como, por ejemplo, el período teocrático y el profético. Es decir, no podemos hablar de un período profético con abstracción total de la inspiración o de la teofanía, pues, tal como comprobamos en los escritos neo-testamentarios, éstos fueron escritos mediante la propia experiencia del autor, que disfruta de fuentes bien diversas: «vimos su gloria» (Jn. 1:14); la inspiración: «los santos hombres de Dios hablaron siendo inspirados por el Espíritu Santo» (2 P. 1:21); o la teofanía : »Vi al Espíritu que descendía del cielo como paloma» (Jn. 1:32).

Pasemos a considerar, muy brevemente, algunas características de los diferentes períodos de la revelación divina, que han dado lugar a la totalidad de la historia del judaísmo y a dos mil años de cristianismo, un largo período huérfano de una más convincente percepción de la presencia de Dios, tan deseada. Fue Emmanuel Kant quien, en su segunda edición de la *Crítica de la razón pura* escribió: «Tuve, pues, que suprimir el saber para dejar sitio a la fe». La razón y la ciencia no podrán nunca demostrar empíricamente la existencia de Dios, esa es una tarea que queda restringida a la fe y, de manera muy especial, para todo el período del cristianismo histórico. Cuando Jesús fue ocultado por la nube, se cerró el ciclo de la «presencia» para pasar al estado de la «confianza», pues, después de la ascensión, se pide de nosotros que aceptemos lo que los ojos ya no pueden ver, los oídos oír o las manos tocar, privilegio que sí gozó, por ejemplo, el apóstol Juan (1 Jn. 1:1-3). Ahora la fe debe interiorizarse más que nunca, pues es en la hondura del corazón donde debe sentirse la presencia de Dios y donde se ratifica nuestra esperanza.

6. Período teofánico (*Theos*-Dios y *phaino*-mostrarse)

Hubo un tiempo cuando Dios se manifestaba a los hombres con un diálogo directo, incluso con una cierta intimidad que pueda parecernos impropia de un Dios eterno, todopoderoso y Creador de todas las cosas. Es el mismo Dios quien decide entrar en ese diálogo con la criatura, acto que debemos comprender más como abajamiento de Dios que como enaltecimiento del hombre, puesto que no es el hombre quien se acerca a Dios (que no puede), sino Dios que se aproxima al hombre (que sí puede). Es el caso de Adán, Caín, Noé, Enoc, Jacob y tantos otros, a quienes Dios se dirige para darles todo tipo de instrucciones, semejante a lo que hizo con Abraham: «Jehová había dicho a Abraham: 'Vete de tu tierra y tu parentela, y de la casa de tu padre, a la tierra que Yo te mostraré'» Gn. 12:1). Otro de los privilegiados por las teofanías fue Moisés, quien gozó de la más directa y plena manifestación divina, revelándose Jehová con gran poder en la cima del monte, para otorgarle las leyes y consejos que habrían de servir de pauta en la dirección del pueblo de Israel, en camino hacia su liberación en la tierra prometida.

Siempre me ha impresionado el diálogo mantenido entre el Dios del Sinaí y su hombre de confianza, Moisés. Me estoy refiriendo, no tanto a la conversación mantenida en el momento de la entrega de la ley, donde el tono utilizado por Dios es, como corresponde, mayestático (Ex. 20:1-2), sino el tono «negociador» utilizado por Moisés para intentar aplacar el enojo de Dios por la fabricación del becerro de oro. Le dice Dios: «Deja que encienda mi ira y los destruya» (Ex. 32:10), a lo que sagazmente Moisés responde: «¿Por qué se encenderá tu furor en tu pueblo que Tú sacaste de la tierra de Egipto?» (v. 11). Lo asombroso es que estamos hablando de un diálogo directo entre Dios y Moisés, el Creador y la criatura, ¡qué enorme responsabilidad para Moisés y qué gran privilegio! El extraordinario dirigente de Israel se permite incluso inducir a Dios a la reflexión sobre lo que pensarían de Él los egipcios y los pueblos comarcanos si destruyese al pueblo de Israel: ¿«Para mal los sacó, para matarlos en los montes, y para raerlos de sobre la haz de la tierra?»; y aun se atreve Moisés a aconsejar a Dios: «Aparta tu ira y no le hagas eso a tu pueblo» (v. 12). El resultado no pudo ser más positivo para Israel: «Jehová tuvo compasión de ellos y no los destruyo» (v. 14). La mediación de Moisés fue un éxito, fruto del privilegio de dialogar directamente con Dios, hecho que parece posible sólo en un tiempo en el cual el Creador se aproximaba tanto a sus criaturas, asumiendo un comportamiento que podríamos definir como antropomórfico. Su diálogo con Moisés se parece más a la conversación mantenida entre dos amigos que «negocian» sobre un problema, que la solemne relación entre la divinidad y la humanidad. Y esto es tanto más asombroso y maravilloso cuando aceptamos la grandeza inmedible del Dios infinito, tal como lo consideró Anselmo: «Digas lo que digas sobre Dios, Dios es más. (...) la fórmula misma que describe a Dios es que no existe ninguna fórmula con la que Dios pueda ser descrito». ¡Y este Dios no se priva de llamar «amigo» a un hombre como Abrahán!

7. Período teocrático (*Theos*-Dios y *kratos*-gobierno)

Esta etapa se extendió desde el tiempo del Éxodo hasta el de los Jueces (siglos XIV-XI a. C.). Se entiende por teocracia el «gobierno ejercido directamente por Dios o sometido a las leyes divinas a través de sus ministros o representantes, como el de los antiguos hebreos» (Espasa Calpe). Es decir, que Dios era quien tomaba las decisiones durante el período del peregrinaje por el desierto y durante buena parte del período de la conquista de Canaán, la tierra prometida por Dios después de la salida de Egipto. Es muy emocionante comprobar por la Escritura como Dios indicaba a los dirigentes del pueblo lo que debían o no hacer, tanto en el orden religioso como en el político y militar. Dios gobernaba a su pueblo, aunque no de forma dictatorial, como podemos verlo en el suceso de los espías enviados para informar sobre la tierra de Canaán. Dios manda a Moisés que envíe hombres para reconocerla, antes de iniciar su conquista (Nm. 13:3), y, a su regreso, informaron «que el pueblo que habita aquella tierra es fuerte» (v. 29) y, por lo tanto, renunciaban a su conquista: «No podremos subir contra aquel pueblo porque es más fuerte que nosotros» (v. 32), oponiéndose así, en la persona de Moisés y de Aarón, a la voluntad de Dios (14:1-4). De nada sirve el testimonio de confianza en Dios mostrado por Josué y Caleb (dos de los doce espías), testimonio tan diferente al de sus compañeros: «Si Dios se agradare de nosotros, Él nos meterá en esta tierra; tierra que fluye leche y miel» (v. 8). El resultado no pudo ser más decepcionante: «Entonces toda la multitud habló de apedrearlos» (v. 10). Una vez más se comprueba que Dios no impone su decisión, que respeta la libertad que ha concedido al hombre, que respeta sus «miedos», fruto indiscutible de su falta de fe. El argumento es claro: dos de los espías, que han comprobado las mismas dificultades que los otros diez, están dispuestos a obedecer a Dios confiados en su capacidad para concederles la victoria, mientras que los diez restantes prefieren la esclavitud de Egipto. Dios satisface su deseo de no entrar en la tierra prometida y les deja en la antesala (desierto del Sinaí) durante cuarenta años de peregrinación, hasta que todos murieron (los adultos), a excepción hecha de los dos que confiaron: Josué y Caleb. Dios nada impone, respetando al libre albedrío concedido al hombre y, por ello, esperó pacientemente cuatro décadas hasta que su pueblo pudiera comprobar que la conquista era posible. Mientras ¿Cuáles fueron los sentimientos de Josué y Caleb, convencidos de que aquellos cuarenta años de penurias se podían haber evitado gracias a su fe en el Dios de Israel? Peregrinos sin rumbo, sufrimiento evitable, pérdida de la promesa de un hogar propio, ese fue el fruto que obtuvieron, aunque su supervivencia estuvo siempre marcada por la intervención divina a su favor. No es fácil decirle a Dios «Hágase tu voluntad y no la mía» y, sin embargo, esa parece ser la clave de la esperanza del hombre. La lógica inmovilizó a todo un pueblo para alcanzar su objetivo de libertad, puesto que ese «pueblo es más fuerte que nosotros». Pues bien, sólo cuarenta años más tarde, vencieron a los habitantes de Canaán, al mismo pueblo fuerte que les impidió confiar en Dios y que tantos problemas les trajo.

¿No podría ser esto una metáfora de la actualidad? La lógica científica puede llevar a algunos a decidir que «Dios ya no es necesario», cuando en un futuro que desconocemos pueden aparecer nuevos argumentos a favor de la necesidad de Dios pues, tratándose de Él, todo lo que digamos o pensemos deber ser hecho desde la más estricta humildad, dejando siempre la puerta abierta al descubrimiento y a la sorpresa. Como ya escribió Basilio, el teólogo capadocio en el siglo IV: «Pues el pensamiento no puede viajar fuera de lo que es, ni la imaginación más allá del principio. Aunque tu pensamiento viaje siempre muy lejos hacia atrás, no puedes ir más allá de lo que es, y por más que te esfuerces por ver lo que está más allá del Hijo, te resultará imposible ir más allá del principio (*Sobre el Espíritu Santo*, pp. 8-9).

Hoy no faltan autores que defienden la teocracia, incluso como un sistema de gobierno para la sociedad del siglo XXI. **Christopher J. Ortiz** escribe al respecto: «La teocracia no pertenece sólo al pasado. ¡La teocracia es ahora! En mi casa, relaciones y trabajo, no opero en términos de democracia, oligarquía, monarquía, socialismo ni comunismo. En todas las esferas de la vida debo estar gobernado por el gobierno directo de Dios, por medio de la escritura directa de su ley en mi corazón y mente». Otros, sin embargo, la repudian por entender que, finalmente, el sistema teocrático de gobierno puede traducirse en un gobierno radical de la Iglesia. La historia de Europa nos ilustra definitivamente al respecto, cuando los reyes y la Iglesia ejercían su poder de modo absoluto, con gran desgracia para las gentes del pueblo.

8. Período profético

Puede que encontremos el acceso a este tiempo, de enorme importancia para el pueblo judío, cuando Samuel, juez de Israel, ya envejecido, decidió que le sustituyesen sus dos hijos, Joel y Abías (1 S. 8:1-2), quienes, desdichadamente, «no anduvieron por los caminos de su padre» (v. 3). Esta situación llevó al consejo de ancianos a hacer una histórica propuesta a Samuel, propuesta que determinaría una manera distinta de gobierno al que habían tenido hasta aquel momento. Reconociendo que el anciano Samuel ya no podía ejercer como juez de Israel y rechazando a sus hijos que, como gobernantes, eran avariciosos y practicaban el cohecho, le pidieron: «constitúyenos ahora un rey que nos juzgue, como todas las gentes» (v. 5). Disgustado por esta petición, Dios habló con Samuel: «Oye la voz del pueblo en todo lo que dijeren, a mí me han desechado, para que no reine sobre ellos» (v. 7). Se comprende fácilmente la ruptura con el gobierno de Dios y, por lo tanto, una nueva etapa en la manera de recibir la revelación divina.

El método de comunicación se hace cada vez más complejo, y esto no por decisión de Dios, sino por deseo expreso del pueblo que quiso «ponerse a la moda»: «Nosotros seremos también como todas las gentes, y nuestro rey nos gobernará y saldrá delante de nosotros, y hará nuestras guerras» (v. 20). Si ahora desean todo esto sobre la base de que les gobierne un rey, se demuestra que antes eran dirigidos por un juez (época de los jueces) que era instruido, tanto en el gobierno como en las guerras y los asuntos religiosos por Dios mismo, en la más estricta teocracia. La época de los jueces fue un tiempo de gran dependencia de Dios, mientras que la de los reyes fue marcada por la rebeldía a la voluntad divina, introduciendo, incluso, el peor de los pecados de aquel tiempo: «adorar dioses ajenos», enfrentándose claramente con el primer mandamiento. Frases como «anduvo en todos los pecados de su padre» (Abiam), «hizo lo malo a los ojos de Jehová» (Nadab), «sirvió a Baal, y lo adoró» (Acab), son un claro exponente, salvo honrosas excepciones, de la conducta de los reyes de Israel y de Judá. Con la lectura del Antiguo Testamento, encontramos suficientes argumentos que explican por qué Israel sufrió grandes desastres. Siendo un pueblo pequeño, situado entre Egipto y Asiria, las dos potencias de su tiempo (siglos VIII-VI a. C.), difícilmente Israel podría sobrevivir por sí mismo, sin el todopoderoso concurso de Dios. Durante siglos, sus reyes toleraron todo tipo de prácticas religiosas que se oponían a la voluntad de Dios, como eran la unión con los pueblos paganos y la aceptación de sus dioses. Dios había dicho: «no emparentarás con ellos (...) Mas así harás con ellos: sus altares destruiréis, y quebrantaréis sus estatuas y cortaréis sus bosques, y quemaréis sus esculturas en el fuego» (Dt. 7:3-5).

Josías fue una de las raras excepciones entre los reyes de Israel y de Judá, pues él llevó a cabo la gran reforma, aniquilando toda huella de cualquier religión extraña a la fe en el único Dios de Israel. Pero, como sabemos por el relato bíblico, fue la excepción que confirma la regla general de la querencia de los reyes hacia la idolatría, tan severamente prohibida por Dios.

En su afán imitador, los israelitas buscaron principalmente imitar la pompa y el lujo de los otros monarcas, siendo necesario para ello que cargaran pesados tributos que antes no debían pagar. Dios les advirtió, antes de que se reafirmasen en su deseo de tener un rey como gobernante: «Seréis sus siervos, y clamaréis aquel día a causa de vuestro rey que os habréis elegido, mas Jehová no os oirá en aquel día» (1 S. 8:17-18). Aquí podemos encontrar una referencia al silencio de Dios pues, a causa de la rebeldía de su pueblo, Dios ya no puede escuchar y, en cierto modo, tampoco hablar. Se han roto las condiciones del diálogo Dios-hombre debido a la actitud rebelde y olvidadiza del pueblo de Israel. El profeta Isaías dirá al respecto: «Mas vuestras iniquidades han hecho división entre vosotros y vuestro Dios, y vuestros pecados han hecho ocultar su rostro de vosotros, para no oír» (Is. 59:2).

En la etapa de la monarquía, Dios apenas se dirigirá ya directamente a los líderes de su pueblo, sino que lo hará a través de hombres escogidos por su fidelidad y fe en el Señor de Israel: los profetas. Aunque la revelación seguiría viva, se experimentó a lo largo de la historia un decrecimiento del diálogo directo durante aquellos siglos. No obstante, el deseo de paz, amor y protección de Dios siempre estuvo presente para quienes querían escuchar y obedecer: Elías, Isaías, Jeremías, Ezequiel, Daniel y tantos otros, cumplieron fielmente el encargo divino de ser portavoces de la voluntad de Dios. La promesa de Dios siempre se ha cumplido: «No hará nada el Señor Jehová, sin que revele sus secretos a su siervos los profetas» (Am. 3:7). La revelación puede cambiar el método, la frecuencia y la intimidad, pero sigue siendo un concepto vivo que anima a los creyentes a experimentar una constante valoración e interpretación de su fe. Dios es silencio o revelación en la medida en que nosotros la recibimos o la rechazamos. Como escribe K. Amstrong: «La revelación era un proceso en curso que continuaba de una generación a otra. Un texto que no pudiera hablar al presente estaba muerto, y el exégeta tenía la obligación de revivirlo» (p. 117).

9. Período de la iluminación

Consideremos ahora lo que hemos comprendido como la última etapa de la revelación divina: la iluminación. No por entender que ésta se circunscribe sólo a una época determinada, sino por la importancia que asume la inspiración al quedar como el método, casi exclusivo, de revelación divina y por circunscribirse muy particularmente al Nuevo Testamento. Sin embargo, parece conveniente que reiteremos ahora la necesidad de hacer aún una brevísima reflexión sobre la revelación bíblica y su peculiaridad en relación con otras formas de religión. La religión cristiana se encuentra situada en un proceso histórico que, a diferencia de las demás religiones (excepto la judía), ha necesitado experimentar un largo proceso para alcanzar su carácter canónico definitivo, pudiéndose, por ello, considerarla como una religión histórica. Alguna de las religiones conocidas, como es el Budismo, no recurre en absoluto a la revelación, sino que tiene como punto inicial la iluminación de la mente humana y, en particular, la de su máxima fuente de inspiración: Buda. Siendo esto así, se puede considerar el budismo más como una filosofía que como una religión de fe, sin ninguna relación, pues, con las religiones reveladas. Un filósofo acompañante de Buda le molestaba constantemente con preguntas metafísicas: «¿Existe Dios? ¿Ha sido creado el mundo en un tiempo del pasado o es eterno?». Buda se negaba a hablar de esos temas por considerarlos irrelevantes, decía: «Queridos discípulos, no os ayudarán (los temas de la existencia de Dios y la eternidad), no son útiles en la búsqueda de la santidad, no llevan a la paz y al conocimiento directo del Nirvana» (Citado por K. Amstrong, p. 48). Para Buda, pues, no era necesaria la revelación de una filosofía de vida, la cual busca en el interior del hombre, sin ninguna trascendencia, la respuesta para alcanzar la paz. Sin embargo, la revelación bíblica tiene la característica de la variabilidad de los autores que nos la han trasmitido, la necesidad de un prolongado período de tiempo (puede que se acerque a los quince siglos) y, lo que resulta de mayor importancia, una «fuente» que transmite, que enseña, que comunica aquellas cosas que no están al alcance de lo humano porque le trascienden: El Dios de la Biblia. De este modo, puede decirse que creer para el cristiano es aceptar esta revelación que llega a los hombres traída de Dios a través de la historia.

El apóstol Pedro nos sitúa ante el mecanismo de transmisión de la revelación de Dios a los hombres: «La profecía no fue en los tiempos pasados traída por voluntad humana, sino que los santos hombres de Dios hablaron siendo inspirados por el Espíritu Santo» (2 P. 1:21). Es decir, que Dios se sigue comunicando con los hombres y mujeres, pero no ya de manera tan íntima y dialogante como en la antigüedad. Ahora Dios comunica lo que ha decidido que el hombre conozca, pero ya sin la antigua prerrogativa de poder hacerle una «contraoferta», como en el caso de Abrahán y de Moisés, al hilo de un apasionante diálogo entre el Creador y la criatura. Ya hemos señalado que fue la actuación del hombre lo que produjo este distanciamiento, no el propósito de Dios; quien, aun encareciéndonos a beber de la fuente antigua, nos invita ahora a buscarle en la experiencia del silencio. Ya lo dice la Escritura: «Por la iniquidad de su codicia me enojé (Dios), escondí mi rostro (...) y fue el rebelde por el camino de su corazón» (Is. 57:17).

Si el Jesús hombre vivió con los hombres, haciéndose hombre, cuando resucitó ya no podía mantenerse con nosotros indefinidamente: la perfección no podía convivir con la imperfección del pecado, de donde se desprende la necesidad de su ocultamiento. ¡Y Jesús ascendió al cielo, al Reino del Padre, después de haberle hecho accesible para los hombres! Sí, en su ascensión, Jesús se había ocultado tras la nube que lo recibía, accediendo así a un Reino que está más allá de nuestro entendimiento. Se situó así, como dice Pablo, «sobre todo principado, y potestad, y potencia, y señorío, y todo nombre que se nombra» (Ef. 1:20-22). «La ascensión, por lo tanto, revela los límites de nuestro conocimiento; cuando Cristo deja el mundo, la Palabra se escondió de nosotros de nuevo» (K. Armstrong, p. 169). Dios, que se revela en Jesús de una manera excelente, vuelve a ocultarse en la ascensión. El Espíritu Santo ocuparía la función de Revelador, pero ya sin la objetividad que aportaba la realidad de Jesús en presencia. El Espíritu es la presencia subjetiva de Dios en la vida de los hombres. ¡Qué lejos quedan ya aquellos tiempos cuando el hombre podía tener a Dios como interlocutor teofánico, es decir, visible en los símbolos por Dios escogidos: zarza, fuego, nube o silbido suave! Ahora tenemos la Palabra como fuente documental para la fe, las Escrituras, Dios hablando a los hombres y mujeres para que aprendan el camino de la salvación.

La fe en el Dios de la historia debe confirmar nuestra fe en el Dios de la promesa. La fe sólo tiene sentido cuando se fundamenta sobre la aceptación de la promesa de que Aquel que se marchó visible a los ojos de los discípulos regresará a nosotros como culminación de la espera en la que nos encontramos. El Apocalipsis se refiere a ese acontecimiento en los términos siguientes: «He aquí que viene con las nubes, y todo ojo le verá». Se aseguran dos hechos de interés: 1) Que viene «con las nubes», es decir, «de arriba», 2) Que «todo ojo le verá», por lo tanto nadie se privará de la magnífica visión. La fe, pues, tiene un sentido escatológico que nos permite gustar, ya en el presente, la realidad de un futuro eterno.

SEGUNDA PARTE
Ciencia y fe: breve historia de una discrepancia

CAPÍTULO V
El amanecer de la ciencia moderna (S. XVIII)

Aunque algunos autores sitúan el nacimiento de la ciencia moderna en los siglos XVI y XVII, es hacia la mitad del siglo XVIII que eclosiona una nueva mentalidad basada en el amanecer científico que, sintonizando con el pensamiento que encontramos anteriormente en el Renacimiento, reconoció al hombre como mente científica, capaz de inventar cosas y de organizar una sociedad para el éxito y el bienestar. Como consecuencia, el hombre viene a ser el principal personaje en una sociología que desea una alternancia a la supremacía de Dios que, hasta aquel momento, había «gobernado» los destinos de la humanidad, a través de la Iglesia. Este período, que va del Renacimiento al siglo XVIII, es identificado con el nombre de la «Ilustración». Dicho período hace referencia, a grandes rasgos, al espíritu crítico del hombre que, en base al descubrimiento de las leyes de la naturaleza, iniciándose un proceso de oposición al concepto de Dios y de creación, rompe abruptamente con todo lo establecido en relación con la fe y la dependencia al Dios de las Escrituras (A. Udías Vallina, *Ciencia y religión*, pp. 263-264). Se trata (decían ellos) del predominio de la razón sobre la fe (entendiendo, equivocadamente, que en la fe no tiene cabida ningún planteamiento que podamos considerar como »razonable») y, como consecuencia, se acreditó a la filosofía y a la ciencia en general un carácter de preeminencia. Este período se le conoce también en la Historia de las Ideas como «Siglo de las Luces» o «Siglo de la razón». Su característica más relevante es la búsqueda de la felicidad humana a través de la cultura y el progreso, iniciándose un claro abandono de Dios y de la trascendencia. Este período, que se prolongó desde el siglo XVIII hasta principios del XIX, puso las bases de un pensamiento fuertemente crítico contra todo lo religioso, el cual ocuparía los siglos XIX y XX, invitando a la sociedad creyente a evolucionar hacia una situación de ruptura con Dios y, por lo tanto, con los valores que la habían definido hasta entonces como cristiana.

No hay duda de que para una parte importante de la intelectualidad del siglo XVIII, la mentalidad científica e investigadora, resultó muy estimulante el descubrimiento de la maravillosa realidad de la vida terrestre y el asombro producido por el descubrimiento del «universo próximo», superando los límites de nuestro sistema solar. Tal como lo expresa K. Amstrog: «Una nueva generación de científicos parecía confirmar la fe de Newton en el gran diseño del universo» (*op. cit.*, p. 239). La invención de las lentes de aumento extendió la visión hacia el mundo de lo microscópico, lo que aumentó el asombro de los científicos de entonces por un mundo nuevo que se abría ante ellos. «Todas estas maravillas parecía que apuntaban hacia una inteligencia suprema, que ahora podía ser descubierta por los logros extraordinarios de la razón humana» (*ibíd.*). Eran tiempos en los que las mentes se abrían a nuevas concepciones sobre el sentido de la vida, pero partiendo de la firme seguridad de la fe en el Dios Creador. Como Cotton Mather afirmó: «La ciencia era un maravilloso incentivo para la religión» y todo el universo podía considerarse como un gran templo «construido y adaptado por el Arquitecto todopoderoso» (*El filósofo cristiano*, pp. 1, 3). Fueron momentos en los que la ciencia y la fe caminaban alegremente juntas para la construcción de una religión «ajena a la polémica». ¡Pobres ingenuos! Aquel proyecto que se iniciaba con un nuevo amanecer de la ciencia se convirtió enseguida en una puja de razones entre teólogos y científicos que tenía como epicentro a Dios: unos para defender su existencia y necesidad universal, otros para atacar dicha existencia y necesidad. ¿Quién ralentizó el paso o quién lo aceleró para que ambas, la ciencia y la fe, dejaran de caminar juntas? Es cierto que el divorcio entre ambas tuvo lugar dos siglos más tarde, pero no podemos dudar de que las desavenencias se iniciaron en el siglo XVIII y aun antes.

Sin embargo, para cualquier observador de la historia del hombre y, a la vez, conocedor del desarrollo de la misma a la luz de las Escrituras bíblicas, esta situación no tiene nada de sorprendente, pues, en numerosas ocasiones, Dios pone al hombre en situación de elegir, tal como reclama el ejercicio del libre albedrío que le concedió —¡y el hombre no siempre ha elegido a favor de la voluntad divina!— tomar o no del fruto prohibido. Caín, el mundo antediluviano, Israel, Judá, los Fariseos, el Judaísmo, la ley y la gracia, y tantos otros puntos de discrepancia lo demuestran. Pareciera que el empeño desplegado por Dios para atraer hacia sí a los hombres y mujeres para salvación ha sido directamente proporcional al empeño puesto por el hombre para alejarse de Él y negar su existencia. No hay duda de que en esa «confrontación» aceptación-rechazo ha habido victorias y derrotas por ambas partes. Dios no podrá salvar a todos, ni el ateísmo condenará a todos. El apóstol Pedro, con visión profética, descubre las limitaciones que la libertad del hombre pone a la salvación universal: «El Señor no tarda su promesa, como algunos la tienen por tardanza; sino que es paciente con nosotros, no queriendo que ninguno se pierda, mas todos procedan a arrepentimiento» (2 P. 3:9).

Como en todas las cosas, la ley de causa y efecto ha impuesto casi siempre su hegemonía. La Ilustración no fue un hecho casual que tuvo lugar en el siglo XVIII, sino la culminación de una percepción teológico-científica que había vivido su proceso de elaboración durante mucho tiempo, a veces como una intuición simplemente, pero también a veces como una constatación que iba haciéndose, paso a paso, realidad. En el siglo XVIII la fe y la ciencia se fundamentaban sobre científicos y pensadores que les precedieron, tales como Galileo, Descartes o Newton, considerando todavía el ateísmo como una rareza, aunque ya se empezaba a pensar que la «razón era el único camino a la verdad». No obstante, «su ideología racional dependía completamente de la existencia de Dios. El ateísmo, tal como lo conocemos hoy, era todavía intelectualmente inconcebible» (K. Amstrong, *op. cit.* p. 242). La existencia de Dios era esencial para la vida y la sociedad de entonces, incluso para la ciencia, puesto que ésta no podía existir sin un Dios origen de todo aquello que se descubría. El hombre, por supuesto, no había llegado a los niveles de suficiencia científica de la que hoy hace gala, sobre todo cuando se le sitúa en los orígenes, sin necesitar para explicarlo, según parece, nada más que su actual nivel de conocimiento científico. Esto, visto con la perspectiva que nos da la historia del desarrollo científico, no deja de ser una imprudencia, pues no toma cuenta del hecho de que todavía estamos en los inicios del conocimiento de la realidad del universo, que estamos en los balbuceos de la comprensión del inmenso misterio que todavía es para nosotros el origen y desarrollo de todas las cosas. El científico podría dejarse llevar por una reflexión tan egocéntrica y fantasiosa como ésta: no hay necesidad de que alguien haya creado lo que existe, pues todo ha surgido de la nada absoluta. Dios no es necesario y yo lo sé (parece dar a entender el científico con sus conclusiones) porque, de algún modo, yo estaba allí, ¡en el *big bang*, hace catorce mil quinientos millones de años! De no ser así ¿cómo aseverar que todo sucedió así y no de otro modo?, ¿con qué argumentos científicos (físicos, cosmológicos o biológicos) se permiten «determinar» que Dios no es necesario en ningún momento de la historia del universo, para que todo exista al nivel de perfección que encontramos en el ordenamiento cósmico y terrestre actuales?

Coincido en parte con Stephen Hawking, quien en su última obra, *El Gran Diseño*, escribe entre otras varias citas sobre este tema: «Pero en el caso de los acontecimientos que caracterizan la evolución del universo, tales procesos son regidos por el equilibrio de las fuerzas fundamentales de la naturaleza cuyas relaciones mutuas tenían que ser *«justo las adecuadas»* (la cursiva es mía) para que pudiéramos existir» (p. 177). La cuestión es que, para este eminente científico, parece que todo lo existente se debe al funcionamiento, la regularidad y la inalterabilidad de las leyes de la naturaleza, pero rechazando cualquier posibilidad de reconocer que todo lo existente tenga un autor que esté por encima de las leyes. Lo expresa con el siguiente pensamiento: «Parece que nuestro universo y sus leyes han sido diseñados con *'exquisita precisión'* (la cursiva es mía) para permitir nuestra existencia y que, si tenemos que existir, queda poca libertad para su alteración (…) A mucha gente le gustaría que utilizáramos estas coincidencias como evidencia de la obra de Dios». (p. 184). Esto no es ninguna concesión a la aceptación de la existencia de un Creador, pues el autor aclara de inmediato su posición sobre las regularidades en el movimiento de los cuerpos astronómicos y qué es lo que lo hace posible: el Sol, la Luna y los planetas sugirieron que estaban gobernados por leyes fijas en lugar de estar sometidos a las veleidades y caprichos de dioses o demonios» (p. 193). Hawking tiene derecho a aceptar cuanto crea conveniente la capacidad constructora de las leyes universales, asumiéndolas como único origen y desarrollo de todo lo existente, pero pienso que no debería menospreciar a los creyentes que, por encima de las leyes, aceptan un Legislador supremo. Es decir, que nadie, desde su atalaya científica, debería sentirse capacitado para menospreciar la fe de los creyentes a quienes sitúa al nivel, más bien humillante, de quienes están «sometidos a las veleidades y caprichos de dioses y demonios», sobre todo porque el ateísmo es también sensible a las posibles referencias, a veces sarcásticas, que hacen los creyentes sobre ellos. Ch. Hitchens va lejos en su papel de perseguido por ser ateo: «Mientras escribo estas palabras, y mientras usted las lee, las personas de fe planean cada una a su modo destruirnos a usted y a mí y destruir todas las magníficas realizaciones humanas que he mencionado y que han costado tanto esfuerzo» (*Dios no es bueno*, p. 27). Siendo su libro una edición del 2009, es decir, situado en nuestro tiempo, no veo esa acción beligerante contra él por ningún lugar. Existe un contraste de pareceres por ambas partes, el cual me parece razonable y positivo cuando la discrepancia se origina con el deseo de encontrar una luz mayor sobre el determinante tema del origen y el destino del universo. Como muchos otros piensan, es el diálogo entre razón y fe lo que construirá puentes de entendimiento para una mejor comprensión de nuestro origen y nuestro destino.

Si entendemos el mecanismo que hace posible el evolucionismo, se trata de leyes que podríamos aceptar como perfectas por su imprescindible invariabilidad, tanto en el espacio como en el tiempo, pero que han surgido de la «nada» más absoluta; capaces de «crear» inteligencia, pero sin ningún origen inteligente; capaces de dar lugar a la perfección, pero sin ningún antecedente perfecto que le conceda esa capacidad, capaces de engendrar vida, pero sin que existiera vida alguna en sus orígenes. Hay mucha gente inteligente, formada en las diferentes ramas de la ciencia, que piensa que las leyes muestran su verdadera utilidad porque existe Algo o Alguien que las hace útiles, interpretándolas no como un Agente creador, que dan origen a las cosas o personas que justifican su existencia (la de las leyes), sino como un agente legislador que señala el camino, la conducta y aun los objetivos. Según Newton «la naturaleza es considerada como una gran máquina concebida por Dios y regida por las leyes establecidas por Él».

Las leyes sólo son útiles cuando pueden ser aplicadas y tienen algo que regular. Es más, las leyes nacen en función de las necesidades generadas por lo que existe previamente, no para crear lo que no existe. Las leyes son reguladoras, no creadoras de materia y de inteligencia partiendo de la nada absoluta. Dejar la creación de todo lo existente en las manos de las «leyes» solas viene a ser como dejar un manual de circulación en el desierto confiando que, por sí mismo, sea capaz de dirigir un tráfico que, además, no existe. La utilidad de las leyes cósmicas es incuestionable, así como reconocer que nada en el universo tiene ninguna posibilidad de sobrevivir sin ellas, pero otra realidad bien diferente es concluir, sin pruebas objetivas, el tiempo, la naturaleza y los efectos del *big bang* como origen del universo. No encuentro una diferencia significativa entre la aceptación del *big bang* como el inicio de la creación o creer en el relato de Génesis 1-2, con la diferencia de que en éste es la inteligencia suprema quien lo inicia todo y en la evolución todo se inicia en la nada. Finalmente todos, creacionistas y evolucionistas, nos movemos en los dominios de la fe, entendiéndola como expresión de nuestra confianza en las cosas que no podemos explicar todavía, por qué sucedieron así y no de otro modo.

Durante la Ilustración llegó a pensarse que, con un uso juicioso de la razón, sería posible un progreso ilimitado. La razón sirvió de guía para estudiar el funcionamiento de las leyes de la naturaleza, por consiguiente todo lo racional era bueno, y todo aquello que no condujera a la razón era incorrecto. Si el hombre deseaba alcanzar el progreso en el conocimiento del universo, el único camino lógico que se le ofrecía era el de descubrir las leyes de la naturaleza y actuar de acuerdo con ellas, dejando a un lado lo irracional o intuitivo. Este fue, sin duda, un paso decisivo dado por el hombre para alcanzar a independizarse de cualquier clase de tutela ejercida por Dios, como si Dios fuera el responsable directo de los problemas que el hombre encaraba en su cotidianidad. Se diría que el concepto de Dios (ya no sólo la fe en Él) molestaba, como si se tratara de un «asunto» que ya estaba agotado y que era necesario renovar. Se puso de moda el «Deísmo», teoría que acepta la existencia de un Dios Creador, pero que, después de llevar a cabo su obra, se desentiende de ella, dejándola a merced de las leyes de la naturaleza. Voltaire, el tantas veces considerado un ateo, fue deísta y, por lo tanto, aceptó la existencia de un Dios Creador, aunque se opuso fuertemente a la jerarquía eclesiástica. El estado de su creencia se deja ver en la cita siguiente: «Concluyo que todo hombre sensato, todo hombre de bien, debe tener horror de la secta cristiana. Solo debe adoptar el gran nombre de deísta. El único evangelio que debe leer es el gran libro de la naturaleza, escrito por la mano de Dios y que lleva su sello. La única religión que debe profesar es la de adorar a Dios y ser una persona decente» (*Sarcasmos y agudezas*).

En el siglo de la Ilustración (XVIII), encontramos una clara transición hacia los postulados de la increencia y el rechazo de Dios (por lo menos del Dios tradicional), que tomarían carta de naturaleza en los dos siglos siguientes. Así puede decirse que en el siglo XVIII se desarrollo una teología que podemos considerar, de alguna forma, como paradójica. Por una parte, Dios seguía siendo, en el Reino de lo trascendente, un padre cariñoso y misterioso, interesado por las criaturas, por su bienestar en esta vida y por su destino eterno. Pero no sucedía así en los criterios deístas que se imponían en los círculos intelectuales: Dios había creado todo, pero después de hacerlo, los mecanismos funcionarían por sí mismos, y Dios ya no tiene ninguna intervención directa (K. Amstrong, *op. cit.*, p. 243). Es decir, que la inquietud por la preeminencia de la razón marca ya la distancia con la fe en Dios y en la vida trascendente, teoría que tomará cuerpo y forma en el siglo XIX. De lo que no cabe duda es de que la Ilustración dejó una herencia perdurable en los siglos siguientes (XIX y XX), marcando el paso clave que determinará el declinar de la Iglesia y el crecimiento del secularismo hasta el tiempo actual. Sirvió como modelo para algunos logros socioculturales, políticos y económicos y para la reforma humanitaria a través del mundo occidental del siglo XIX. Fue el momento decisivo para creer en las posibilidades científicas del hombre que, libre de las ataduras de la religión, alcanzará, sobre todo en el siglo XX, un sorprendente desarrollo.

Se dice que un pesimista es un optimista bien informado. Si nuestros ilustres pensadores y científicos del pasado disfrutaran de la información que nosotros tenemos a este lado de la historia ¿pensarían tan positivamente de la razón humana cuando ésta se ve despojada de todo lo divino, como poderoso gestor de la felicidad y la paz de los hombres? ¿Seguirían pensando que la clave principal (si no única) para que el hombre sea feliz en esta sociedad se encuentra en la naturaleza, o el pensamiento humano, o en el ser humano mismo, pero nunca en Dios? No parece que la razón humana haya sido capaz de evitar, por ejemplo, las dos guerras mundiales que han tenido lugar en el siglo XX y en las que, en buena lógica, un Dios que no existe no ha podido intervenir; pero he aquí que sí existe cuando se trata de hacerle responsable por los millones de muertos y atormentados que esas guerras han producido. Parece que es conveniente que Dios exista, aunque sólo sea para hacerle responsable de nuestros desastres. ¿No será eso también una fantasía, tal como hace Freud, para explicar la teoría del súper padre diciendo que hemos «inventado» la fe en un Dios todopoderoso, que viene a ser el «padre protector» que el atemorizado ser humano necesita frente a la vida y, sobre todo, frente a la muerte? Como sucede con los más elementales mecanismos de defensa, Dios puede ser utilizado (y de hecho lo es) como el gran culpable de todos los errores cometidos por el hombre, para así quedarnos tranquilos con el sentimiento de que «yo no he sido». Esta actitud, tan humana, tan frecuente y tan infantil a la vez, puede eludir la culpa con la habilidad de quien ha aprendido a hacerlo desde su infancia y, en ciertos casos, para toda la vida.

CAPÍTULO VI
Dios ha muerto ¡viva el hombre! (S. XIX)

Fue en el siglo XIX cuando algunos hombres de ciencia y filósofos presentaron lo que J. L. Ruiz de la Peña llama «la gran enmienda a la totalidad de la hipótesis-Dios, que logró impactar al inconsciente del colectivo humano e invertir lo que hasta entonces era su opción mayoritaria (el crédito a la idea de lo divino» (*Crisis y apología de la fe*, p. 19). Es decir, que la idea de un Dios Creador y Salvador de los hombres comenzó a dar paso a la teoría antropocéntrica de que había llegado el tiempo cuando el hombre debía ocupar el lugar que le correspondía en la historia. La alabanza que el hombre había otorgado hasta entonces a Dios debía corregir su sentido dirigiéndose ahora hacia el hombre mismo. Empezaba, así, a prepararse la idea de la muerte de Dios, para potenciar la resurrección de lo meramente humano. Dios ya no sería, para algunos científicos, filósofos y sociólogos, el centro y motor de todo lo que existe, sino que lo sería el hombre, llegado finalmente a un estado de desarrollo que ya no haría necesaria su dependencia de un Ser superior. H. Küng se refiere a ese tiempo en los términos siguientes: «Es lamentable la cantidad de falsas batallas en las que, justo en los siglos XIX y XX, se han enzarzado la fe en Dios y la ciencia, la teología y el ateísmo. Y más lamentable aún es que, en el siglo XXI, todavía muchos científicos, por no haber reflexionado suficientemente sobre ellos sigan atrapados en los argumentos de la crítica atea de la religión en los siglos XIX y XX, que ya fueron desenmascarados hace mucho tiempo» (*El principio de todas las cosas*, pp. 59-60).

En los inicios de la historia, nunca se menospreció la divinidad para enaltecer al hombre. Las criaturas podían equivocarse en su relación y estado de dependencia de Dios, rebelarse contra él, no obedecer sus indicaciones o no aprender de sus enseñanzas, pero reconociendo la distancia existente entre ambos. Podían cambiar de «dioses» como hicieron con frecuencia, pero no negar su existencia. En alguna ocasión llegaron a revelarse contra Dios, desafiándole claramente (como es el caso de la construcción de la Torre de Babel) con la construcción de una «torre cuya cúspide llegue al cielo» Gn. 11:4). Era, sin duda, su respuesta al diluvio enviado por Dios y su defensa en el caso de que se repitiera (no sé por qué pienso que, para algunos hoy, la ciencia es su «torre de babel» que les hace independientes de las actuaciones de Dios). De acuerdo con el relato bíblico, esa fue la primera ocasión en la que los hombres, colectivamente, se revelaron contra Dios. No fue un acto de negación de la existencia de Dios, pero sí fue un acto de independencia, una manera de mostrar que Dios no era necesario y que el hombre era suficiente para superar otra posible gran catástrofe. Es como si los hombres y mujeres de «babel» hubieran llegado a la conclusión de que había llegado la hora del hombre (antropocentrismo), superando la hora de Dios; había llegado la hora de tomar el protagonismo que le correspondía arrebatándoselo al Creador.

En el Edén, la oferta del tentador fue de carácter «igualatorio», no «substitutivo», como lo fue en el caso de los filósofos del siglo XIX, puesto que éstos substituyeron a Dios por el hombre, cosa que no osó hacer la serpiente con Adán y Eva, pues se limitó a ofrecerles: «seréis como dioses sabiendo el bien y el mal» Gn. 3:5). Como se ve, en ningún momento hubo un programa de substitución de Dios, pues ese «seréis como dioses» parece referirse, no tanto a la eliminación de la idea de Dios, como a una identificación con su sabiduría y conocimiento. Como veremos más adelante, algunos filósofos cantaron el triunfo de la ciencia sobre la fe, sosteniendo que es el hombre quien ha creado a Dios, no Dios quien ha creado al hombre. Para muchos filósofos y científicos, el Dios de los cristianos es un dios que nace de la propia experiencia humana, pero idealizada al máximo, concibiéndolo como una ilusión de perfección y bienestar que nace del deseo humano de que cumpla su paternal papel de protector de los hombres. Una idea parecía emerger con el surgimiento de la cultura liberal, nacida del hombre y para el hombre: que, para afirmar a la criatura, había que negar al Creador. Como dice sarcásticamente De la Peña: «Había que desahuciar a este fantasmagórico inquilino del piso superior para que, finalmente, el ser humano ocupara su lugar» (*op. cit.*, p. 19). Se pensó, pues, que la muerte de Dios significaría la resurrección del hombre, una resurrección a esta misma vida, no a otra, pero que siendo la misma, ya no sería igual para hombres y mujeres que se verían, ¡por fin, decían ellos!, libres de las cadenas de una religión tan exigente y tan poco «razonable».

1. Filósofos de la muerte de Dios

Aunque podríamos citar otros muchos nombres de autores que patrocinaron ese nuevo pensamiento filosófico a partir del siglo XIX, sólo nos detendremos, y muy someramente, en A. Comte, L. Feuerbach y F. Niezstche, por entender que aportan conceptos que podíamos considerar complementarios, y a quienes encuadraremos dentro del círculo de lo que definiremos como «filósofos de la muerte de Dios».

1.1. L. Comte y su «Filosofía positiva» (1798-1857)

Este pensador basa su visión de una situación nueva en su teoría de los «tres estados», mediante la cual certifica que las etapas teológica y metafísica ya han sido superadas, cumpliendo su ciclo en el proceso evolutivo del conocimiento científico, conduciendo así al hombre hasta el último de los tres estados: el «estado positivo». Es decir, que la historia del hombre ya había superado, en el siglo XIX, los dos estados previos en un largo proceso de la evolución de la cultura. El estado positivo, pues, según L. Comte, será el último y definitivo tramo en ese proceso del desarrollo intelectual del ser humano.

El «positivismo» de Comte. ¿Qué sentido concede este autor al «positivismo» en su propuesta de anulación de Dios y su promoción a favor del hombre? El concepto positivismo hace referencia a lo real, es decir, a todo aquello que tiene lugar en la vida del sujeto. Lo real se opone a todo tipo de espiritualismo, rechazando el carácter misterioso de lo teológico y lo metafísico. Al positivismo no le importa el «qué» de las cosas ni el «por qué» suceden, solamente «cómo» suceden. ¡Enorme simplificación la suya, pues no considera necesaria la reflexión y búsqueda de respuestas a preguntas como de dónde venimos y hacia dónde nos dirigimos! Se podría afirmar también que la filosofía positivista lo que hace es basar su conocimiento en lo positivo, o sea, en lo real y concreto, dejando a un lado las teorías abstractas que no pueden determinarse por su origen, su realidad presente o su destino. Es así que el pensamiento de Comte se aleja de la idea de Dios y la vida eterna, pues se atiene sólo a los límites impuestos por el conocimiento intelectual y experimental del hombre, centrando su confianza y su «devoción» en todo aquello que se puede evaluar y medir a través del pensamiento humano.

La sociología como alternativa a la fe. La idea de una ciencia especial centrada en lo social –la «sociología»– fue muy importante en el pensamiento del siglo XIX, y no solamente para Comte. La gran ambición —algunos dirían grandiosidad— con la que Comte concibió todo lo social por oposición a la creencia en Dios fue determinante para muchos. Comte vio esta nueva ciencia, la sociología, como la última y la más grande de todas las ciencias, una forma de saber que incluiría todas las ciencias para, debidamente integradas, relacionar sus hallazgos en un todo cohesionado. Es decir, que este autor nos ofrece la sociología como alternativa natural a la teología, puesto que, por el carácter trascendente de ésta, para Comte estaba totalmente superada. Puede decirse que este filósofo acuñó el término «sociología», siendo considerado por ello como el primer sociólogo, aunque no haya sido, por supuesto, el primero que haya pensado en términos sociológicos. El dato más significativo de su pensamiento social es que, en el mismo, no tiene cabida la existencia de Dios y es, por ello, por medio de su «filosofía positiva», que reinterpretó la religión que se fundamentaba en Dios, dando lugar a una teoría de la existencia que se fundamenta en la realidad humana más estricta (de la Peña, p. 21). A la vista de lo brevemente expuesto, no hay duda de que este llamado «espíritu científico» estaba destinado a hacer desaparecer a Dios de la sociedad y del pensamiento del hombre.

Si Comte, como tantos otros que confiaron en lo humano para sustituir en oposición a lo divino, pudiera ver la realidad moral que vivimos siglo y medio más tarde, así como los efectos sociales y culturales obtenidos de la crisis de valores trascendentes como la fe y la esperanza, fundamento de la religión cristiana, seguramente tendría que inclinarse ante una realidad tan decepcionante, reconociendo su enorme error al haber confiado en el hombre para resolver los problemas que le acosan en una sociedad tan compleja como la del siglo XXI. La sustitución de Dios por el hombre no ha aportado a esta sociedad ningún elemento que mejore su calidad de vida, ni ha mejorado sus valores morales, ni sus relaciones interpersonales, ni nos ha traído una sociedad más justa, más segura, más motivada.

He observado esta realidad durante décadas de servicio a las almas dolientes en muy diferentes lugares del mundo y puedo asegurar el fracaso de quienes no aprendieron de la historia para desconfiar del hombre como director de su destino.

No deja de asombrarme la guerra que el ser humano viene manteniendo con su Creador, y esto desde el principio de la historia. El hombre nunca se ha conformado con la dote recibida de Dios, pues siempre ha deseado más o, por lo menos, ha criticado frecuentemente lo que le ha sido concedido graciosamente, infravalorándolo. No son frecuentes las expresiones de gratitud a Dios cuando experimentamos un suceso hermoso, positivo, pero es fácil encontrarse con cuánta decepción se señala a Dios como responsable de cualquier catástrofe, o simplemente de algún problema personal, como consecuencia lógica de vivir en un mundo de sufrimiento. El dolor es un estado de lucha entre la aceptación de que Dios es bueno y misericordioso y la realidad que tenemos que vivir cada día, plagada de situaciones que generan sufrimiento. No queremos el dolor, ni siquiera el que podríamos considerar como soportable y pedagógico, olvidando con ello la necesidad de la disciplina a todos los niveles y en todas las edades, siendo por ello el dolor, con notable frecuencia, nuestro maestro para la vida. Como escribe C. S. Lewis: «No somos meras criaturas imperfectas que deban ser enmendadas. Somos, como ha señalado Newman, rebeldes que deben deponer las armas» (*El problema del dolor*, p. 95).

Así, el cristianismo del siglo XXI sufre un debilitamiento de sus señas de identidad (como son el amor y la esperanza), y no parece ser capaz de encontrar una alternativa válida que mejore su calidad de vida, potenciando sus valores íntimos para ser feliz «solamente» en esta vida. Creo firmemente que el ciudadano del siglo XXI se verá en la necesidad de buscar respuestas, aquellas que le aporten valor para hacer frente a la inquietud producida por la experiencia de una existencia corta y, con frecuencia, llena de sinsabores. Creo que estamos necesitados de la humildad suficiente para reconocer nuestra incapacidad para hacer posible una vida que haga realidad algunas de nuestras utopías, aceptando «nuevas» formas de creer que respondan más ajustadamente a nuestras verdaderas e íntimas necesidades, tal vez recuperando algunas de las formas genuinas de religión y fe que nos han sostenido desde hace siglos. La experiencia de la fe cristiana en todo aquel que cree sigue siendo en la sociedad posmoderna una fuente de inspiración para una existencia en paz, alumbrada por la luz de la esperanza de alcanzar a vivir en un mundo mejor.

En la historia del hombre se repite una dolorosa realidad: para establecer una idea o una creencia, antes debe aniquilarse otra. No somos buenos constructores de puentes que conecten las dos orillas del pensamiento o de la creencia, pues la ciencia trata de eliminar la fe, la evolución al creacionismo, el psicoanálisis a la fe personal, el materialismo a la religión y el existencialismo al fervor confiado de la esperanza. Gracias a Dios no faltan constructores que tratan de armonizar esas diferentes interpretaciones de la vida de los hombres y de las mujeres. Los filósofos del siglo XIX no pudieron armonizar al sufrimiento de los hombres con la existencia de un Dios bondadoso interesado en los asuntos de sus criaturas. Ante esta situación de enfrentamiento entre la fe y dura realidad vivida, sólo parecía quedar un camino expedito: el de la eliminación. No sintiéndose capaces de encontrar ningún tipo de relación armónica entre la noción de Dios y la dura realidad del hombre, concluyeron que quien sobraba era Dios, ya que lo humano, por existente y visible, era indiscutible. Razonaron, desde su interpretación de la historia que Dios o, lo que viene a ser lo mismo, la fe en Dios, ha sido un freno para el desarrollo social y cultural de los seres humanos y, por lo tanto, debía ser eliminado. A Dios se le ha atacado o rechazado a veces, más a partir de la óptica que se desprende de la actitud de los creyentes, que de una sincera valoración de la necesidad que tenemos de Dios y del ofrecimiento de paz y amor que Él nos ha hecho. Escogieron tomar más en cuenta los visibles fallos de la Iglesia que tratar de descubrir a Dios por la revelación o a través de aquellos fieles testigos de la fe que tanto han abundado en la historia de la evangelización cristiana. K. Amstrog también observa esta actitud discriminatoria contra la creencia en Dios (sea cristiano, judío o musulmán) y lo expresa del modo siguiente: «Los nuevos ateos muestran una preocupante falta de comprensión, o de interés, por la complejidad y la ambigüedad de la experiencia moderna, y su polémica ignora completamente la preocupación por la justicia y la compasión que, a pesar de los fallos innegables, ha sido adoptada por los tres monoteísmos» (*En defensa de Dios*, p. 339). Dios paga un alto precio, y con demasiada frecuencia, por la incapacidad de los creyentes para revelar las mejores virtudes contenidas en la experiencia de la fe: el amor, la misericordia, el perdón y la salvación. La pregunta se impone, ¿qué ha ganado la humanidad con la supuesta muerte de Dios? Son muchos los que reconocen que lo mejor de nuestra sociedad tiene su origen y fundamento en el cristianismo, pero ¡atención! de lo más auténtico del cristianismo; lo que nos lleva a pensar que, en el fondo, todos, creyentes y no creyentes, tenemos algo que ver con la crisis de fe que vivimos.

1.2. L. Feuerbach: Una teoría de la religión (1804-1872)

Centro aquí mi atención en algunos filósofos del siglo XIX, no con el malsano objetivo de desestabilizar a nadie con tanta referencia como hago al ateísmo, sino para abrir caminos que nos permitan interpretar nuestra realidad presente, la cual es, sin duda, a la vez reflejo y resultado de aquellos acontecimientos religioso-filosóficos del pasado. A. Udías Vallina así lo hace constar cuando se refiere al conflicto entre la ciencia y la religión diciendo que este conflicto que hoy se ha generalizado «en realidad empieza en el siglo XIX, aunque se pueden encontrar algunas raíces en el XVIII» (*Ciencia y Religión*, p. 89). Es, pues, en el pasado, donde debemos buscar la fuente de la crisis de fe y de identidad cristiana. Fueron aquellas corrientes de opinión las que intentaron (y en muchos casos lo consiguieron) aparcar la creencia en un Dios personal. Junto a otros argumentos que tuvieron su nacimiento en el siglo XX, ya no sólo en el pensamiento de los filósofos sino también en la ciencia, han hecho que la beligerancia entre ciencia y religión se haya mantenido hasta el presente y, además, con pocos visos de concordia. Cierto es que las fuentes del conflicto con la fe y los métodos de controversia han cambiado, pues ya no es la filosofía o la sociología solas quienes tratan de cercar al creyente, sino la ciencia física y cosmológica.

Citaremos ahora, aunque brevemente, a un filósofo que hizo escuela en el siglo XIX y cuya influencia alcanza hasta hoy, en el siglo XXI. Se trata de A. Feuerbach, cuyo concepto de la descristianización desalentó la fe de muchas personas de su tiempo, pensamiento que ya estaba en proceso pero que él asumió y predicó como si de un apóstol contra-cristiano se tratase. Es así que escribió: «La increencia ha substituido a la fe, la razón a la Biblia, la política a la religión y a la Iglesia, la tierra al cielo, el trabajo a la oración, la necesidad material al infierno y el hombre al cristiano» (citado por H. Küng, en

¿Existe Dios?, p. 292). No obstante esta manera de expresar su anti-cristianismo, Dios no estuvo siempre ausente en el pensamiento primero de Feuerbach. En su juventud fue bautizado en el catolicismo, siendo, sin embargo, educado en el protestantismo y, habiéndose entregado al estudio del griego, el hebreo y la Biblia, deseó en su juventud ser pastor evangélico, aunque siempre condicionando su vocación a una religiosidad racional.

Hasta el siglo XIX, imperaba la creencia en Dios y en Jesucristo como el Salvador, pero en ese siglo, tal como lo estamos señalando, es el hombre quien pretende ocupar el lugar de Dios, tal como se ve en sentencias como la que nos ofrece Feuerbach: «El ateísmo sólo cree en la verdad y en la divinidad del ser humano». Esa forma de expresarse en relación con la fe ha llegado hasta nosotros (siglo XXI), además, con ecos de victoria, con la pretensión de que el cristianismo está siendo definitivamente vencido, sobre todo en su dimensión trascendente, es decir, en su concepción de un Dios personal que se ocupa de los hombres y en la confianza en un «más allá» que dará a esta vida temporal un carácter de eternidad. Es curioso comprobar como la actuación de los autores no creyentes (no sería correcto considerar a todos como ateos), está siempre destinada a limitar las expectativas de futuro del hombre. Su tarea parece ceñirse solamente a un presente tan estrictamente actual que no dejan lugar a ningún tipo de esperanza en una vida mejor, como si en eso consistiera precisamente el secreto de la felicidad de los hombres, una felicidad que todos buscamos y que algunos se empeñan en circunscribir exclusivamente a esta vida, a este ahora tan temporal e impreciso, sin conceder ninguna oportunidad a la trascendencia. «El ateísmo sólo cree en la verdad», hemos leído anteriormente, pareciendo que sólo en la verdad encontrará el ser humano su felicidad, en contra, claro está, del objetivo argumento aportado por nuestra larga y sufrida experiencia. No he encontrado que nadie sea más feliz sólo por el hecho de negar la existencia de Dios, no aceptar al Jesús histórico y al Jesús de la fe, y dejar de creer en una vida trascendente. Poncio Pilatos parece que sin ningún interés personal preguntó a Jesús «¿Qué cosa es verdad?». El problema estaba en los diferentes aspectos de la verdad: la verdad de Pilatos no se parecía en nada al concepto de verdad creído y enseñado por Jesús.

El filósofo ateo que asegura que «sólo cree en la verdad» no aporta nada que no haya enseñado antes el cristianismo, el cual lleva ya dos mil años anunciando: «conoceréis la verdad, y la verdad os hará libres». Lo mismo sucede con otros conceptos bíblicos, que son utilizados con una idea de «descubrimiento», de novedad, de nuevo aporte a la sociedad en la que vivimos, pero que se remontar al origen mismo del cristianismo, tal como sucede con el amor. Hemos aprendido, por las Escrituras y por el comportamiento de tantos cristianos, que la esencia misma del cristianismo ha sido, lo es y lo será a lo largo de la historia del hombre, el amor a Dios y al prójimo, y que ese amor, siendo un poder incuestionable para el bien, no es una respuesta «nueva» para estimular una mejor convivencia, sino la respuesta antigua que el Cristo de la cruz dio a los hombres. El apóstol Juan entendió bien que lo «nuevo» no hace referencia exclusivamente a lo que ahora es y antes no era, sino también a lo antiguo que ha sido olvidado. El amor y la verdad no son conceptos nuevos, pues nacen como encargo de Dios a los hombres y es en Él en quien ambos encuentran su plenitud y perfección absoluta. Juan lo expresa así en referencia al amor: «no os escribo mandamiento nuevo, sino el mandamiento antiguo que habéis tenido desde el principio» (1 Jn. 2:7).

La respuesta al por qué se están produciendo estos cambios en la concepción de la fe debemos buscarla en la formidable transformación sufrida por la sociedad posmoderna occidental que, por medio de espectaculares cambios científicos y económicos, está consiguiendo que el ciudadano de «a pie», el más numeroso, se muestre como un ser cada vez menos capacitado para levantar el vuelo en búsqueda de una voluntad libre de las trabas que propone una sociedad materialista. No es la fe cristiana la responsable de esta realidad, sino el sin número de ofertas materiales y culturales que esta sociedad entrega a sus ciudadanos: la televisión, el consumismo, el hedonismo desenfrenado, el derecho a la cultura por ley, las leyes liberales, la democracia, los «media», los programas de intercambios culturales entre diferentes países, los medios de transporte, una tecnología cada vez más sofisticada y tantos otros logros sociales que se han producido en los dos últimos siglos. No pretendo señalar negativamente estos logros que han hecho posible una mejor calidad de vida, pero tampoco sería correcto ignorar que este extraordinario cambio en la sociedad y la ciencia ha aportado también elementos negativos, generadores de grandes sufrimientos para los seres humanos. M. Rees, catedrático de investigación en la Universidad de

Cambridge advierte, en su reciente obra *Nuestra hora final*, que la ciencia, portadora de tantos beneficios a favor de una mejor calidad de vida, es también un grave peligro que puede escaparse de las manos de los científicos: «En el siglo XXI, la humanidad corre un riesgo mayor que nunca derivado de una indebida aplicación de la ciencia» (p. 206).

Como puede verse, esta reflexión se opone hoy frontalmente a la, supongo, bienintencionada filosofía existencial de pensadores como Comte, Feuerbach y tantos otros «soñadores» antropocéntricos que, de vivir hoy, no tendrían más remedio que reconocer el fracaso del hombre como generador de su propia felicidad, incluso su fracaso en su guerra contra la fe que, salvando la magnitud de las estadísticas, sigue viva y eficaz en las sociedades de nuestro planeta. ¿Dónde queda el discurso de Feuerbach, para quien, sólo una vez superados los sueños de inmortalidad que genera la fe, será posible que el hombre se concentre en sí mismo y en su mundo del presente? «Sólo esa total concentración en el mundo presente engendrará una nueva vida, grandes hombres, grandes acciones, sentimientos e ideas» (*Crisis y apología de la fe*, p. 25). Parece que para este autor el verdadero problema del hombre reside en su esperanza de lo negativo, en un reduccionismo de las expectativas que presenta la trascendencia cristiana: la espera de un mundo mejor, la superación de la muerte, la definitiva victoria sobre el sentimiento de culpa, en fin, la felicidad que emana de la capacidad de amar indiscriminadamente. Según Feuerbach, Dios no es necesario, solamente el presente y el hombre pueden reconducir la vida de los hombres. ¡Qué mundo y qué vida tan triste para los seres humanos, inteligentes y espirituales, encerrados en esta lúgubre prisión de existencia, sin ventanas al futuro!

El tiempo transcurrido es demoledor para tantas teorías en las que se involucran los valores humanos y se pretende despojar al hombre de su fe en Dios. Aunque la realidad parece mostrarnos que algo hay de cierto en las apreciaciones de aquellos filósofos de la muerte de Dios, cuando dejaron constancia de que una grave crisis de fe iría extendiéndose por toda la sociedad, tal como lo hace Feuerbach: «Los hombres realmente activos están hoy interiormente desligados del cristianismo, la más grande novedad del momento es que la fe en el Dios cristiano ha devenido increíble y que comienza a proyectar sus primeras sombras sobre Europa» (*ibíd.*, p. 26). Ahora bien, una cosa es aceptar que estamos experimentando una crisis de fe y otra bien distinta es pretender que el cristianismo desaparezca, pues la verdad es que ni el cristianismo ha desaparecido ni la fe esta muerta. Dios sigue hoy vivo en millones de corazones de creyentes, y el cristianismo, aunque sin ser ciertamente lo que su Maestro y Fundador deseó que fuera, continúa aún vivo y dinámico en todo el mundo. Será bueno, pues, seguir planteándose si en este tira y afloja sobre la desaparición o la supervivencia de la fe cristiana, conviene situar el corto discurso escatológico de Jesús: «Cuando el Hijo del hombre venga ¿hallará fe en la tierra?». Este texto, al que dedicaremos más tiempo y espacio más adelante, hace referencia a una crisis o debilitamiento de la fe, pero no a la ausencia de la misma. Hay textos suficientes para garantizar este hecho: la fe tendrá su crisis, intensa y perceptible, pero siempre habrá corazones confiados en el poder de Dios, por Jesucristo. Es en ese contexto de permanencia hasta el final que podemos situar las palabras de Jesús: «El cielo y la tierra pasarán, pero mis palabras no pasarán» (Mc. 13:31). La fe, alimentada por las promesas de Jesús, está destinada a superar todas las teorías en contra, todas las crisis que puedan tener su origen en la física, la filosofía, la psicología o cualquier otra rama de la ciencia moderna.

Feuerbach pasó de ser teólogo a ateo (otros han realizado el camino a la inversa, tal como ha sucedido, por ejemplo, con los profesores C. S. Lewis y F. Collins, a quien nos referiremos más adelante), buscando superar la antigua dicotomía entre el más allá y la realidad de esta vida, entre lo trascendente y lo inmanente, para que la humanidad se concentre solamente en sí misma y en su presente, tal como lo ha dejado escrito: «En lugar de una vida inmortal en el más allá, una nueva vida aquí y ahora, en lugar de individuos inmortales, hombres capaces, sanos de espíritu y de cuerpo». ¿Cómo pensaba forjar nuestro filósofo esos hombres «sanos de cuerpo y de espíritu»? ¿Con qué «formidable» poder alcanzaría a hacer realidad sus conclusiones «presentistas»? ¿Qué era para él el espíritu? Para Hegel, su maestro durante un tiempo, después su adversario porque no se mantuvo firme en el ateísmo, el espíritu está por encima de cualquier límite en la vida, de toda dependencia humana que, incluso, goza de inmortalidad. Esto no lo pudo tolerar Feuerbach y escribió su obra *Pensamiento sobre la muerte y la inmortalidad* en contra del que fuera su maestro, en la que ataca la idea de un Dios personal y la fe en una experiencia inmortal.

Para Feuerbach, como para tantos otros filósofos de su tiempo, no es Dios quien ha creado al hombre a su imagen, sino el hombre quien ha creado a Dios a imagen de sus deseos, proyectando en él su perfil idealizado (S. Freud). Es decir, que el hombre atribuye a Dios sus mejores cualidades personales y refleja en él sus más fuertes deseos, ¿por qué lo hace? El origen de esta «enajenación», según Feuerbach, se encuentra en el hombre mismo. Aquello que el hombre necesita y desea, pero que no puede lograr inmediatamente, es lo que proyecta en Dios. Para él, un Dios que no existe es nada más que el eco de nuestro propio grito de dolor. Me sorprende que quienes así piensan lo hagan desde argumentos meramente subjetivos, sin ninguna capacidad para demostrar que eso es así y no lo contrario. Actúan exactamente con la misma confiada ingenuidad de la que después acusan a los creyentes por su fe en Dios y en la vida eterna. A nuestro mundo, con una muy limitada visión objetiva de su origen y su destino, pretenden ayudarle arrebatándole el apoyo de su fe que le sostiene, mediante el cual evita los obstáculos que no ve y que le permite avanzar para alcanzar su objetivo en la vida. ¿A quién se le ocurre que lo que el ciego en verdad necesita es que le arrebaten el bastón, dejándole sólo, sin ofrecerle después una mano para guiarle por el camino correcto?

Con la perspectiva que concede el tiempo transcurrido, podríamos decir que Feuerbach buscó (seguramente con honestidad) durante toda su vida llenar los vacíos producidos por los problemas existenciales para los que no encontraba respuesta por sí mismo y desde su propia experiencia, asumiendo una actitud crítica (posiblemente más en relación con la Iglesia, los predicadores y la religión, que con Dios) mediante una filosofía que trataba de encontrar en el hombre lo que ya no era capaz de encontrar en Dios. Probablemente, como en el caso de F. Nietzsche, pensó en el «superhombre» que ya no necesitaría la existencia de Dios ni la recompensa en el más allá. La historia se ha encargado de mostrar cuán grande fue su error, pues si el hombre encuentra hoy, siglo y medio después algún aliento de esperanza, este le viene de la misma fuente de la que el creyente bebía entonces. La teología ha abierto nuevos caminos de estudio y comprensión de las Escrituras, pero, en esencia, seguimos caminando por la senda señalada por el mismo Jesús de la fe, y así continuaremos hasta el fin de los tiempos. Pablo, reconociendo los peligros a los que la fe tendría que hacer frente en el futuro, certificó su postura firme a favor de su Señor y Maestro, señalando primero el peligro: «¿Quién nos apartará del amor de Cristo?» (Ro. 8:35), para inmediatamente asegurar que «ni la muerte, ni la vida, ni ángeles (...), ni lo presente, ni lo por venir, ni lo alto ni lo bajo, ni ninguna criatura, nos podrá apartar del amor de Dios, que es en Cristo Jesús Señor nuestro» (vv. 38-39).

1.3. F. Nietzsche: Filósofo de la muerte de Dios (1844-1900)

Aquí introducimos a Nietzsche, un apasionado pensador que, muy probablemente, terminó por ser víctima de su propio pensamiento. Buscó la paz personal con denuedo, pero siguiendo caminos de una profunda soledad y maniatado por un concepto filosófico sobre el origen y el destino del ser humano. Pienso que fue una mente privilegiada que se malogró en su búsqueda de soluciones para los problemas de la sociedad cuando no fue capaz de encontrar una satisfactoria motivación para su propia existencia.

Tal como sucediera en el caso de Feuerbach, Nietzsche vivió la primera etapa de su vida como creyente, como correspondía a un adolescente cristiano, miembro de una familia evangélica. Paul Deussen, íntimo amigo suyo en aquella época, recuerda del modo siguiente la experiencia que vivieron los dos el día de su confirmación, en 1861: «Hubiéramos estado enteramente dispuestos a morir al instante para estar con Cristo, y todos nuestros pensamientos, sentimientos y acciones estaban transidas de una alegría ultraterrena». Parece ser que sus estudios de filología (materia en la que fue un verdadero experto), la fe conservadora tan estricta existente en su hogar y la «alta crítica» bíblica (o método histórico-crítico del estudio de la Biblia), debieron influir negativamente en su manera de entender e interpretar el Nuevo Testamento. Es muy posible que, tal como lo describen sus biógrafos, también influyera su enorme autosuficiencia, que le llevó decir: «Si hubiera Dios y dioses, yo sería uno de ellos».

Nietzsche ha pasado a la historia por su obra atea, resumida en los tres importantes paradigmas que, todavía hoy, siguen siendo materia de estudio para tantos filósofos.

1) «¡Dios ha muerto! ¡Dios está muerto! ¡Y nosotros le hemos matado!». Este grito, al que accede el hombre sólo a expensas de su angustia frente a la experiencia de una vida vacía, sin sentido, creo

que expresa antes la desesperación de un corazón decepcionado que el menosprecio hacia un Dios origen de todas las cosas. El teólogo H. Küng, en su densa obra ¿Existe Dios?, ha escrito: «Conviene advertir que esta proclamación de la muerte de Dios no va dirigida en primera línea a los teólogos. Sus destinatarios son más bien esos ateos superficiales que no saben lo que significa haber perdido a Dios» (p. 508). Según esto, la famosa sentencia de Nietzsche bien podría ser la expresión de una profunda decepción existencial, que le lleva a mostrar esa rotunda negación de Dios. Es como aquellas personas que rechazan la Navidad (algunos dicen que la odian), no porque la fiesta no sea hermosa y familiarmente motivadora, sino porque su oscura situación personal (soledad, depresión, carencia de medios económicos) les lleva a rechazar la espléndida luz navideña; no por la luz, sino por sus propias tinieblas. Es posible que Nietzsche, al referirse tan rotundamente a la muerte de Dios, no se esté limitando a construir una afirmación puramente psicológica o teológica: Dios no existe y yo no creo en ningún dios. H. Küng lo comprende como la expresión del declive existencial del filósofo: «¡La muerte de Dios significa el gran derrumbamiento! Vacío desolador: el mar plenamente agotado. Un espacio vital sin esperanzas, el horizonte borrado, la tierra desenganchada del sol. Para el propio hombre, una caída mortal, sin rumbo en ninguna dirección» (ibíd., p. 509). La dramática etapa final de su vida parece confirmar la angustia sufrida por Nietzsche, fruto de su doloroso vacío existencial.

Casi enternece la experiencia vivida por este gran pensador que no supo, o no quiso, utilizar sus talentos en beneficio propio y de sus semejantes menos favorecidos. Cuánto bien hubiera podido aportar a la fe y la esperanza de los hombres una inteligencia como la suya, si se hubiera mantenido firme en su fe en Jesucristo, aquella que experimentó tan vivamente en su adolescencia y juventud. Con veinte años, cuando ya caminaba por la senda de la duda, abandonando la fe que le había sido preciosa hasta dos o tres años antes, escribió un poema de búsqueda de la esa fe perdida, que en su último párrafo dice:

«¡Quiero conocerte, Desconocido, tú, que ahondas en mi alma, que surcas mi vida cual tormenta, tú, inaprehensible, mi semejante! Quiero conocerte, servirte quiero».

La historia de nuestro mundo hubiese sido otra bien diferente si tantos hombres y mujeres sabios que han existido hubiesen encontrado un sentido diferente para sus vidas, un sentido que les hubiera capacitado para responsabilizarse de las gentes sencillas, aportándoles un aliento de esperanza, en lugar del helado mensaje de que Dios no existe, o que no tenemos ninguna esperanza frente al futuro, tantas veces incierto, al que tenemos que hacer frente.

2) El superhombre. Plantea que, como el hombre ha superado al mono, así, el superhombre debe superar al hombre. El «superman» de Nietzsche lo es porque no necesita a Dios para conquistar la vida feliz que desea: «Lo que no era posible para el hombre, lo es para el superhombre; sobreponerse a la muerte de Dios» (Küng, p. 514). A simple vista, se observa que el superhombre de Nietzsche lo es porque no necesita depender de ningún ser superior para construir su existencia feliz. Es la consecuencia de haber «matado a Dios», a quien ya no necesita para alcanzar sus objetivos en la vida y ante quien, por estar muerto (no existe), ya no claudicaremos en nuestra debilidad. El hombre, ¡por fin!, se ha quedado sin dependencias, sin necesidad de creer en nadie que no sea él mismo. ¿Quién sabe lo que pasará por la mente de alguien que ha roto con todo tipo de trascendencia y se ha quedado sólo, sólo ante la vida y sólo ante la muerte? ¿Quién ha dicho que la soledad es un estado superior? Lo es sólo cuando es asumida, querida, utilizada como vehículo de la búsqueda para alcanzar la paz interior y acercarnos a la Verdad eterna. En ese caso la soledad ya no es completa puesto que se vive en la compañía perfecta de Dios. Jesús gustaba de experimentar la soledad, pero lo hacía para gozar de la más íntima compañía con el Padre. Podemos decir que se quedaba en soledad para poder gozar de la mejor compañía. Como ha dejado escrito el teólogo Petre Tutea: «Sin Dios, el hombre no es más que un pobre animal, racional y hablante, que no viene de ninguna parte, y que no sabe adónde va».

El pensamiento de Nietzsche puede ser considerado como original pero desprovisto de utilidad, porque nunca nos deja ver dónde está la fuente del poder para sobrevivir en total soledad y, además, contando sólo con las propias fuerzas. Su divorcio con la fe lo expresa de una manera dura y descarnada: «Yo os conjuro, hermanos míos: ¡Permaneced fieles a la tierra y no deis crédito a los que hablan de esperanzas ultraterrenas!» (*Zaratrustra*, vol. II, p. 280). Él, que vivió una vida atormentada, se aferraba a ella como su posesión más deseada (quería vivir hasta los noventa años). Sólo, sin un amor que desea experimentar fervientemente, pero que no llegó nunca, pierde la razón y muere a la edad de 56 años. Su vida de desprecio absoluto hacia cualquier tipo de dependencia fue una vida triste, y su mente, tan obsesionada por lo negativo de este mundo, terminó por rechazar cualquier tipo de esperanza. Escribe en su autobiografía, refiriéndose al tiempo de lucha que siguió a la pérdida de la fe: «Yo pendía entonces en el aire, desasistido, solitario, solo con un puñado de experiencias y desengaños dolorosos, sin principios, sin esperanzas, sin un solo recuerdo agradable» (*Autobiografía*, en *Werke* III, p. 133). No pretendo resaltar los aspectos negativos de su vida como un método de oposición a su pensamiento, pero no puedo dejar de señalar lo que él mismo dice de su experiencia que, por cierto, fue profundamente triste. Pienso, ¡cuán útil hubiera sido la fe en aquel corazón dolorido!

3) El «eterno retorno». Nietzsche me sorprende cuando exhorta a sus lectores a resistir el encanto de la promesa de vida eterna que encontramos en el cristianismo, y lo hace con toda firmeza, como si odiara a quienes hablaban de esperanza: «Yo os conjuro, hermanos míos: ¡permaneced fieles a la tierra y no deis crédito a los que os hablan de esperanzas ultraterrenas! Lo sepan o no son envenenadores». Y digo que me asombra porque en la última parte de su obra clásica Así hablaba *Zaratustra*, introduce su famoso pensamiento del «eterno retorno de lo mismo». Es decir que Nietzsche, negando la eternidad cristiana, se acoge ahora a una eternidad intuida en la que «Todo se va, todo retorna; la rueda de la existencia gira eternamente. Todo muere, todo florece de nuevo; el cielo de la existencia se persigue eternamente» (*Zaratustra*, III, p. 463). Puede que sea su propio derrumbamiento físico y psíquico el que le impulse a encontrar una salida para este vida sin sentido, no en un paraíso perfecto para ser felices, sino en un infierno que nos trae infinitas veces la misma vida que hemos vivido. Escribe: «¡Ay! ¡El hombre retorna eternamente! (…) ¡Y eterno retorno hasta del más pequeño! (...) ¡En esto consistía mi hastío de toda existencia! ¡Ay! ¡Asco, asco, asco!» (*ibíd.*, p. 465). Todo lo que sucede al hombre ya ha tenido lugar, y todo lo que ahora sucede, volverá a repetirse miles de veces. Puede que no estuviera en su mente, pero la idea del eterno retorno viene a ser como una invitación (podría decirse de carácter cristiano) a hacer el bien en esta vida, puesto que, llenándonos de buenos sentimientos que nos proporcionen felices sensaciones, éstas serán merecedoras de que se repitan en las experiencias futuras del «eterno retorno» que, según

Nietzsche, nos tocará experimentar. De ser esto así, conviene que nuestros actos, pensamientos y sentimientos en esta vida, sean tan correctos que podamos desear que se repitan en la eternidad. ¿Es esta una forma de auto-salvación sin Dios, salvación que en el fondo desea por la inquietud que le produce el más allá, en el que dice no creer, aunque no pueda demostrar objetivamente por qué? Si la vida de Nietzsche fue tan poco atractiva, pocas ganas tendría de repetir exactamente la misma historia, gracias a su teoría del eterno retorno. El teólogo H. Küng, en su obra ya citada ¿Existe Dios?, nos ofrece una cita de los escritos del filósofo, que redactó siete años antes de morir, cuando ya estaba en pleno derrumbe físico y anímico. Lo dirige a la esposa de su amigo Overbeck, animándola a que no abandone la idea de Dios, haciendo la siguiente sombría observación personal: «Yo la he abandonado, quiero crear algo nuevo, y no puedo ni quiero volverme atrás. Voy a perecer por causa de mis pasiones, que me arrojan de aquí para allá; me desmorono continuamente, pero eso nada me importa» (pp. 539-540). Su contradictoria experiencia se asemeja a la del escritor ateo Emil Cioran (1911-1995) quien, a pesar de considerarse a sí mismo como perteneciente a la «raza de los ateos», escribió: «Siempre he dado vueltas alrededor de Dios como un delator: al no ser capaz de invocarle, le he espiado».

No pienso que Nietzsche ignorara la existencia de los textos de Eclesiastés 1:9 y 3:15 (donde se intuye la idea de su eterno retorno), si tomamos en cuenta la primera etapa de su vida como creyente y estudioso de las Escrituras: «Aquello que fue, ya es: y lo que ha de ser, fue ya». No puede negarse la similitud de este pensamiento (ofrecido muchos siglos antes de que Nietzsche existiera), con el del autor que estamos considerando y que se deja ver en su sentencia: «Esta vida que ahora vives y has vivido tendrás que vivirla una vez más, incontables veces más» (ibíd., p. 516). ¡Cuánta verdad contiene la frase bíblica que culmina el pensamiento de Eclesiastés 1:9: «Nada hay nuevo debajo del sol».

A modo de conclusión añadiré que Nietzsche, en su empeño por atacar a Dios, la fe en Él y la recompensa que ofrece a los creyentes, niega cualquier concepto de la teología cristiana destinado a dar esperanza, aunque finalmente cae en la «trampa» de su «eterno retorno». Como no soporta la idea «burguesa» del cielo, nos ofrece la deprimente idea de un infierno que repite los dolores de esta vida (y algunas son muy sufridas), ¡por toda la eternidad! Su lógica filosófica no ofrece mayores argumentos científicos que la fe cristiana, pero ésta, por lo menos, se fundamenta en el optimismo, la paz interior y una gozosa esperanza; mientras que la filosofía de la muerte de Dios, inspirada en el «superhombre», sólo ofrece dolor y dolor; «asco, asco, asco».

La influencia de su nihilismo, de su vacío existencial, en fin, de su filosofía, fue grande durante la primera mitad del siglo XX, teniendo multitud de seguidores, a los que ha arrastrado hacia una perspectiva de la vida sin ninguna opción para la esperanza. Muere en 1900, a los 56 años de edad, caminando los diez últimos años de su vida por una senda de densa niebla espiritual, fruto, sin duda, del enorme desconcierto que sus propias teorías le habían proporcionado.

CAPÍTULO VII
Religión y ciencia: el gran conflicto del siglo XX

El siglo XIX, de una particular virulencia contra la fe cristiana, tuvo otra historia que la hace diferente y extraordinariamente esperanzadora. Se atacó la fe desde la psiquiatría (Freud), desde la filosofía materialista (Marx), desde la ciencia biológica (Darwin) y desde la filosofía antropocéntrica (Nietzche), pero también tuvieron lugar nuevas perspectivas y entusiasmos religiosos que hicieron frente, sin proponérselo, a tanto ataque destinado a arrasar con toda las formas de fe gestionadas hasta entonces.

En el año 2006, el biólogo E. O. Wilson, creador de la sociobiología, afirmaba en una entrevista hecha en El País: «La ciencia y la religión son las dos fuerzas más poderosas del mundo» (11 de Junio). Será, pues, de gran interés considerar las relaciones existentes entre estas dos percepciones del universo y, por supuesto, de la vida en este mundo, para comprobar que entre ellas han tenido lugar momentos fructíferos de interacción, desde los orígenes mismos de la ciencia y, muy particularmente, desde los inicios de la ciencia moderna en el siglo XVI.

El siglo XX se nos presenta como el tiempo receptor de las teorías ateas forjadas especialmente en los dos siglos anteriores, pudiendo decirse que, en términos generales, ha sido en la segunda mitad del siglo XX cuando se ha establecido, social y culturalmente, un rechazo frontal al cristianismo de la parte de un sector de los científicos ateos. Es en este siglo cuando, en base a las teorías provenientes del pasado, mayormente del siglo XIX, nacen nuevos conceptos relacionados con el sentido de esta vida y el tradicional concepto de su trascendencia, surgidas y enseñadas por el cristianismo durante siglos. En contra del concepto de Dios, de la creación y de la fe como elemento esencial de la salvación, surgen la teoría de la evolución de las especies de Ch. Darwin, el antropocentrismo de Feuerbach, el socialismo materialista de K. Marx, así como el secularismo y la crítica histórica de las Escrituras de F. Ch. Baur, entre otros, enfrentándose a los conceptos de ciencia y religión, modernismo y fe, Dios y evolución, por entender que, en ambos casos, los conceptos eran antagónicos.

Para algunos no hay forma de coexistencia entre la «objetividad« que, según los científicos, caracteriza sus trabajos y fundamenta la ciencia, y la «subjetividad» de la fe. La religión emerge, dicen los contrarios a la fe, debido a la manipulación de la necesidad de protección de las gentes de escasa formación cultural, es decir, de una visión subjetiva de la vida. Así pues, llegado el hombre a la madurez del conocimiento, no puede supeditarse a conceptos religiosos tan simples como los ofrecidos por las iglesias, las sinagogas o las mezquitas que, según su criterio, manipulan y empobrecen a las gentes bienintencionadas. Este planteamiento, como puede verse, resulta extraordinariamente simplista y tendencioso, asemejándose al de los filósofos del siglo XIX que hemos citado en el capítulo anterior. ¿Cómo demuestra el hombre hoy su madurez para sentirse libre de cualquier inducción religiosa y gracias a ello ser más feliz? Se decía lo misma de la culturización de los pueblos. Decían: eduquemos a los jóvenes, formémosles intelectual y tecnológicamente y ellos mismos harán la diferencia entre lo que está bien y lo que está mal. Una ética que, nacida del intelecto, otorgaría a los jóvenes y adultos el discernimiento de lo no correcto, aquello que no debe ser hecho. Así, la sociedad acabaría con la delincuencia, puesto que todos sabrían identificar una conducta delictiva, para rechazarla.

La realidad parece empeñada en revocar esos argumentos «culturales», puesto que la sociedad nunca antes gozó de tantos centros educativos, pero nunca antes la sociedad fue tan peligrosa y violenta como en la actualidad. La ética moral no es tan simple, ni lo es la conciencia y la voluntad de los seres humanos. Diferenciar los caminos del bien y del mal, sin un código que esté por encima de nuestros intereses es imposible, debido a la volatilidad de la conciencia humana y la movilidad de la ética en sus diferentes formas. En los países democráticos, se redacta y acepta una constitución que señala la trayectoria de la sociedad para la cual se ha establecido. Es como una luz superior que ilumina el desarrollo de todas las demás leyes que rigen un país; estableciendo además un tribunal (tribunal constitucional) encargado de vigilar el fiel cumplimiento de la constitución, y al cual es necesario recurrir cuando hay dudas en la interpretación de la misma. Es esta una buena ilustración de cómo funciona la ética trascendente que Dios ha establecido para nosotros, los seres humanos: nuestra misión es aceptarla y cumplir-la, teniendo la teología para determinar lo correcto cuando entremos en conflicto con ella. Parece que hoy, tal como funciona la sociedad, no debería costarnos reconocer nuestra necesidad de luz para nuestro espíritu, la parte más noble de nuestro ser.

Releía hace poco un ejemplar en la revista «Memoria. La historia de cerca», un artículo de Bruno Roldán sobre el pecado, en el cual escribe en un apartado: «No deja de ser significativo que en las religiones en las que no se concibe la existencia de un Dios personal, la noción de pecado también quede mitigada. Así ocurre, por ejemplo, con las corrientes espirituales de Oriente: el confucionismo, taoísmo, budismo y sintoísmo» («Memoria. La historia de cerca», N° XXXIII, noviembre 2009, p. 15). Las religiones teístas (judaísmo, cristianismo e islamismo), que aceptan la existencia de un Dios personal, gozan de una moral que diferencia el bien del mal, llamando a éste «pecado» y concediendo un perdón y superación del mismo, pues «abogado tenemos para con el Padre, a Jesucristo el justo» (1 Jn. 2:1). Las religiones orientales, sin embargo, se diferencian por practicar una moral distinta en cada colectivo, la cual nace del pensamiento de cada uno de sus maestros y no de un Dios personal y único. Es por eso que no se las puede considerar como una religión, sino más bien como una filosofía. Bruno Roldán señala: «El confucionismo no postula la existencia de ninguna divinidad, y apenas puede hablarse de religión con respecto a sus creencias» (ibíd.). Lo mismo sucede con las otras corrientes de la moral oriental que hemos señalado con anterioridad.

2. ¿Por qué confrontación en lugar de cooperación?

La fuente de la teología y de la ciencia es la misma: Dios ¿Por qué tienen que oponerse? Como en tantas otras experiencias de la vida, con frecuencia no son los conceptos de fe, amor y verdad los que crean divisiones entre los seres humanos, sino las diferentes interpretaciones que de ellos se hace. Son los prejuicios y los intereses personales los que nos impiden entendernos, no los conceptos en sí mismos. El creyente parte, con frecuencia, de un concepto de la fe ya establecida, inamovible, renunciando con ello a cualquier síntoma de progreso y de profundización, como si la verdad absoluta se pudiera fijar en un momento preciso, y para siempre. De ese modo, cualquier reflexión posible podría ser interpretada como un atentado contra nuestra creencia en Dios, como un atentado desestabilizador contra nuestra fe y no una forma de enriquecimiento. En este caso sólo nos queda preguntarnos ¿qué sentido tiene la invitación de Jesús «Escudriñad las Escrituras» (Jn. 5:39)? O la de Pablo, cuando nos dice: «Y no os conforméis a este siglo; mas reformaos por la renovación de vuestro entendimiento cual sea la voluntad de Dios» (Ro. 12:2). Hay una gran pérdida cuando el creyente renuncia a profundizar las Escrituras, la revelación de Dios a los hombres, cualquiera que sea el argumento que se utilice para justificarlo. En estos casos, siempre recordamos a los «bereanos», a quienes Lucas consideraba «más nobles que los que estaban en Tesalónica, pues recibieron la palabra con toda solicitud, escudriñando cada día las Escrituras, si estas cosas eran así» (Hch. 17:11). Aceptaron la predicación de Pablo y «creyeron muchos de ellos» (v. 12), pero no sin antes verificar con las Escrituras las enseñanzas que recibieron (y suponemos que siguieron haciéndolo en el futuro).

Por otro lado están los no creyentes, para quienes cualquier argumento que favorezca su negación de Dios y les provea de «argumentos» para señalar la fe como una superstición obsoleta les parecerá verdadero y, por lo tanto, aceptable (Collins, pp. 226-227). Es decir, cuando se ha renunciado a creer, se tiende a la interpretación tendenciosa o, simplemente, a cerrar todas las vías del entendimiento a cualquier argumento destinado a mostrar la necesidad de una experiencia religiosa. Además, la compleja vida que vivimos en esta sociedad nos ofrece tantos argumentos para pensar que, si Dios existe, se ha olvidado de nosotros, que resulta relativamente fácil mantener los criterios ateos, o simplemente escépticos. Creer nunca fue una experiencia fácil en una sociedad donde demasiadas cosas y situaciones se oponen a la experiencia interior y profunda de la fe. En estas dos posiciones que podemos tomar nos encontramos con colectivos destinados a la confrontación antes que al entendimiento y, sin embargo, nadie debería minimizar el valor de la ciencia en el siglo XXI y nadie debería poner en duda la existencia de Dios (a veces tan poco meditada), acto para el que el hombre, desde su orgullosa insignificancia, no está ni mucho menos capacitado.

La filosofía, que tan crítica se ha mostrado frecuentemente con la existencia de Dios, la fe y la religión, ha sido, sin embargo, aliada de la teología en muchas ocasiones, de manera principal con la cultura greco-romana. Es más, la historia certifica que los teólogos han recurrido frecuentemente a la filosofía, así como no pocos filósofos lo han hecho a la teología, pues ambas disciplinas se han hermanado, a veces, en su común intento de explicar el sentido de la vida, sus orígenes y su destino. El pensamiento de Platón y Aristóteles, por ejemplo, ha influido decisivamente en algunas doctrinas de la teología cristiana, aunque éstas sean todavía hoy objeto de controversia, como es el caso de la inmortalidad del alma.

Un ejemplo del «hermanamiento» experimentado entre la filosofía y la teología en algunas épocas lo encontramos en el tiempo de los Padres Apologistas, durante el siglo II y, de manera especial en Justino, el filósofo convertido en teólogo y ferviente defensor del cristianismo, en una época de gran oposición y crítica de parte de los dirigentes romanos. La sutileza de los apologistas se comprueba por los escritos de Justino el «filósofo» el cual, partiendo de las virtudes de sus oponentes (los romanos), escribe: «En todas partes se os alaba como a soberanos magnánimos, filósofos, protectores de la justicia y amigos de las letras»; para luego reclamar de ellos que actúen con los cristianos en consecuencia con las virtudes señaladas: «No emitáis vuestra sentencia llevados de una precipitación irrazonable e influidos por viejas y mezquinas calumnias. Podéis matarnos, pero no podéis hacernos daño».

Justino posiblemente nació en un medio pagano, haciendo sus estudios en filosofía y dedicándose a su enseñanza y práctica con entusiasmo, hasta que «Cristo lo llamó» y se convirtió al cristianismo, con una conversión auténtica que le llevó a escribir: «El cristianismo es la única filosofía sólida y útil que he encontrado» (*Diálogo con Trifón*, II, 3-VIII, 2). Justino fue, sin duda, uno de los personajes más representativos del cristianismo de su época, no solamente por la magnitud de su obra, sino también por la profundidad de su pensamiento que, partiendo de la filosofía, invitaba a los hombres a aceptar al Dios único que permanece para siempre. Con sus apologías, Justino intentó crear puentes de unión entre la filosofía pagana (tan popular e influyente en el siglo II), el judaísmo y el cristianismo; labor para la que se encontraba especialmente capacitado dado su origen como filósofo y su profunda experiencia con el cristianismo.

Este gran apologista no fue nada más que un ejemplo, entre los muchos que podrían citarse, que muestra como la fe no es una característica sólo de ignorantes (como pretende con frecuencia el ateísmo), sino que hay una constelación de hombres y mujeres sabios, que muestran que los asuntos del pensamiento siempre inquietaron a los teólogos y fueron éstos los que dieron solera y carácter de permanencia a las verdades reveladas por Dios.

El hombre, desde Caín y Abel, siempre ha estado en guerra con sus congéneres. Cualquier tipo de controversia ha sido suficiente argumento para enfrentarse, en lugar de unirse para alcanzar mayores y mejores metas. Esto es tanto así, que Jesús, en su oración mediadora de Juan 17, pidió la unidad, incluso para los discípulos, quienes cuando Jesús ora, ya al final de su ministerio, deberían tener poderosos argumentos para estar unidos: la misma fe, el mismo Maestro, la misma misión.

Stephen Hawking asegura contundentemente que «la filosofía ha muerto porque no se ha mantenido al corriente de los desarrollos modernos de la ciencia, en particular de la física» (*El gran diseño*, p. 11). Parece que los científicos se presentan ya a sí mismos como los portadores de la antorcha del descubrimiento de la «verdad» absoluta en su búsqueda del conocimiento. Como puede apreciarse, con esta aseveración, Hawking determina que sólo la ciencia física puede aportar luz sobre la trascendente pregunta que hace referencia a nuestro origen. Discriminada primeramente la teología por sus planteamientos trascendentes de la vida, ahora le toca el turno a la filosofía, es decir, nada que no se identifique con sus conclusiones (yo diría hipótesis) obtenidas del estudio de la astrofísica, debe ser aceptado como respuesta a los temas del origen y el destino del hombre. Hay científicos, pues, que pretenden arrasar con todo, convertidos en los portadores de la antorcha de la «verdad única». Después de la ciencia, según esto, no nos queda nada. Hawking ha escrito en su último libro, *El gran diseño*, que las actuales investigaciones muestran que Dios no es necesario para la creación del universo.

Resulta curioso comprobar que, cada vez que un científico hace un descubrimiento, enseguida lo asocia con la existencia o la no existencia de Dios, especialmente con lo segundo. Lo extraño es que hace sólo 20 años Hawking reconocía la necesidad de alguien al origen de todas las cosas, antes de que tuviera lugar el *big bang* (*Brief History*, p. 144). Pienso que lo más prudente, tanto para los científicos como para los teólogos, sería esperar para ver a dónde conducen los nuevos descubrimientos que tengan lugar en el futuro apasionante que nos espera en este dominio. El concepto de Dios, que ha sido esencial para la historia del hombre, nuestra historia, se merece por lo menos un voto de confianza del lado de los científicos y no pretender deshacerse de él como si Dios, casi de la noche a la mañana, pudiera ser manipulado y hacerle desaparecer del corazón de los hombres y mujeres que creen.

La Escritura ofrece un texto que no gusta nada a los ateos, sobre todo cuando es un creyente quien lo utiliza. Se trata del Salmo 14: «Dijo el necio en su corazón, no hay Dios». El término «necio» aquí tiene el sentido de «falto de inteligencia», de capacidad de discernimiento. Ya lo hemos dicho en otra ocasión, el apóstol Pablo circulaba por el mismo camino de descrédito hacia los que se consideran a sí mismos «sabios presuntuosos» cuando, después de referirse a la creación del mundo, se dirige a ellos afirmando que se «desvanecieron en sus discursos» y, «diciéndose ser sabios, se hicieron presuntuosos» (Ro 1:20-22).

Los descubrimientos astronómicos llevados a cabo por Copérnico y Galileo fueron utilizados para alabar el nombre del Creador, no para negarle. Por qué ahora parece que cada avance científico se destina a negar la existencia de Dios. Es decir, mediante elementos tan limitados como los que el hombre posee para enfrentarse al infinito universo, ¿puede permitirse rechazar lo que no ve en plenitud, ni entiende? Se dice que el 95% del universo es zona oscura, desconocida y, sin embargo, el hombre, desde «aquí», se permite concluir rechazando lo que está más allá de su conocimiento. Desde su 5% de conocimiento, el hombre se sube a la montaña de su ego y, desde allí, nos ofrece la impresión de que todo está aclarado, con algunas sentencias como esta: «Cuerpos como las estrellas o los agujeros negros no pueden aparecer de la nada. Pero todo un universo sí puede» (Hawking, *op. cit.*, p. 203). Es decir, la «parte» no puede aparecer de la nada, pero sí puede hacerlo el «todo». ¡Asombroso!

Resulta curioso comprobar como Hawking parece decidido a referirse a «leyes universales», en relación con el origen de todo lo existente, cuando el creacionista se refiere al Creador. Es decir, para el evolucionista las leyes naturales sustituyen a Dios en el proceso de la creación, eso sí, sin plantearse quién ha dado origen a esas leyes «inteligentes». No se trata aquí de confrontar los conceptos «creación y «evolución», sino de resaltar el hecho de que nunca con tan poco (5%) se ha pretendido explicar determinantemente tanto (95%) o, lo que viene a ser lo mismo, llegar a conclusiones «firmemente documentadas», cuando esas conclusiones sobre el «todo» se alcanzan a partir de una pequeña parcela, casi insignificante. ¿Cuántos misterios puede y debe tener reservados un ente casi infinito (inconcebible) como lo es el universo? ¿Y cuánto más sabio será el científico que, con prudencia, se refiera a sus descubrimientos con la humildad a la que invita la inmensidad del campo que está estudiando (el universo)? Ante las proporciones inmensurables de lo que se estudia, deberían evitarse posiciones deterministas, en un sentido o en otro, porque podría ser que mayores avances descubran que la fe y la ciencia tienen un origen más común y sintónico de lo que ahora pueda suponerse. Es en esta línea de pensamiento que se expresa Max Planck, premio Nobel de Física en 1918: «En todas partes, y por lejos que dirijamos nuestra mirada, no solamente no encontraremos ninguna contradicción entre religión y ciencia, sino precisamente pleno acuerdo en los puntos decisivos». Cierto es que los descubrimientos realizados desde entonces han generado argumentos que han podido facilitar algunas posiciones ateas, pero pienso que esto ha sucedido principalmente por la posición marcadamente «rupturista» mostrada por las criaturas hacia el Creador a lo largo de la historia bíblica. No ha sido necesario que el hombre negara la existencia de Dios, fue suficiente con desobedecerle (Adán), volverle la espalda para ir tras otros dioses (Israel) o bien negarle como maestro, tal como hizo Pedro hizo con Jesús. Dios siempre ha pagado la factura de la frustración de los hombres. En contra de lo que piensan algunos psicólogos sobre la «fantasía» de Dios, que nuestra mente ha creado para alcanzar la sensación de protección que necesitamos en determinadas circunstancias, pero olvidando que Dios es también nuestro recurso más querido para hacerle responsable de nuestro dolor, depresión o desesperanza ante la vida. Aquella religiosa así se lo hacía ver a aquel enfermo en fase terminal: «Si Dios lo ha querido así, debe tener conformidad». Como si Dios fuese ese gestor frío y aparentemente insensible que nos proporciona el dolor como un bien, lo cual resulta difícil de comprender y de aceptar. Dios «permite» que experimentemos el dolor, como un camino que debemos recorrer, impuesto por nuestra situación de pecadores. El dolor lo producimos y lo gestionamos nosotros pues somos los únicos responsables.

Cuando se piensa en el origen del universo, los creacionistas ofrecemos como explicación que, dadas las características espectaculares del mismo y, de forma más específica la compleja vida en la Tierra, fue necesario un Diseñador en quien se concentraran todo poder y sabiduría necesarios para llevar a cabo tan imponente e incomprensible obra. Es decir, los creyentes partimos de lo superior para hacer posible lo inferior, sabiendo que al universo sólo se le puede catalogar como «inferior» por comparación con su Creador. Sin embargo, desde el punto de vista científico, todo partió del *big bang*, pero dejando sin explicación convincente lo que debía existir un segundo antes de que la gran explosión tuviera lugar y cuál debió ser la causa de la misma. Edwin Hubble, en 1929, realizó la singular observación de que, en cualquier dirección que miremos en el universo, las estrellas distantes se alejan rápidamente de nosotros. Esto dio lugar a la teoría del universo en expansión, e hizo pensar que debió existir algún momento en el pasado en el que toda la materia se encontraba en un mismo lugar y que, debido a una inmensa explosión espontánea, se inició la expansión del universo a la que Hubble hace referencia (citado por T. Suan Thuan, *El destino del universo*, p. 62). Ahora bien ¿qué materia fue la que explotó en el *big bang*?, ¿quién la creó? El problema lo resuelven los científicos diciendo que «el universo era infinitesimalmente pequeño y, por consiguiente, infinitamente denso» (S. Hawking, *La teoría del todo*, p. 23). Es este un intento sutil de superar la dificultad que conlleva explicar que si algo explotó es porque algo existía y, si algo existía, ¿quién lo creó? El evolucionismo acepta que «algo» existía antes de la «gran explosión», pero entendiendo que debía ser infinitesimal, es decir, casi nada que tuviera que ser creado o debiera tener un origen. Pero si preguntas ¿cómo de tan poco, que era infinitesimalmente pequeño, surgió un universo infinitamente grande?, la respuesta viene enseguida: lo infinitesimalmente pequeño era «infinitamente denso». El término «infinito», que los evolucionistas renuncian a aplicarlo a Dios, sin embargo lo hacen con toda libertad aquí y sólo como un acto de aceptación confiada, puesto que nada de eso puede ser demostrado con objetividad. Dicen que «algo» debía existir antes del *big bang*, y los creyentes decimos que sí, que quien existía era Dios, el origen de todas las cosas. Como puede verse, cualquiera que sea la posición que aceptemos, creación o evolución, reclama de nosotros un acto de confianza, pero, al igual que reconocemos la ley de la «gravitación universal», esencial para comprender el funcionamiento del universo, no deberíamos olvidar esa otra ley que reconoce la relación «causa-efecto», siendo posible, gracias a ella, intuir con mayores garantías la existencia de un Diseñador, que se hace comprensible a la luz de los resultados visibles e incontrovertibles de su acto creador, plasmados en las incontables maravillas que adornan este pequeño planeta y ese universo infinito al cual pertenecemos. No, la fe en un Dios Creador no me pide un mayor esfuerzo de confianza que el que me exige la aceptación de un universo cuyo origen se pretende que fue el resultado de inconcebibles acontecimientos casuales. T. Nuan Thuan, en referencia a la teoría de la expansión del universo de Hubble escribe: «Hace aproximadamente catorce mil millones de años, todas las galaxias estaban agrupadas en el mismo lugar y en el mismo instante. De ahí la idea de una gran explosión, el *big bang*» (*ibíd.*), pero en ningún lugar explica cuál puede ser el origen de esas galaxias que «estaban agrupadas» antes de explotar.

Uno de los problemas más importantes que percibimos en los científicos es que, en general, tienen una baja formación teológica, si es que tienen alguna. Piensan que su ciencia les capacita para saber de todo y para menospreciar lo que no entienden, es decir, todo aquello que no se ajusta al círculo sagrado de su ciencia. Por ejemplo, Hawking escribe con toda suficiencia en su último libro, *El gran diseño*, que «la filosofía ya está superada», tal como he indicado más arriba. Parece ser que todo lo que no sea ciencia física, matemáticas o biología, debe considerarse como superado. Dios, la fe y la esperanza trascendente ya no tienen para ellos sentido alguno, aniquilando así una historia milenaria. La acusación se vuelve contra la religión acusada también de dogmática, de inmovilista, pero tal vez ganaríamos mucho si fuéramos capaces de considerar con respeto, creyentes y no creyentes, otros puntos de vista, porque finalmente ¿no forma parte todo el saber humano de la Verdad absoluta y revelada? ¡Qué obsesión la del ser humano hacia el «reduccionismo»! Como se ha señalado aquí mismo, parece que somos incapaces de construir sobre «extraño fundamento», al más puro estilo paulino, cuando el apóstol se decidió a ser un mensajero del evangelio. La historia del hombre demuestra que antes de establecer su obra, siempre se empeña en derribar todo lo que ha sido anteriormente edificado. Es decir, mis argumentos y mis razones necesitan un campo libre de antecedentes, que esté bien labrado y desbrozado, para así poder plantar la flor de mi iniciativa y mis conclusiones, sin que nada ni nadie me haga sombra. Es decir, para que la ciencia alcance todo su protagonismo, debe antes desembarazarse de las «ataduras» del pasado. Si fuéramos capaces de hacer la suma de los aportes venidos de la ciencia y la fe, seguramente seríamos mejores intelectual y espiritualmente.

Vuelve a mí el pensamiento de que, de acuerdo con la experiencia histórica, la «verdad» descubierta debe tener como objetivo primordial, antes de que sea establecida, necesita demostrar que todo lo investigado y hecho hasta ahora en esa misma línea de pensamiento no sirve en absoluto, o bien contiene aspectos que deben ser corregidos. En la antigüedad, los reyes que ascendían al trono se ocupaban primeramente de eliminar a cualquier familiar que pudiera oponerse a su gobierno o intentara usurparle su derecho a reinar. Esta sangrienta costumbre se practicó también en el seno del pueblo de Dios, aunque no con su aprobación, tal como lo atestigua el comportamiento de Joram, rey de Judá, que heredó el trono de su padre Josaphat. Dice la Escritura: «Fue pues Joram elevado al Reino de su padre; y luego que se hizo fuerte, mató a cuchillo a todos sus hermanos, y así mismo a algunos de los príncipes» (2 Cr. 21:4). Desdichadamente, en el terreno de las ideas o las creencias también se practica, aunque figuradamente, este sentimiento de exterminio. Hubo un tiempo cuando el hereje que no se convertía debía ser eliminado y, con frecuencia, aun cuando se convirtiera. La historia está demostrando lo equivocado de esa conducta intransigente, puesto que hoy la sociedad tan diversificada que nos acoge puede convivir en paz y armonía, aun cuando se actúe desde presupuestos políticos o religiosos diferentes. La discrepancia, bien administrada, debe ser un elemento enriquecedor para los hombres y mujeres de la sociedad. Desdichadamente Caín abrió precozmente la puerta de la intolerancia y, desde entonces, hemos manifestado un agudo espíritu de oposición hacia lo que ya está establecido, para imponer nuevos criterios por la vía de la eliminación. Así, terminar con la idea de Dios o la esperanza de salvación eterna es, para algunos, un objetivo a alcanzar para poder imponer la nueva visión de un mundo natural, científico, pragmático, temporal y efímero como la vida misma.

Personalmente, creyendo firmemente en Dios como creo, veo a Dios en los diferentes espacios de la teología, la ciencia y la filosofía. Veo a Dios en la experiencia de la fe que confía a Dios la respuesta de las múltiples preguntas para las que hasta hoy no tenemos todavía respuesta. Puede que, al contrario de lo que piensan los ateos, la fe y la esperanza que nacen misteriosamente en lo más profundo del ser humano sean la fuerza que el hombre necesita para hacer frente a una dolorosa realidad que nos afecta a todos, y para la que la astrofísica no tiene la solución. La ciencia tiene su importante función en el mundo en el que vivimos, pero con una importancia diferente a la de la teología, la filosofía, la sociología y tantas otras ramas de la ciencia. Como dice F. S. Collins, a Dios «se le puede adorar en la catedral o en el laboratorio. Su creación es majestuosa, sobrecogedora, intrincada y bella, y no puede estar en guerra consigo misma» (¿Cómo habla Dios?, p. 227).

3. Recibiendo nuestra herencia

El siglo XIX tuvo otras contribuciones en contra de la fe, además de las aportadas por los filósofos «de la muerte de Dios», cuyos efectos siguen sintiéndose en el tiempo actual, de manera especial en el evolucionismo y el materialismo. Ya lo he dicho anteriormente, desde el punto de vista de la religión, el siglo XXI es, en buena medida, resultado de lo que fue el siglo XIX. Allí se pusieron las bases modernas del pensamiento ateo que hoy compite con la creencia espiritual. Es decir, cuando los filósofos ofrecieron como alternativa a la fe el rechazo a la dependencia de un Creador y Sustentador de todo, proponiendo en su lugar la muerte de Dios y el nacimiento del «superhombre», estableciendo así las bases para que los científicos ya no interpretaran su ciencia a partir del Dios que la origina (como se había hecho hasta ese momento), sino como una alternativa a Dios. Cada descubrimiento empezó a ser una opción más para romper con el Dios del pasado, con la fe que da un sentido trascendente a la existencia del hombre. Al principio, el ateísmo fue un concepto, casi diría que selectivo, sin mayores apoyos que el ejercicio intelectual de alguien que, a partir de «su» propia realidad existencial, proponía, con todo desparpajo, que Dios no existe. La ciencia ha tratado después de aportar argumentos «objetivos» (científicos), entrando por la puerta que se dejaron abierta los filósofos y, en algún modo, los teólogos.

Ciertamente hoy es muy real el enfrentamiento entre ciencia y fe, de modo que cada bando parece no escuchar nunca al otro, viviendo por ello empeñados en una confrontación que, en el mejor de los casos, no hace mas que desorientarnos. Si aceptamos la idea de que la ciencia y la fe tienen un mismo origen, deberían por ello disponer de un mismo objetivo: interpretar nuestra realidad como seres humanos, aliviar en lo posible el dolor físico y psicológico que se padece y ayudarnos a abrir puertas en el oscuro muro que el ateísmo ha levantado frente a nosotros, con la intención de despojarnos de cualquier expectativa de trascendencia futura. La ciencia procura dar respuestas a lo cotidiano que nace con cada día de la historia, mientras que la fe nos ofrece una larga perspectiva, sacándonos de este oscuro agujero en el que vivimos, para proyectar nuestra esperanza hacia un devenir que, aunque misterioso, provee de un poderoso sentimiento de esperanza que confía en contemplar la maravillosa realidad de nuestras mejores intuiciones espirituales. Dios mejora la ciencia que de Él mismo nace, puesto que, unida a la fe, cobra un sentido de trascendencia que supera su temporalidad. Como el científico F. S. Collins afirma: «Dios no amenaza la ciencia, la mejora. Dios ciertamente no es amenazado por la ciencia, Él la hace posible» (¿Cómo habla Dios?, p. 249).

No estaría mal reconocer que la ciencia, como instrumento, tiene sus limitaciones para explicar, ya no sólo el origen de todo lo que existe, sino también su sentido o, lo que es lo mismo, por qué y para qué existimos y existe el universo. El propio Einstein vio el insuficiente significado de una concepción del mundo vista sólo desde una perspectiva científica y por eso escribió: «La ciencia sin religión es coja, la religión sin ciencia es ciega» (*Science Philosophy and Religion*). Tal vez si nos despojáramos de nuestra tendencia a discriminar (siempre hay que situarse frente a alguien por el motivo que sea), la ciencia y la fe tendrían más poder de convicción, en lugar de separarse irreconciliablemente. La ciencia sin Dios, se queda atrapada en su propia incapacidad para aportar respuestas a los interrogantes sin número que suscita y, por ello, no tiene capacidad para mover la voluntad de los humanos hacia una moral universal que les una, ni hacia una esperanza global que ilumine su existencia en una sociedad tan crispada y compleja como la nuestra. ¿Por qué el hombre no aprende de la historia? Aparte de los avances científicos, que sin duda han contribuido a mejorar la calidad de vida de la ciudadanía, ¿de qué modo actúa esa ciencia para hacer posible la experiencia de la paz interior en el corazón de los hombres y mujeres de este mundo? ¿En qué me beneficio yo descubriendo que mi origen se remonta a un hecho casual en el que nadie ha intervenido? ¿Me hace mejor persona, más serena, más bondadosa y más feliz el descubrir que soy un mero accidente en un inmenso universo que «nadie» ha creado? M. Luther King cita a un escritor oriental que nos presenta el dilema que vive la sociedad moderna occidental, y lo hace mediante un análisis sencillo, no difícil de comprobar objetivamente: «Llamáis a vuestros ingenios 'máquinas que ahorran esfuerzos humanos', pero siempre estáis ocupados. Al irse multiplicando vuestra maquinaría os vais sintiendo cada vez más cansados, angustiados, nerviosos e insatisfechos… sois los hombres más nerviosamente ocupados del mundo. Vuestros artefactos no ahorran tiempo ni salvan al espíritu», (*La fuerza de amar*, p. 67). Lo más sorprendente es que la cita que toma Luther King se remonta al año 1922. ¡Cómo escribiría de la sociedad del siglo XXI, marcada por el estrés, la velocidad y la prisa!

Como creyente que soy, puedo dar testimonio de la bondad de la fe. Leo a Dawking y a F. C. Collins, es decir, a científicos ateos como el primero y a científicos creyentes conversos como el segundo. Pienso que cada ser humano es, en alguna medida, responsable de los otros seres humanos («ningún hombre es una isla, que se baste a sí mismo» J. Dohn), para aportarles, tanto como sea posible, un aliento de paz para el presente y de esperanza para el futuro. La fe ha cumplido, en multitud de ocasiones, esta positiva función, alentando a millones de personas a lo largo de la historia, y eso a pesar de que no siempre la Iglesia ha estado a la altura del amor de su Maestro, permitiendo a los sufrientes experimentar un consuelo inmenso con el mensaje trascendente que se les ha ofrecido. K. Amstrong, en su obra *En defensa de Dios* escribe en relación al papel social del ateísmo posmoderno: «Muestran poco interés por la pobreza, la injusticia y la humillación que han inspirado muchas de las atrocidades que ellos deploran; no muestran ningún anhelo por un mundo mejor» (p. 340).

No es difícil deducir que, en su empeño por hacer desaparecer a Dios y el consiguiente culto de adoración, los «teólogos» de la ciencia presenten a ésta como un dios al que se debe fidelidad, con olvido de quienes sufren las secuelas del hambre, la soledad, el miedo a la muerte, la desesperanza o el sentimiento de culpa (por no citar otros muchos motivos de sufrimiento), sin recibir la respuesta que necesitan. El dios cosmológico de la ciencia se reduce a un proceso de investigación del espacio, complejo y laborioso, con la intención de encontrar respuestas que, deberían reconocerlo, les sitúan en una perspectiva demasiado alejada de las verdaderas necesidades de los hombres, contempladas éstas desde su atea y antropocéntrica visión del sentido de la vida, nacida en el que no cree de un concepto exclusivamente temporal de las cosas y de la existencia del hombre. Mientras miran por sus enormes telescopios o por sus impresionantes microscopios, se vuelven ignorantes a la realidad del dolor humano que les rodea para aportar solución y consuelo. Sin embargo, cuando toman conciencia de la dura realidad que observan sus ojos y descubren ese dolor lacerante que se extiende por doquier, es entonces que piensan en Dios, pero para atacar su existencia, haciéndole el único responsable. Puede ser aun peor, pues no falta quien acusa a Dios de cruel por no intervenir para responder a las necesidades que el drama humano requiere, sobre todo en el caso de algunas catástrofes. Es como si la explicación correcta del sufrimiento histórico de la humanidad pudiera entenderse sólo mediante la teoría de la inhibición de Dios, encontrando más lógico aceptar el dolor humano, renunciando a cualquier vinculación con la fe en un Dios Creador y personalmente comprometido con el bien eterno del hombre. En esta línea de pensamiento, R. Dawking empieza su libro *El espejismo de Dios* pidiéndonos que imaginemos lo que sería «un mundo sin religión. Imagine que no hay terroristas suicidas envueltos en bombas, que no existe el 11 Septiembre, que no hay cruzadas, caza de brujas ni la partición india ni las guerras arábe-israelí, ni las masacres serbo-croatas musulmanas, ni la persecución de los judíos como 'asesinos de Cristo', ni los problemas de Irlanda del Norte, ni los 'muertos de honor', ni tele-predicadores con vestidos brillantes, desplumando a sus crédulos espectadores. Imagine que no hay talibanes para volar estatuas antiguas, ni decapitaciones, ni blasfemias públicas» (*El espejismo de Dios*, p. 12).

Llama la atención que este autor ponga tanto empeño en mostrar los aspectos negativos que han tenido lugar durante la larga historia de la religión en el mundo, empeño a la vez tan escaso para señalar sus aspectos positivos. Siempre he recelado de quienes, analizando la realidad que les corresponde experimentar, sólo perciben el color negro de las cosas, y eso en un mundo de extenso colorido como el nuestro. Hacer responsable a la fe en Jesucristo, a su evangelio de amor aun a los enemigos y a la vivencia de la religión, de todos los males de este mundo me parece muy sospechoso, extraordinariamente subjetivo y, sin más, plenamente rechazable. Curiosamente esta actitud antirreligiosa, ni es original, ni por lo tanto es nueva, pues ya el docto Tertuliano (160-240 d. C.) dejó escrita la opinión que los paganos tenían del cristianismo de entonces, cuando todavía no podía asociársele con guerras ni, por supuesto, existía el terrorismo al uso actual. Escribe: «Ellos (los paganos) piensan que los cristianos son la causa de todo desastre público, de toda aflicción que cae sobre la gente. Si el Tíber crece hasta los muros de la ciudad, si el Nilo no riega con sus aguas los campos de cultivo, si los cielos no llueven, si hay terremotos, si hay una hambruna o una peste, el grito es de inmediato: 'Llevad a los cristianos a los leones'» (*Apología*, 40).

Es verdad, no debemos resistirnos a reconocer los males que la religión ha originado en algunos momentos de la historia, debidos a una incorrecta interpretación y aplicación de los principios bíblicos; como tampoco debemos sustraernos a reconocer los dramas generados por la ciencia, así como la devastación que la misma ha producido entre los pueblos, en mil guerras, en incontables crímenes y en numerosas devastaciones de pueblos y culturas. Y es que, parece ser que nada que se origine en el hombre está libre de esa doble vertiente del bien y del mal, esa dolorosa dualidad que define, mejor que ningún otro pensamiento, la naturaleza del ser humano: héroe y malvado a la vez. Por eso no hay que maldecir a la ciencia o negar su importancia en la vida de los hombres, sino aceptar lo bueno de la ciencia que, desdichadamente, ha sido con frecuencia equivocada o interesadamente utilizada. Así sucede con la religión que, siendo una herencia positiva para el hombre, puede ser también equivocada e interesadamente utilizada. La responsabilidad debe caer sobre quien, recibiendo cosas buenas, las utiliza mal. La energía nuclear es sabiamente utilizada en medicina para el tratamiento de ciertas enfermedades de carácter oncológico o para proveer energía a un sector importante de la humanidad. Sin embargo, el hombre también la utiliza en su arsenal de armas, capaz de destruir varias veces la vida en la tierra. Pregunto, según esto, ¿es la ciencia una bendición o una maldición para la humanidad? Sin duda que la respuesta dependerá del uso que se haga de ella, pudiendo muy bien pensarse que cualquiera de las dos propuestas son correctas. La ciencia no debe pagar la factura contraída por la ineptitud moral del hombre que la utiliza equivocadamente. Tampoco Dios, la fe o la religión, deberían pagar por los errores cometidos a lo largo de la historia por quienes tenían el deber de dignificarla con su conducta. La misma medida deberá ser aplicada a las generaciones actuales.

Ver también lo positivo en las cosas y en las ideas es una importante función de la mente humana y una necesidad si deseamos ser objetivos. Esto me recuerda a aquella dama que, después de casi dos horas de hablarme muy mal y vehementemente de un sector de su Iglesia, le pregunté: «Pero algo bueno tendrá que decirme de ellos, ¿no?», a lo que me respondió rápidamente que sí, que también había cosas positivas que decir. Le pregunté de nuevo: «¿Pues dígame qué?»; Y ella, titubeando, no supo qué responderme. Su mente ya no tenía lugar para nada positivo en relación con aquel problema. Su necesidad de tener razón la conducía a considerar su posición siempre acertada, mientras que estaba equivocada la de sus «oponentes».

Desdichadamente, ha habido épocas de la historia en las que el «concepto» de ciencia estaba proscrito y cualquier aportación científica era considerada como un ataque a la existencia de Dios y su revelación, así como una amenaza para la fe y la estabilidad de la Iglesia. Felizmente, a partir del siglo XIX, incluso antes, en el siglo XVIII con la Ilustración, se empezó a considerar la ciencia como un camino de búsqueda de Dios: «La ciencia no podía explicar sus descubrimientos sin Dios; Dios era una verdad tanto teológica como científica. Negarse a creer en Dios parecía tan perverso como negarse a creer en la ley de la gravedad. Renunciar a Dios significaba abandonar la única explicación convincente verdaderamente científica del mundo» (K. Amstrong, *op. cit.*, p. 242). No hay duda de que esta posición fue cambiando de manera decisiva en el siglo XX, hasta hacerse realidad la situación que vivimos actualmente: una franca oposición entre ciencia y fe. Justo es decir, sin embargo, que algunos científicos siguen vinculando la ciencia con la realidad de Dios, tal como lo vemos en el cosmólogo P. Davies: «Puede parecer extravagante, pero, en mi opinión, la ciencia ofrece un camino más seguro a Dios que la religión» (*God and the News Physics*, p. ix.). Personalmente hubiera preferido que se refiriera a la ciencia y la religión como realidades complementarias que conducen a Dios, no la una como «camino más seguro» que la otra. Finalmente, el creyente acepta que la existencia del universo, así como los multiformes tipos de vida en este pequeño planeta, son una de las varias maneras que Dios ha escogido para revelarse a los hombres. Recordamos que ya Pablo lo dijo: «Porque las cosas invisibles de Él (Dios), su eterna potencia y divinidad, se echan de ver desde la creación del mundo» (Ro. 1:20).

4. Cambios que hacen historia

La sociedad del siglo XX experimentó cambios asombrosos en el ámbito de lo religioso, con el desarrollo del islamismo por un lado, el «fraccionamiento» del cristianismo y la secularización por otro. Nunca antes, en toda su larga historia, faltaron en el cristianismo grupos heréticos y doctrinas enfrentadas; así como nunca antes esta sociedad ha sido testigo del nacimiento de tantas iglesias y grupos religiosos como en el siglo XX. Esa fragmentación eclesial pudo muy bien ser el resultado del desconcierto de los creyentes ante la diferenciación de las culturas y los nacionalismos, las dos Grandes Guerras, la democracia que propugna los derechos individuales y la libertad para expresar los criterios propios, el desarrollo económico y cultural de los pueblos y, como consecuencia, la individualización de los criterios y las conductas, así como la secularización que, remontándose al pasado, se ha ido imponiendo en los ámbitos eclesiásticos a lo largo del pasado siglo. Es lo que alguien ha definido como las «teologías del genitivo», en referencia a un conjunto muy amplio de creencias religiosas, aparentemente diferentes, pero todas tomando como referencia la misma fuente: La Biblia. Colectivos diferentes, sí, pero siendo doctrinalmente muy semejantes, poco diferenciados, más desunidos en la forma que en el fondo. Como escribe R. Berzosa, ese fenómeno característico de nuestro tiempo es el «inevitable preanuncio de la fragmentación moderna y la necesaria elaboración de respuestas a inquietudes socioculturales y pastorales concretas» (*Hacer teología*, p. 115). Tal vez algunos sectores del cristianismo sueñen con esa unidad reclamada por el Maestro en Juan 17:20-23, unidad que, muy probablemente, los propios cristianos nos hemos encargado de hacer imposible. Abiertas las puertas al pensamiento y el disfrute de las libertades individuales (propias de la sociedad moderna del siglo XX), se dieron las condiciones necesarias para que las grandes líneas del pensamiento científico y filosófico del siglo XIX se desarrollasen y fructificasen. Podemos pensar que el siglo xx fue heredero de conceptos contra-religiosos que nacieron en el siglo anterior y que nuestra realidad actual en el siglo xxi se está forjando cada día, conduciéndonos hacia un futuro de incertidumbre para la fe neo-testamentaria, aquella fe genuina que nos transmitió el propio Jesús. A la vista de los acontecimientos, y sin ánimo de alarmar, diré que la palabra profética del Señor: «Cuando el Hijo del hombre viniere, ¿hallará fe en la tierra?» se está cumpliendo, tal como ha sucedido con otras señales escatológicas de la Escritura. La fe genuina en Dios y su Palabra no es hoy mayoritaria en una sociedad occidental marcada por la indiferencia religiosa, más que por la dinámica misional de las iglesias.

CAPÍTULO VIII
Impacto de la modernidad científica sobre la fe

5. La indiferencia religiosa

A la luz de lo dicho hasta aquí, pienso que ningún analista social y religioso dudará de que el actual desarrollo cultural y económico se encuentra entre las causas más destacadas para que nuestra sociedad camine hacia la increencia o, dicho de otro modo menos drástico, hacia la indiferencia religiosa. No puede pasar desapercibido para un observador atento a la realidad, a la enseñanza a todos los niveles y a los medios de comunicación, que todo lo trascendente se ve afectado por los fuertes criterios materialistas de una sociedad que se asienta, cada vez con mayor firmeza, en el cómodo sillón de lo temporal y hedonista, experimentando por ello un progresivo debilitamiento de los valores espirituales y de la esperanza en un «más allá» que ilumine el sentido de la vida. No es probable que sean muchos los que duden (ni siquiera dentro de la materializada sociedad occidental) de que asumir la esperanza en la vida eterna sea un refuerzo positivo frente al temor generalizado a la muerte.

Resulta inquietante la incapacidad manifestada por los creyentes para asumir el progreso científico, económico y cultural, sin debilitar por ello gravemente los valores espirituales que les han sostenido hasta ahora. ¿Sobre quién recae la responsabilidad de que esto suceda? No hay duda de que el fenómeno tiene que ver con la «presión del medio» en el cual se mueve hoy el creyente. Es fácil constatar como los usos y costumbres de la sociedad secularizada se introducen en la vida interior de la Iglesia. ¿Dónde hallar hoy una fe individual como la del apóstol Pablo, que le hizo decir «yo sé a quién he creído»? Tal vez lo más objetivo en la actualidad, y aceptando la realidad de una titubeante experiencia de fe en el cristianismo, sea comprender de qué modo incisivo la cambiante sociedad influye sobre el comportamiento y las creencias de quienes son llamados a ser testimonios vivientes del Reino de los cielos. No deberíamos hoy tomar las referencias ofrecidas por la fe y la fiel conducta de los seguidores neo-testamentarios de Jesús y de su mensaje evangélico, así como de los resultados misionales de su ministerio, sin asumir conjuntamente que nos movemos en el siglo XXI, marcado por una sociedad claramente diferente a aquella en la que nació el cristianismo. Curiosamente, cuando se trata este tema sociológico-religioso, no pocos autores tienden a proponer que la fe debe evolucionar «adaptándose» a los tiempos modernos, de modo que se identifique con el sentir de la sociedad («fe situacional»), ofreciéndose como argumento la crisis que actualmente experimentan las iglesias. No es difícil deducir a dónde nos conduciría tal decisión, si la contemplamos a la luz de la experiencia realizada al respecto en algunas comunidades cristianas. Pienso más bien en que la solución habrá que buscarla, no en un alejamiento de los orígenes del cristianismo, sino en una aproximación a las fuentes. Tal vez lo que debe cambiar es el discurso, haciéndole coincidir con los problemas de hoy, es decir, no predicar el evangelio como si estuviéramos en Jerusalén en tiempos de Jesús, esperando los resultados de Pentecostés. El mismo evangelio, sí, pero aceptando que el auditorio ha cambiado, que es diferente, como diferentes somos los que lo predicamos. Puede que no prediquemos con la fuerza nacida de una convicción profunda, y los que escuchan el evangelio estén atormentados por mil problemas, típicos de una sociedad tan compleja como la nuestra, y eso haga que los frutos sean diferentes, menos impactantes. Debemos aceptar las diferencias del mensaje, que debe seguir siendo tan cristo-céntrico como lo fue para los creyentes de la primera generación, pero aceptando también que ese mensaje es ofrecido a las almas forjadas en un presente básicamente materialista y atenazadas por multitud de teorías religiosas de todo tipo. Almas que necesitan el consuelo que Jesús supo ofrecer constantemente, pero que vemos como son agitadas por predicadores que hablan más de las fatales consecuencias del pecado, que de la esperanzada perspectiva de una nueva vida, gozosa por el perdón de Dios. De acuerdo con la Escritura, entiendo que Dios es más comprensivo con el hombre pecador que el propio hombre consigo mismo. Cuando Dios dice «con amor eterno te he amado», está garantizando con ello todos los recursos necesarios para que el hombre, pecador y perdido hoy, se convierta en hijo de Dios y, por lo tanto, heredero de su gloria. No obstante, aún hoy, en el posmodernismo del siglo XXI, la fe, firmemente asentada en Cristo, se muestra con una fuerza superior a la atracción ejercida por los múltiples cantos de sirena de los placeres, el poder y el dinero; es decir, aquello que se nos presenta como la solución temporal a nuestros problemas temporales.

La gran oferta de la cultura y la psicología social es hoy, simplemente, un intercambio de valores: que ya no se piense tanto en el «soy, luego tengo»; sino en el «tengo, luego soy». Como H. Küng expresa en su síntesis sobre la religiosidad y la posmodernidad: «Sin 'lo totalmente Otro', sin teología, sin la fe de Dios, no existe ningún sentido en la vida que trascienda a la pura auto-conservación» (*Teología para la posmodernidad*, p. 21). Así pues, podemos pensar que el responsable directo de la crisis de fe que experimenta nuestra sociedad debemos buscarlo en la actitud personal del creyente que se debate con una fe insuficientemente fundamentada. Esto es debido, en buena parte, al insuficiente magisterio de las iglesias, por no responder adecuadamente a las necesidades espirituales emanadas de la búsqueda de la fe de los hombres y mujeres de esta sociedad. Insuficiente por la forma, al presentar la enseñanza como estando desprovista de convicción propia, con un testimonio debilitado y una escasa confianza en la eficacia del evangelio para enfrentar los problemas de hoy. También insuficiente por el fondo de la predicación, porque nos sentimos incapaces de presentar un evangelio antiguo y permanente, pero sostenido con argumentos que emanen de la cultura actual, y así, renovado el mensaje, hacer que sea eficazmente comprendido en cada tiempo, lugar y cultura. Se trata de inspirar nuestra predicación en el modelo de la predicación de Jesús: «Porque les enseñaba como quien tiene autoridad», y añade «no como los escribas» (Mt. 7:29). Aquí se señala claramente que entonces había dos formas de predicar a las gentes: como Jesús y como los escribas. La diferencia entre ambas predicaciones se extrae del antecedente del texto: «Como Jesús acabó estas palabras, las gentes se admiraban de su doctrina» (v. 28). La misión de la Iglesia no se atiene exclusivamente a la proclamación de la Palabra, debe presentarla eficazmente a través de los que han asumido esa responsabilidad. Con la predicación no sólo se informa a quienes escuchan, sino que debe ser causa de motivación para experimentar una fe dinámica. Este debe ser el método evangélico que ha de actuar de dique protector para la Iglesia frente a la acción opositora a la fe en la existencia de Dios y a la experiencia espiritual de los creyentes.

Habitamos en una sociedad plural que reclama que se le explique la revelación pluralmente, aunque manteniendo su epicentro en el Cristo del evangelio y en el evangelio de Cristo. Estamos instalados en una especie de círculo vicioso formado, primero, por los predicadores, quienes pueden sentirse devaluados o con pérdida de prestigio eclesial en medio de una sociedad y una Iglesia secularizadas que, consecuentemente, se sienten afectadas negativamente por una predicación que, con frecuencia, es presentada escasa de convicción y de entusiasmo evangelizador. El filósofo francés E. Lévinas sostiene que la necesidad de consuelo de las sociedades modernas no puede ser satisfecha permanentemente si no es a través de la religión: «Yo no creo que la filosofía pueda consolar la indiferencia religiosa». Recordar aquí y en este contexto la Iglesia de Laodicea (Ap. 3:14-19) es una manera de ilustrar que, tras los siglos transcurridos desde los tiempos bíblicos, la ciencia nos ha dotado abundantemente de aquello que hace nuestra vida más fácil, pero la conducta, el pensamiento y la autosuficiencia de los hombres no ha cambiado. La Iglesia de Laodicea se caracteriza, dentro del sentir que define a las siete iglesias apocalípticas, como un claro exponente de la autosuficiencia y del orgullo. Su duro y provocador discurso, expresa la actitud de quien, creyendo tenerlo todo, nada necesita, ni de Dios ni de los hombres: «Porque tú dices: 'Yo soy rico, y estoy enriquecido, y no tengo necesidad de ninguna cosa'; y no conoces que tú eres un cuitado y miserable y pobre y ciego y desnudo» (v. 17). Esto es tanto más significativo por tratarse de una Iglesia. No debería asombrarnos que el ángel evaluador se manifieste con tanta firmeza y rechazo hacia una actitud tal: «Mas porque eres tibio, y no frío ni caliente, yo te vomitaré de mi boca» (v. 16). La tibieza aquí tiene el sentido de la indiferencia hacia las cosas del espíritu, de la falta de compromiso con nada que no sea yo mismo.

La indiferencia religiosa es hoy un fenómeno socio-religioso que va en aumento rápido, especialmente en los países de Occidente, y lo hace en relación directa con la crisis de fe que aquí estamos tratando. Este término cobra importancia a partir de la apología de B. Pascal quien, en la conclusión de la primera parte de sus *Pensamientos*, señala tres tipos de personas en relación con la creencia: 1) Los que sirven a Dios porque le han encontrado; 2) Los que se preocupan de buscarlo sin que todavía lo hayan encontrado; 3) Los que no buscan a Dios y, por lo tanto, no le encuentran. Estos últimos son los indiferentes a quien Pascal llama «locos y desgraciados» (*Pensamientos*, vol. I, p. 362). El germen de la indiferencia nace de la sociedad, de los intereses temporales, del sembrar «para la carne» y no «para el Espíritu», como lo expresa el apóstol Pablo (Gl. 6:8). El discurso de Pascal sobre la indiferencia religiosa nos remite a una situación de atonía espiritual que impide el acceso a la fe y, por lo tanto, a Dios. Aunque la perspectiva pascaliana sitúa la indiferencia a ambos lados del ateísmo, pero de alguna manera relacionada con él, parece más propio diferenciar claramente ambos estados, situando la indiferencia como más peligrosa para la fe que el propio ateísmo, tal como se señala en la experiencia de Laodicea: «¡Ojalá fueses frío o caliente!» (v. 15). Por su parte, F. Lammenais, en su ensayo sobre la indiferencia en materia de religión, la califica de «ignorancia sistemática, sueño voluntario del alma que agota su vigor en resistir a sus propios pensamientos, un adormecimiento universal de las facultades morales, una privación absoluta de ideas de lo que más importa conocer al hombre» (citado por J. Martín Velasco, *El malestar religioso de nuestra cultura*, p. 87).

Podría decirse que la «indiferencia religiosa» es un fracaso de todos, tanto del cristianismo como del ateísmo, pues, aunque a primera vista la indiferencia religiosa parezca una victoria del ateísmo, dado que teológicamente nadie puede ser salvo a partir de la indiferencia por Dios, Jesucristo y la vida eterna, tiene poco que ver con éste, pues en el ateísmo existe una voluntariedad y, a veces una búsqueda, que no encontramos en la indiferencia. Por eso es posible decir que el gran aumento de los que «no quieren saber nada de nada» significa un fracaso de todos. A partir de la lectura de obras de ateos convencidos y militantes, como, por ejemplo, Dawking y Harris, ya citados anteriormente, deducimos que lo que realmente les satisface es que un creyente deje de serlo para convertirse en ateo. El ateísmo quiere hacer ateos y, curiosamente, sería muy grato para ellos que todo el mundo lo fuera, es decir, que asumen un «apostolado» semejante al del cristianismo. Es en ese sentido que pienso que la «indiferencia religiosa», el estado de tibieza, es también un fracaso para el ateo, puesto que la actitud del indiferente consiste en renunciar a cualquier idea o creencia existencial y trascendente. Por ejemplo, no tomando ninguna posición ante el dilema creación-evolución, ciencia y fe; ser totalmente indiferentes a la teoría del *bing bang*, la posibilidad de que el universo esté todavía en expansión (según han confirmado últimamente los tres científicos norteamericanos galardonados con el premio Nobel de Física: S. Perlmutter, B. P. Schmidt y A. G. Riess) o que a nuestro destino final algunos lo llamen «Omega».

La indiferencia es una especie de nirvana en el que se adormecen las conciencias con el suave arrullo de los placeres que no reclaman la búsqueda de ninguna clase de verdad. Esto no es nada nuevo, ya que, con frecuencia, el interés por la verdad ha sido inicialmente el resultado de una postura interesada en la búsqueda de un bien mejor que el que experimentamos, el deseo de un estado de felicidad que la vida material no nos ha concedido. Es decir, que con frecuencia, partimos de una búsqueda hacia lo desconocido, para terminar descubriendo una realidad diferente y superior a la que buscamos. Recordamos a Pilatos como un personaje cobarde y egocéntrico, que parece interesarse por la verdad de quién es Jesús cuando le pregunta: «¿Qué cosa es verdad?» (Jn. 18:38), pero ahí mismo acaba la conversación, volviendo indiferente la espalda a cualquier respuesta que Jesús pudiera darle. Pilatos nada busca en aquel que se hace llamar Hijo de Dios y, por lo tanto, nada encuentra. En el fondo a él, que había sido colocado como juez ante aquel pueblo sojuzgado, teniendo la facultad de quitar la vida o de concederla, le importaba muy poco aquel hombre Jesús y lo que pudiera haber de injusto en el «juicio» al que le estaba sometiendo. A Jesús le mató la agresiva vehemencia celosa de los judíos y la indiferencia cómoda y egocéntrica de Pilatos. La indiferencia es, en sí mima, mala compañera de viaje para la experiencia de la fe y para la comunicación de la misma a quienes no creen. No se plantea la existencia como una oportunidad para descubrir lo que le identifica, como parte de un magno proyecto de proporciones divinas y universales, concebido para dar sentido trascendente a una existencia que, de otro modo, se verá reducida a la inquietante realidad de una incierta duración de la vida y de una dudosa calidad de la misma. Duración y calidad, dos características que generan dos reacciones bien diferentes en los humanos: 1) Temor a perderla, pues no existen garantías para su conservación y disfrute; 2) Deseo de que llegue, merced al dolor que el hecho de vivir puede producirnos por un sin número de causas.

Como instructor de las Escrituras, mi más difícil interlocutor ha sido siempre aquel que asiente a todo cuanto se le dice, que siempre está de acuerdo cualquiera que sea el tema espiritual que se le presente, pudiendo por ello deducirse que, en el fondo, no le interesaba lo que escucha, o por lo menos esa es la impresión que siempre me ha producido. Recuerdo bien un programa de televisión en el que se planteaba la hipótesis de que un gran asteroide se estrellara contra la tierra, ocasionando con ello el fin de la vida. Un locutor se encargaba de entrevistar en la calle a personas de distintas edades, preguntándoles qué harían si tal hipótesis se cumpliese en una fecha más o menos exacta. Todas las respuestas tuvieron que ver con viajes, comida o placeres de la carne. Ninguno de los entrevistados mencionó a Dios, su vida espiritual o su inquietud por su destino eterno. ¡Ni uno sólo! Cierto que aquello no puede ser asumido como una encuesta, pero no deja de sorprender que ninguno pensará, por lo menos en ese momento, en el abandono de esta vida, sin inquietarse por la posibilidad de acceder después a otro estado o nivel de existencia. Les atraía sólo el presente, sin ninguna inquietud por un posible destino trascendente Todos centraron su interés en abandonar esta vida gozando, en la medida de lo posible, de las cosas temporales que, seguramente, estaban siendo el centro máximo de su interés, si no el único. Este hecho es sólo orientador, pero podría muy bien relacionarse con el tema de la indiferencia que estamos tratando.

Sin embargo, no sería justo interpretar la situación religiosa decadente como una victoria total del modernismo sobre la fe cristiana. La realidad, con ser triste muchas veces a causa de la disminución del fervor religioso de los creyentes y de su compromiso con la misión, no debe conducirnos a pensar que todo está perdido (como algunos no se cansan de señalar), y que el cristianismo está destinado a desaparecer en el siglo XXI. La reflexión de Jesús sobre el tiempo del fin: «Cuando el Hijo del hombre venga, ¿hallará fe en la tierra?» (Mt. 18), no debe llevarnos a pensar en el fracaso absoluto de la fe en el tiempo escatológico, pero sí a alertarnos, aceptando que ese interrogante propuesto por Jesús debe ser a la vez una advertencia para todo aquel que cree y una luz reveladora para quienes no creen, pero que todavía están en tiempo de gracia. Por otro lado, la advertencia tiene un sentido de promesa: cuando veas que la fe entra en crisis, interpreta esta situación como una señal que se relaciona con la venida del Hijo del hombre, con la parusía.

6. Un balance explicativo

La crítica al cristianismo o, lo que es lo mismo, a la fe cristiana, alcanzó a todas las áreas del saber social y psicológico en el siglo XIX. En lo religioso, casi nada se salvó de los ataques perpetrados por aquella generación de científicos, críticos con la fe sobre la que se había sustentado la sociedad occidental después de tantos siglos. Pareciera que, en el siglo XIX alguien tocó «arrebato» con su trompeta y se pasó a un pormenorizado asalto contra todo aquello que hasta entonces había sido determinante para la creencia de la gran mayoría. No se trata de decir aquí que no existieran razones para rebelarse intelectualmente contra la situación de una Iglesia que, a través del tiempo, se había adaptado a la sociedad y a las costumbres políticas emanadas del poder. Ya hemos dicho que las facturas contraídas por los errores de los hombres siempre termina pagándolas Dios. El «Dios ha muerto» puede ser, además de una expresión de ruptura, un grito de protesta, de oposición contra aquellos que se erigieron como los embajadores de Dios en este mundo, pero olvidando con frecuencia que, como embajadores del Altísimo, debían portar el espíritu y el testimonio del único documento que les podía avalar: el evangelio. Aquí entramos todos los creyentes. En la religión, y más específicamente en el cristianismo, se refleja, según lo expresa el psicoanalista E. Fromm, una clara diferenciación entre los conceptos del «tener» y del «ser», diferenciación que vemos clara y lúcida en la vida y ministerio de Jesús, quien, para este autor gnóstico fue: «el héroe del amor, un héroe sin poderío, que no quiso poseer nada. Fue un héroe del ser, del dar, del compartir» (¿Tener o ser?, p. 137).

Jesús nos enseña que «por el fruto es conocido el árbol» (Mt. 12:33) y ciertamente que el fruto aportado por el cristianismo histórico no ha sido siempre digno de su Maestro, ni de la enseñanza que nos entregó. Sin embargo, el cristiano, separado a veces de las líneas de conducta y pensamiento trazados por Jesús, no ha renunciado por ello a ofrecer consuelo y guía en áreas decisivas a la sociedad en la que vive: la moral, la justicia, la cultura, las relaciones interpersonales, la esperanza como impulsora de una vida entenebrecida por el dolor, el perdón de pecados como terapia para el sentimiento de culpa que, independientemente de donde tenga su origen, afecta gravemente los estados de paz interior y de felicidad. Por el contrario, ¿cómo han contribuido aquellos destacados pensadores de la «muerte de Dios» a que la mayor parte de la población mundial, con un bajo nivel cultural (ya no digo científico), resuelvan sus problemas cotidianos, familiares y personales? ¿Debemos interpretar que, con sus escritos, difíciles de entender aun para ellos mismos, han llevado a cabo una especie de «liberación» a favor de los hombres y mujeres encadenados por las supersticiones de una religión mutiladora y castradora? El hombre ya no depende de Dios, dijeron, es Dios quien depende del hombre, ¡y muchos hombres lo creyeron! La clave para interpretar correctamente el sentido de esta vida parece encontrarse fundamentalmente en aceptar que Dios no existe y que la fe en Jesucristo no tiene fundamento. Además, aceptando esto, ya no existe alternativa alguna para el hombre, sino el hombre mismo. Me parece que con la filosofía de la «muerte de Dios» sólo se satisface, a base de hipótesis, el orgullo de ser «como dioses», tal como lo llega a pensar Nietzsche, quien escribió de sí mismo: «Si hubiera dioses, ¡cómo iba yo a soportar no ser Dios! Luego no hay dioses» (*Zaratustra* II, p 344).

Pienso que es sospechosa la violencia con la que este autor (Nietzsche) se manifiesta contra Dios, la fe y la esperanza de salvación: «¡Dios es la fórmula para cualquier denigración del 'más acá', para cualquier mentira del 'más allá'!» (*Anticristo*, II, 1178). ¿Cómo hubiera subsistido la sociedad en la increencia más absoluta, tal como lo propone el ateísmo radical, sin el fundamento de la ética cristiana y de las otras religiones? Pienso que el ateísmo ha sido posible gracias a la fe histórica, que ha puesto las bases de una sociedad culta y desarrollada, con altos niveles de libertad para investigar en todas las ramas de la ciencia, aunque, visto desde la perspectiva del siglo XXI, reconozcamos que no siempre fue así. ¡Pues como América no fue colonizada mediante un tratado de la ONU! Dentro de un siglo o dos (si todavía seguimos en este mundo), nuestras actuales atrocidades, cometidas en algunos lugares de este mundo, seguramente serán señaladas para nuestro sonrojo.

Los errores de las iglesias cristianas señalados por sus críticos más duros pueden servir de ayuda para corregirlos y recuperar las más profundas raíces del cristianismo primitivo. Sin embargo, ¿a dónde conducirá el despojar al corazón humano de toda expresión espiritual y trascendente que lo ilusiona y motiva? ¿Fueron más felices aquellos ilustres pensadores con su amarga filosofía de vida? ¿Lo son quienes hoy, siguiendo los pasos de aquellos, destruyen el fundamento espiritual de una existencia conquistada por el materialismo hedonista más estricto? ¡Puede que ellos mismos fueran víctimas, a veces, de su filosofía del pesimismo, sin Dios y sin eternidad! Como ejemplo citaremos la experiencia de otro filósofo que influyó decisivamente en el ateísmo de Nietzsche. Nos referimos a F. Schopenhauer, quien debió soportar un vasto y profundo pesimismo frente a la vida: «¿Qué es el existir, cualquier existir, sino un afán movido por la indigencia, un sufrir? ¿Qué es cualquier historia vital, sino una historia de profundo dolor? ¿La vida en común? Un infierno donde los hombres son a un tiempo las almas torturadas y los demonios torturadores» (…) «¡Este mundo no es el mejor, sino el peor de todos los mundos posibles!» (H. Küng, *Existe Dios*, p. 492). Cuando Schopenhauer se refiere a la redención de tanto pesimismo, lo hace en referencia a la auto-liberación y, ¿cómo conseguirá su propósito?: «El arte es el comienzo». ¿Qué es, sin embargo, lo más importante para alcanzar la plena liberación?: «Morir a sí mismo con resignación, sin aspiraciones, a renunciar a todos lo que esclaviza el corazón» (*op. cit.*, p. 493), pensamiento muy en consonancia con el budismo y que contiene, por qué no decirlo, algunos aspectos positivos que se asemejan al cristianismo, que invita a la renuncia de todo aquello que sea de este mundo y que impida progresar en nuestro caminar hacia la liberación eterna.

El mundo necesita palabras de aliento para continuar viviendo y de una esperanzada trascendencia para hacer frente a su miedo a la muerte. En el supuesto de que finalmente el cristianismo estuviera equivocado con su esperanza en la vida eterna, nadie podrá negarle el inmenso beneficio que la fe ha ofrecido para esta vida. Pero si, como el cristianismo asegura, tenemos en Jesucristo garantizado el Reino de los cielos, entonces ¡todo son ventajas, tal como el amor de Dios desea! Si el filósofo ateo sufre «gozoso» porque sufre por su verdad, el creyente en Cristo, que ama a Dios y espera en Él, ha de experimentar un menor sufrimiento, al no hacer de esta vida la experiencia única posible y disfrutar los momentos felices como un regalo de Dios. La gratitud ahonda el sentido por los bienes recibidos. Como creyente se puede sufrir en el «más acá» como cualquier ser humano, pero también se puede encontrar el consuelo compensador que es necesario mediante la garantía de que existe un «más allá», garantía que el no creyente no tiene, quedando así desamparado ante el futuro incierto que le ofrece cada día de su existencia temporal.

Unos años antes de su crisis personal, Nietzsche advierte a la esposa de su amigo Overbeck que no abandone la idea de Dios, haciéndolo en los términos siguientes: «Yo la he abandonado, quiero crear algo nuevo, y no puedo ni quiero volverme atrás. Voy a perecer por causa de mis pasiones, que me arrojan de acá para allá; me desmorono continuamente, pero eso nada me importa» (citado en ¿Existe Dios?, p. 539). Sin tomar cuenta exacta del contexto en el que se sitúen estas palabras, pienso que producen una fuerte emoción que nos invita a reflexionar sobre el verdadero y último sentido de la vida al que, inevitablemente, todos deberemos hacer frente. No somos máquinas, resultado de unas leyes cuyo origen desconocemos, que estamos programadas para tomar una decisión, sin que sea posible ninguna variabilidad que nos otorgue un rumbo distinto. No, somos seres capaces de cometer errores y de acertar, de ser santos o delincuentes, de amar u odiar. Creo que la capacidad para reconducir nuestra vida hacia la esperanza es nuestra mejor característica, lo que nos diferencia decisivamente de las otras criaturas. Pienso que no pocos de los que manifiestan no creer en la plenitud de su vida pueden buscar respuestas a su natural afán de trascendencia en la última etapa de su vida. Eso no puede ser considerado como cobardía, sino como un humilde acto final de quien asume que el maravilloso ser humano es algo más que un corto período de tiempo de existencia y unos pocos actos vividos. Nadie ha pensado que aquel que fue crucificado junto a Jesús fuese un cobarde por no mantener su criterio firme de revolucionario, sino que, por el contrario, nos emociona que en el último instante claudicara de su yo delictivo en esta vida para solicitar a Jesús un lugar en la vida eterna: «Acuérdate de mí cuando vengas a tu Reino» (Lc. 23:42). La actitud del otro crucificado, tan opuesta y agresiva, certifica que el dolor no siempre es la fuerza que nos mueve a la conversión (vv. 39-40). Los dos tienen los mismos argumentos para creer o no creer, pero uno contempla el más allá, mientras que el otro se queda aquí, en su miseria presente, sin ninguna posibilidad de traspasar la frontera que tiene delante, porque ha elegido quedarse a este lado. Seguramente estaba demasiado ciego para ser capaz de contemplar el más allá que su compañero de ejecución si podía ver. A éste Jesús le dice: «De cierto te digo hoy estarás conmigo en el paraíso» (v. 43).

La contribución al desarrollo del pensamiento y de la ciencia no debería ser interpretado como una oportunidad para oponerse a la fe de millones de personas, las cuales encuentran en Dios la mejor respuesta a un mundo necesitado de apoyos, un mundo que, para el creyente, se asienta sobre «alguien» y sobre «algo» que trasciende los escasos límites del espacio y del tiempo que tanto condicionan al ser humano. Puede comprenderse que la historia de la Iglesia, en sus muy diferentes etapas, haya creado profundos sentimientos de rechazo en no pocas mentes pensantes, pero ¿por qué esa oposición tiene necesariamente que transformarse en un ataque contra la esencia y la existencia de Dios? Lo hemos dicho anteriormente, tenemos la obligación de construir nuevos senderos para caminar, pero sin necesidad de hacerlo sobre los escombros de todo lo que la sociedad ha alcanzado de bueno, constructivo y positivo para el hombre. La sociedad necesita más esfuerzos de comprensión y añadir lo «nuevo» sin que, obligatoriamente, haya que eliminar lo «antiguo». Para ello es necesaria una madurez histórica que no siempre nos ha acompañado, un sincero interés por la felicidad de los demás y un amor (los unos por los otros) que supere definitivamente los egocentrismos que nos impulsan a pensar, primero en «mi» razón y en «mis» intereses y, mucho después, en el bienestar general. ¿Por qué la filosofía, la cosmología o la bioquímica deben tener razón en base a sus argumentos «científicos», para, con ellos, arrebatársela al que cree en Dios como el origen de las infinitas maravillas del universo? Son abundantes los científicos que piensan que en esta era de la cosmología, de la evolución expansiva y del genoma humano debería ser posible la armonización entre las dos concepciones del mundo: la científica y la espiritual. Francis S. Collins, uno de los más importantes científicos del genoma humano, ha escrito: «En mi opinión no existe ningún conflicto entre un científico riguroso y una persona que cree en un Dios que tiene un interés personal en cada uno de nosotros» («¿Cómo habla Dios?», p. 14).

Como ya ha quedado dicho con anterioridad, el siglo XX ha sido el receptor del pensamiento de los filósofos del siglo XIX, junto a otros que es obligado citar aquí, debido a la enorme influencia que han ejercido sobre la fe tradicional en un Dios Creador. Citaré al naturalista inglés Ch. Darwin (1809-1882), y su evolución de las especies; al filósofo alemán K. Marx (1818-1880), y su concepción materialista de la vida; y el psiquiatra austriaco S. Freud (1856- 1938), con su teoría de la «ilusión paterno-protectora» como origen del concepto humano de Dios. Pareciera que, al igual que sucedió con los filósofos clásicos de la antigua Grecia y Roma, con los maestros pintores del Renacimiento y con los músicos-compositores de los siglos XVIII-XIX, así los filósofos de la muerte de Dios y del fin del cristianismo se concentran en el siglo XIX, aunque los verdaderos resultados de su pensamiento ateo frente a la fe religiosa no se confirmarán hasta el siglo XX. De una manera u otra, han llegado hasta nosotros hoy, cuando seguimos más empeñados en demostrar quién tiene la razón entre la ciencia y la fe que en aliviar a la sociedad mayoritaria de su dolor y su desesperanza. Lo dije antes: ¿En qué medida va a contribuir la teoría del *big bang* a consolar el corazón herido de alguien que ha perdido a un ser amado, sufre una enfermedad o soporta un sentimiento de culpa? Hay que situarse a la cabecera de la cama de un enfermo terminal que ha desarrollado una fe sencilla en Dios, nada teológica y nada científica y, por lo tanto, nada conflictiva, para poder comprobar cuánta paz genera en él su esperanza en la eternidad. ¡Su fe me parece extraordinariamente útil y llena de humanidad y de consuelo! Todo cuanto mueve nuestra vida, nuestra actividad y nuestras ilusiones, debe estar destinado a contribuir a que nuestra sociedad mejore en algo, para que cada ser humano interprete su existencia desde una perspectiva ilusionada, aun por encima de los dramáticos problemas a los que posiblemente tendrá que hacer frente. Pienso, como creyente, que la fe es optimista (en contra de la negritud con la que se la ve a veces), mientras que el ateísmo científico es pesimista, puesto que su génesis es el vacío, la nada, la oscuridad más absoluta, el dramático nihilismo de Nietzsche, ¡y sin concederse la más mínima posibilidad frente al futuro! El no creyente debe aceptar su dolor y la injusticia sin asomarse siquiera a ningún tipo de compensación futura, porque para él no existe más «compensador» y juez que él mismo, pues el universo, desde su total silencio, no puede ofrecerle la respuesta esperanzada que necesita. Tener esta perspectiva tan física y material de la vida es interpretada por algunos de aquellos que la experimentan como un acto supremo de heroísmo, de madurez y de fortaleza, pues mantenerse optimista a pesar de no ver más allá del presente reclama una enorme independencia intelectual. Es en esta línea que se expresa R. Dawking: «Para alguien ateo es algo de lo que estar muy orgulloso y llevar la cabeza muy alta el hecho de que, casi siempre, indica una sana independencia mental e, incluso, una mente sana» (*op. cit.*, p. 14). No voy a aguar aquí su alegría a los ateos, recordando la gran diferencia existente entre la actitud asumida por creyentes y no creyentes frente a la experiencia definitiva de la muerte, así como de tantas otras experiencias extraídas de la vida, aunque ninguna sea comparable con el acontecer final, cuando la muerte ejerce su indiscutible derecho sobre la vida de los hombres.

En tiempos de la Inquisición, algún ateo pudo ser sacrificado por sus ideas, aunque es necesario recordar que entonces el ateísmo estaba bastante restringido a una minoritaria clase culta. Sin embargo, ¿cuántos creyentes han entregado su vida por ser fieles a su fe en Jesucristo? ¿Cuántos han sido quemados vivos mientras cantaban himnos de alabanza a Dios? Aunque el argumento pueda parecer emocional y simple, es histórico, y aunque la fe es subjetiva, esa entrega de la vida por la fe es objetiva. ¡Y son muchos los que lo han hecho! Estos hombres y mujeres de casi todas las edades no necesitan justificar su fe, pues su martirio era su mejor argumento. Ante un hecho tan dramático como este, debemos platearnos dos realidades posibles: la primera es que los millones de creyentes que han sido martirizados de múltiples maneras durante los dos mil años de historia cristiana, lo fueran porque se trataba de esquizofrénicos incapaces de distinguir la realidad de sus fantasías. Es decir, que los mártires, siendo tan abundantes y alcanzando a representar todas las escalas sociales y culturales durante dos milenios, vienen a ser, por su martirio «ilógico», el gran argumento a favor de que el mundo está loco, esquizofrénico. La segunda posibilidad nos dice que, en la inmensa mayoría de los casos, se trataba de personas ganadas por una fe profunda y misteriosa, capaces de asumir con el apóstol Pablo que «para mí el vivir es Cristo, y el morir ganancia» (Flp. 1:21).

Son muchos los que ofrecen su vida por amor al servicio de los más desfavorecidos, testificando así de su confianza en un Dios vivo y personal, Padre de todos; mensaje que se muestra tan contrario al ofrecido, por ejemplo, por Nieztsche, filósofo al que me he referido reiteradamente con anterioridad, cuando anunció: «Yo os conjuro, hermanos míos: ¡permaneced fieles a la tierra y no deis crédito a los que hablan de esperanzas ultraterrenas! Lo sepan o no son envenenadores» (¿Existe Dios?, p. 514). No acabo de entender el papel jugado por intelectuales y científicos, capaces de presentar un paisaje desolador a las gentes, dejándolas, si fuere por ellos, en la más profunda duda existencial y en la desesperanza. Para el biólogo y premio Nobel Jacques Monod: «La antigua alianza ya está rota. El hombre sabe, por fin, que el hombre está solo en la inmensidad indiferente del universo, en el que ha surgido por azar. Ni su destino ni su deber están escritos en ninguna parte. A él le toca elegir entre el Reino y las tinieblas» (*El azar y la necesidad*, p. 193).

Debo decirlo otra vez: Dios puede ser rechazado intelectualmente, pero el hombre con su rechazo no podrá evitar que Dios exista y manifieste de múltiples maneras su amor y su cuidado por nosotros. No ser capaces de comprender los motivos que pueda tener Dios para permitir ciertas situaciones dolorosas en nuestra vida no debería eliminar a Dios, ni dejar el universo vacío de su presencia. No comprender algo es sólo una prueba de ignorancia, de falta de conocimiento, pero no certifica su inexistencia. ¡Hay tantas cosas que no alcanzamos a comprender, sin atrevernos por ello a negar su existencia! ¡Cuán necio o falto de inteligencia es todo aquel que no acepta el misterio! El misterio nace no de la inexistencia de las cosas, sino de nuestra incapacidad para comprenderlas. El problema no es lo otro, el problema soy yo. El desarrollo científico ha dado respuestas a multitud de temas y de problemas que el hombre se ha ido formulando a lo largo de la historia ¡y eso está bien!, pero, a la vez, sus avances científicos le han planteado nuevos interrogantes que, al no ser todavía capaz de darles la respuesta adecuada, se limita a negar.

¡Tantas vidas transformadas y luego vividas en la búsqueda de la plena sumisión al poder soberano de Dios, en Jesucristo, no pueden estar todas equivocadas! Propongo algunos ejemplos que, para un creyente, muestran la acción transformadora de Dios en el corazón de los hombres. Esto vendría a señalar que aunque la increencia avanza inexorablemente, con su pluralidad de formas, la fe en Cristo no caduca. Reitero mi afirmación: ¿crisis de fe hoy? sí, pero nunca habrá una derrota definitiva. No han faltado momentos en la historia de Israel y del Cristianismo en los que las circunstancias parecían ser de total fracaso para los creyentes, comprobando a continuación que nunca han faltado fieles testigos de la fe que a veces a partir de una pequeña luz han vuelto a iluminar el mundo con su evangelio. El apóstol Pablo enfrentaba una situación delicada con la iglesia de Corinto, situación que describe en los siguientes términos, dramáticos y esperanzados a la vez: «Estamos acosados por problemas, pero no vencidos. Nos vemos en apuros, pero no nos desesperamos. Nos persiguen, pero Dios no nos abandona nunca.

Nos derriban, pero no nos destruyen interiormente» (2 Co. 4:8-9, versión «La Biblia al día»).

En este sentido, voy a referirme a un conocido hecho recogido en el Antiguo Testamento. Se trata de la dolorosa experiencia vivida por Elías, el profeta del desierto, el siervo de Dios capaz de manejar el fuego como un elemento taumatúrgico, bien para eliminar adversarios o para revelar la supremacía del Dios de Israel frente a la pléyade de dioses de los pueblos paganos. La narración de los hechos se encuentra recogida en 1ª Reyes 19, donde se muestra la imprevisible fragilidad de un hombre que, aunque con anterioridad manifestara gran fortaleza, casi súbitamente debe hacer frente a situaciones críticas que reclaman de él la capacidad necesaria para encarar incluso a la muerte. Jezabel, la reina pagana esposa del rey Acab de Israel, al saber que todos sus profetas (probablemente 850, véase 1 R. 18:19-20) habían sido muertos por Elías, promete acabar con el profeta en el plazo de veinticuatro horas (1 R. 19:1-2). Elías huye al desierto de Beer-seba para salvar su vida y, deprimido por la soledad en la que se encuentra, «deseando morirse», pide a Dios que le quite la vida, manifestando además un extraño sentimiento de culpa «no soy yo mejor que mis padres» (v. 4). Resulta extraño que el profeta huya para salvar su vida de las manos de Jezabel y le pida ahora a Dios que se la quite. No obstante, Elías reconoce delante de Jehová Dios que el verdadero problema que le angustia es su soledad como creyente, pensando que todo Israel había apostatado: «yo sólo he quedado y me buscan para quitarme la vida» (vv. 10, 14). Después de algunas poderosas manifestaciones de su poder para dar confianza a su siervo, Dios le anuncia: «Y Yo haré que queden en Israel siete mil; todas rodillas que no se encorvaron a Baal, y bocas todas que no lo besaron» (v. 18). Es decir, que cuando Elías profeta se desalienta por pensar que ya nadie más que él ha quedado fiel a Dios en Israel, es el mismo Jehová quien le informa que hay siete mil fieles a la fe de los padres, la fe en el Dios verdadero. Elías pensaba que todo estaba perdido y que ya nada interesante le quedaba por vivir y, sin embargo, un ejército de creyentes le acompañaba haciendo útil y necesario su ministerio. Atrapado en un presente de depresión y desaliento, no era capaz de reconfortarse con las garantías que debían aportarle las múltiples intervenciones de Dios en su favor.

Cierto es que la cifra puede ser simbólica, no pensando que fueran exactamente siete mil los creyentes, pero el siete y el mil hacen referencia a la perfección y la totalidad, conceptos muy alentadores si los aplicamos al número de creyentes de aquel tiempo. Lo que el profeta veía como un fracaso, sintiendo que la mayoría del pueblo de Israel se entregaba en manos de la idolatría politeísta, no era visto igual desde la escrutadora perspectiva de Dios, quien veía a los siete mil creyentes como el remanente del que renacería un pueblo que, a través del tiempo, mantendría viva para los hombres la esperanza de un Mesías que traería un Reino eterno, como alentadora alternativa a esta vida, frágil y casi siempre insuficiente.

Como ya ha sido dicho anteriormente, vivimos en un tiempo que podemos considerar paradigmático por muchos motivos, diferente a todo tiempo anterior, pero que es sólo reflejo de otros momentos que la humanidad ha experimentado en el pasado. La experiencia de Elías es, de algún modo, la experiencia de tantos creyentes hoy que se cuestionan si realmente la fe evangélica seguirá siendo una experiencia auténtica, verdadera protagonista en una sociedad llena de peligros para cualquier manifestación espiritual. Siempre tomaremos una posición enfrentada a los catastrofistas y los escépticos, para vindicar que la fe no claudicará frente a los «vientos» de la ciencia y del pensamiento humano.

CAPÍTULO IX
Testimonios de fe en una sociedad escéptica

7. La fe emerge entre la ciencia

Este título no es, en modo alguno, un canto de victoria de la fe sobre la posición científica. Sí pretendo, sin embargo, señalar que la ciencia, que amenaza hoy con asfixiar la fe, especialmente en los medios educativos y en los media, no alcanzará el cometido que se le ha asignado, puesto que la experiencia histórica, colectiva o individual nos ha mostrado que la fe religiosa sobrevivirá a cualquier tipo de ataque, sea de parte de la ciencia o de la indiferencia social. Hemos dedicado, hasta este momento, no poco espacio y trabajo de búsqueda para explicar por qué el ateísmo en todas sus formas ha experimentado un protagonismo tan grande en los dos últimos siglos, alcanzando a presentarse como un argumento sólido y, para muchos, como una alternativa a la fe en Dios, la revelación y el mundo venidero. Ahora bien, si nos limitáramos a describir el presente incierto en el que nos movemos, olvidando el indiscutible y tenaz argumento que nos llega de la historia del cristianismo y lo que éste nos aporta para construir el futuro, estaríamos faltando a la verdad y a la objetividad. Escatológicamente hablando, las Escrituras se refieren con frecuencia a las dificultades últimas de la fe (Jn. 15:20; 16:1-3), pero nunca a su derrota definitiva frente a los que no creen. El apóstol Pablo, con un ministerio atormentado por el sufrimiento espiritual y físico, pregunta: «¿quién nos apartará del amor de Cristo?», para asegurar, con la convicción de los gigantes de la fe: «Estoy cierto que ni la muerte, ni la vida, ni ángeles, ni principados, ni potestades, ni lo presente, ni lo por venir (…) nos podrá apartar del amor de Dios, que es en Cristo Jesús, Señor nuestro» (Ro. 8:38-39). ¡Qué hermosamente suena, en un mundo tan afectado por la duda, la firme sentencia del apóstol «estoy cierto»! Su fe puede ser subjetiva para algunos, pero su seguridad frente al futuro debe nacer de la garantía que brota de su objetividad, personal y profunda. Estar seguro desde un presente tan incierto como el que estaba viviendo (2 Co. 11:22-28), inmerso en una lucha personal dentro de la iglesia (los cristianos de origen judío) y con un empeño asombroso por la conversión de las almas que aún no conocían a Jesucristo, decir «estoy cierto» y asegurar que nada «nos podrá apartar del amor de Dios», es un canto de victoria difícil de entonar, pero posible.

La historia del cristianismo es tenaz al decirnos que cada tiempo de crisis se ha visto seguido por un tiempo de bonanza y desarrollo de la fe. Es cierto que, desde el punto de vista religioso, vivimos en un tiempo de confrontación, de tensión soterrada, fruto tal vez de la constatación de que el concepto científico de la vida, tan vigoroso en las sociedades más desarrolladas, no se impone con tanta claridad como cabría esperar a raíz de los grandes descubrimientos alcanzados por la ciencia. Del mismo modo la fe cristiana, adquirida en la escuela de la paciencia propuesta por la Escritura y por la experiencia obtenida a través de los siglos trascurridos desde sus orígenes, acepta el reto de permanecer viva y activa en la sociedad, llena de confianza en Dios y a la espera de que la ciencia, en su desarrollo, supere el nivel de discordia con la fe y alcance un punto de coincidencia con ésta. Lo que propongo no es sueño, puesto que hay antecedentes que muestran que la cosmología ha evolucionado con el tiempo y, con ella, las diferentes visiones del universo. El desarrollo de la ciencia ha permitido la revisión y corrección de ciertas teorías que se han demostrado como equivocadas. Pasar de la visión «mágica», considerada como la fase primaria de la visión del universo, a la actual teoría de la evolución, ha sido posible gracias al enorme desarrollo de la ciencia. ¡Pero es que la ciencia sólo está empezando su trayectoria! ¿A qué conclusiones se llegará cuando, pasado el tiempo necesario, la ciencia alcance un nivel que ahora no podemos ni intuir y aporte unos resultados que develen no pocos misterios para los que ahora no tenemos respuestas? De acuerdo con el esquema propuesto por E. Harrison, podemos señalar las siguientes etapas en el desarrollo de la visión que tenemos del universo: mágica, mítica, geométrica, teológica, mecanicista y evolutiva (A. Udías, *Ciencia y Religión*, p. 226). No podemos detenernos en estas etapas; si las señalamos, es para mostrar que no ha existido un concepto único para explicar el origen y la esencia del universo. Si el autor señala como última etapa la «evolutiva», debe ser sólo por ser la actual, pero no porque sea la única posible. Sin duda que el desarrollo de la ciencia propondrá otras visiones que nos sitúen más cerca de una realidad que explique el por qué y, tal vez, hasta los motivos para que exista el universo y la vida específica en este planeta. El «principio antrópico», propuesto en 1974 por Brando Carter, consideró las condiciones que hacen posible la vida inteligente sobre la tierra y llegó a la conclusión de que el universo, ya desde su inicio, debió tener aquellas propiedades que permitieran el desarrollo posterior de la vida en algún momento de su historia (*ibíd.*, p. 244). Se ve claramente que este principio no posee ningún valor explicativo, puesto que es una hipótesis, pero la señalo por lo próxima que está, en su sentido primario, a la noción teológica de la creación, al igual que he indicado opiniones contrarias a ella. ¿Partió el universo de «casi nada» (tamaño infinitesimal de la energía original), para dejarse conducir y modelar por el azar hasta alcanzar al nivel que tiene ahora, o bien fueron las condiciones iniciales del universo las que determinaron lo que habría de ser en el futuro (principio antrópico)?

Personalmente pienso que el problema no existe tanto porque una concepción secularizada de la vida se esté imponiendo actualmente en esta sociedad posmoderna, sino porque las iglesias terminan por aceptar que su función no debe ahora reducirse a la reclusión en sus templos diciendo «el que quiera venir que venga», actitud tan contraria de la propuesta por Jesús: «Id por todo el mundo; predicad el evangelio a todo criatura» (Mr. 16:15). Tal actitud de retraimiento misional, que está imponiéndose en grandes sectores de la sociedad occidental, es la antítesis de la esencia misma del cristianismo, nacido para que el mensaje de salvación sea un acontecimiento universal (Mt. 24:14; Hch. 1:8). Es en la misión de predicar donde la Iglesia encuentra su verdadera esencia y su justificación histórica. Callar la fe no estará nunca vinculado con el ejercicio del cristianismo, pues los creyentes tenemos la obligación de revelarnos contra esa sutil forma de amordazamiento.

El hombre que se asoma al universo puede ver el espectáculo de un espacio sin límites, poblado por incontables masas de materia, y muy posiblemente de vida, pudiendo percibir anonadado el poder y la sabiduría de un Creador que ha realizado su misteriosa obra por motivos que se nos escapan, pero que nos invitan a la reflexión y la alabanza para asumir su existencia. Estos son los que, en tal contemplación, sienten como el salmista: «Los cielos cuentan la gloria de Dios, y la expansión denuncia la obra de sus manos»

(Sal. 19:1). Sin embargo, también hay quienes ante esa misma contemplación sólo ven las nubes de su ciencia insuficiente, de modo que el inigualable espectáculo del universo no les ofrece una perspectiva asombrada del espacio y de las cosas, sino solamente una visión antropocéntrica, pues fuera del hombre y de su ciencia nada existe para ellos. Es curioso que el hombre ateo, mirando hacia el espacio cósmico con sus poderosos telescopios, sólo se ve a sí mismo no necesitando nada y a nadie para explicar tanta magnificencia. Buscar llegar cada vez más lejos, para terminar pensando sólo en sí mismo. Pensar en el espacio medido por el tiempo (años-luz), para bajar a continuación al nivel de lo humano, lo limitado, lo imprevisible y lo temporal. Quienes así actúan parecen ser identificados en la descripción hecha por el apóstol Pablo: «Los cuales mudaron la verdad de Dios en mentira, honrando y sirviendo a las criaturas antes que al Creador, el cual es bendito por los siglos. Amén» (Ro. 1:25, léase también vv. 20-22).

8. El fracaso de la ilusión

A pesar de que la teoría científica del origen del universo se ha extendido en la sociedad actual hasta el punto de que resulta sorprendente oír a alguien declararse como creyente (sobre todo si se trata de una persona culta), no faltan testimonios de personas destacadas en la ciencia, la filosofía o la política que dan testimonio público de su conversión al cristianismo, por entender que los conceptos fe y ciencia no deberían ser incompatibles. En esta línea se expresa el conocido teólogo, anteriormente citado, H. Küng: «En vez de 'sustitución' de la religión por la ciencia atea, tal como fue profetizada en la teoría de la ilusión de Freud, hoy se está abriendo paso (a pesar de la hostilidad existente contra la religión en ciertos sectores de la ciencia) una nueva comprensión de la ética y de la religión. Para muchos (...) la propia fe ateo-cientificista en la solución de todos los problemas por medio de la ciencia racional ha pasado, por el contrario, a ser poco menos que una ilusión» (*El principio de todos las cosas*, p. 62). Este análisis, acompañado de otros muchos que razonan de forma parecida, nos llena de esperanza ante el enfrentamiento ciencia y fe, puesto que nos anima a buscar caminos de entendimiento, dado que ni una ni otra es ajena a Dios, antes bien, cada una puede ser concebida como una expresión diferenciada de su existencia. El problema puede que no esté en el Dios que acoge como suyas la ciencia y la fe, sino en el hombre, pues para el creyente cualquier descubrimiento científico puede ser interpretado como un atentado contra la necesidad de la existencia de Dios; mientras que los no creyentes concluyen que la ciencia se opone inevitablemente a la existencia de Dios, haciendo innecesaria su intervención creadora. Como no pocos autores han propuesto, debemos buscar vías de entendimiento entre ambas posiciones, de modo que si alguien pierde la fe por la ciencia, también alguien pueda encontrarla. Sucede como con el dolor, que unas veces ha sido motivo de acercamiento a la fe cristiana, mientras que otras el sufriente no ha alcanzado a encontrar armonía entre el sufrimiento y la existencia de un Dios de amor. Así pues, el dolor viene a ser un poderoso argumento a favor y, a la vez, en contra de la fe. No estamos autorizados a pensar en sentido egocéntrico y subjetivo, es decir, razonar sólo en función de lo que entendemos que nos beneficia, pensando que, hagamos lo que hagamos con nuestra vida, Dios porque es bueno y poderoso realizará nuestros deseos. Eso sería despojar a Dios de su total autonomía para decidir sobre el universo que ha creado y sobre nuestro destino eterno. El «hágase tu voluntad, así en el cielo como en la tierra» ya no tendría ningún significado, pues nosotros entenderíamos que podemos hacer cuanto nos apetezca, sabiendo que Dios está detrás para solucionar nuestro problema. Dios sería así nuestro poderoso colaborador, quien pondría siempre la mano para que nuestra cabeza no se golpeara contra la pared. Hasta un padre humano terminaría por cansarse de transigir con un hijo problemático. Seguro que desearía que su hijo actuara responsablemente por sí mismo, como si no fuera un padre protector que le solucionara todos sus problemas. C. S. Lewis describe este supuesto de manera casi jocosa: «De hecho, deseamos no tanto un padre en el cielo, sino un abuelo, una benevolencia senil que disfruta viendo a los jóvenes, como suelen decir los ancianos, 'pasarlo en grande'; un ser cuyo plan para el universo fuera sencillamente que al final de cada día se dijera realmente: 'todos se lo han pasado bien'» (*El problema del dolor*, p. 47). No parece correcto pensar que, porque Dios es amor, las cosas deberían producirse siempre a nuestro favor, sea cual sea nuestra actitud frente a la vida y el nivel de conveniencia de aquello que pedimos. Esto, en el mejor de los casos, funciona también así a nivel humano, pues el amor, siendo un sentimiento subjetivo que

tiene muy diversos matices, está condicionado por las características esenciales de cada persona. El amor en un Ser supremo como
lo es Dios no puede ser interpretado y comprendido por los seres
humanos, pues el amor de Dios está sustentado por su perfecto conocimiento y su completa sabiduría. ¡Cuántas cosas no haríamos
a favor de quienes amamos si pudiéramos saber fehacientemen-
te hacia dónde conduce nuestra comprensión y ayuda! Seguramente seríamos menos condescendientes, menos ligeros en nuestro
aporte de soluciones, por entender que nuestra respuesta de ayuda
no tiene por qué seguir sólo la senda marcada por lo que el deman-
dante solicita, sino por lo que señala el buen juicio nacido de nuestra
experiencia y conocimiento de la vida. Aplicado esto a Dios, puede
ayudarnos a comprender que no puede separarse su amor de su
sabiduría y de su propósito salvador. No puede ceder ante el dolor
temporal, poniendo en riesgo la felicidad eterna, ni nosotros olvidar
que «el que aun a su propio Hijo no perdonó, antes lo entregó por
todos nosotros, ¿cómo no nos dará también con Él todas las cosas?»
(Ro. 8:32). Dos verdades a resaltar: 1) Que Dios realizará su plan de
salvación universal a través del dolor de su propio Hijo, sin ahorrar-
le ningún sufrimiento; 2) Si no nos negó a su Hijo, cómo no ha de
darnos con él lo que de verdad necesitamos. Puede que sea un poco
tajante, pero me parece que nosotros queremos vivir nuestra vida
aquí, pero con la calidad del paraíso. ¡No importa lo que hagamos,
Dios debe estar ahí para solucionar nuestros problemas! Esta es una
visión tremendamente egocéntrica que, de ser posible, terminaría
por agotar incluso el sentido sobrenatural de los milagros. Tenemos
ejemplos en las Escrituras de milagros que no obtuvieron la adecuada respuesta de los beneficiarios o testigos de los mismos. El autor
del cuarto evangelio concluye la redacción del mismo en referencia
a las señales (milagros) que Jesús había hecho «en presencia de sus
discípulos», añadiendo: «Éstas empero son escritas para que creáis
que Jesús es el Cristo, el Hijo de Dios; y para que creyendo, tengáis
vida en su nombre» (Jn. 20:31). No me gusta sufrir, pero tampoco me
gusta desarrollar una personalidad egocéntrica que sólo piensa en
obtener beneficios.

Volvemos al tema de la fe que, a causa de la ciencia, puede perderse o puede encontrarse. Pienso que ya he dedicado aquí suficiente
espacio a considerar como puede debilitarse la fe, y aun perderse, a
causa de la ciencia. Ahora, en buena lógica, corresponde detenernos

en la dirección contraria: cuando la ciencia es generadora de fe, incluyendo en el patrimonio de la ciencia la sabiduría que aporta la experiencia que se obtiene del desarrollo intelectual y social que se extrae de esta vida. Citaremos sólo algunos ejemplos de conversiones a la fe cristiana como un exponente de que no importan los descubrimientos científicos que se alcancen, ni la interpretación que se les dé, siempre se producirán reacciones en dos sentidos: la fe o el ateísmo. No tomamos aquí cuenta de la «indiferencia religiosa», por considerar que la misma no tiene interés por asumir ninguna posición activa en relación con la religión o la ciencia. Si la ciencia ha sido madre que ha alumbrado a ateos eminentes, también ha contribuido a dar inteligencia discernidora a otros no menos eminentes, que se han visto iluminados por la luz de la fe en Dios, origen y Creador del universo, a la vez que Salvador de los hombres, en Jesucristo. Se trata de personas que, en mayor o menor medida, certifican hoy que la ciencia es una autopista que puede recorrerse en dos direcciones, porque ambas son posibles, dependiendo, claro está, de la disposición interior del hombre o de la mujer y de su actitud ante la vida. Dietrich Bonhoeffer, el teólogo alemán mandado ejecutar por A. Hitler durante la Segunda Guerra mundial, poco antes de que le colgaran escribió: «Tiempo perdido es aquel en el que no hemos vivido una verdadera vida humana, aquel que no ha sido enriquecido por la experiencia, la creatividad, el disfrute y el sufrimiento» (*Letters and Papers from Prison*, p. 47).

8.1. Anthony Flew: Un ateo converso

Este filósofo londinense nacido en 1924, fue profesor en varias universidades. Era hijo de un pastor metodista y, por lo tanto, había recibido una fuerte influencia del cristianismo. Sin embargo, durante los últimos cincuenta años, ha sido el ateo más famoso del mundo; mucho antes de que R. Dawkins comenzara a atacar la religión, A. Flew era el portavoz de los no creyentes en todo el mundo. Sin embargo, hoy podemos referirnos a él como una de los más famosos conversos del siglo XXI. En sus obras *Dios y la filosofía* (1966) y *La presunción de ateísmo* (1984) sostuvo su postura a favor de que debe presuponerse la fe y no el ateísmo hasta que se encuentren argumentos claros e irrefutables que nos muevan a rechazar la creencia en Dios. Es curioso este planteamiento de Flew, coincidente con el hecho de que los pueblos, por primitivos que sean (o precisamente por serlo), tienen desde sus orígenes su propia fe y sus dioses. La fe religiosa parece ser totalmente compatible con la historia de los hombres, pues desde sus orígenes encontramos que el *homo sapiens* se desarrolla junto al *homo religiosus*? Podría decirse que el hombre nace como especie con un componente religioso, y que la fe (cosmológica, mítica, anímica o teológica) fue primero, para después asumir, en parte, el ateísmo, nacido bajo el impulso del desarrollo de la filosofía y de las ciencias.

En su última obra, *Hay Dios*, Flew muestra como ha descubierto lo divino: «Debo decir que el viaje de mi descubrimiento de lo divino ha sido hasta ahora un peregrinaje de la razón. He seguido el argumento hasta donde me ha conducido». Siendo aun ateo, asistió regularmente a unas tertulias organizadas por el científico y escritor C. S. Lewis en el ya famoso «Club Socrático». Flew no se dejó convencer por los argumentos de Lewis a favor de la fe en un Dios personal, recogidos en su obra *Mero Cristianismo*; obra que tanto impactó también en el científico norteamericano F. S, Collins, a cuya conversión nos referiremos a continuación. No obstante, el impacto recibido contribuyó a que se cuestionara su posición atea y se planteara la fe desde otra perspectiva que, con el tiempo, le conduciría a la fe en Dios.

En una entrevista que le hizo Benjamín Wiker para la revista Protestante Digital, en la que explicaba su paso del ateísmo a la aceptación de Dios, Flew respondió: «Creo que el origen de la vida y de la reproducción sencillamente no pueden ser explicados desde una perspectiva biológica, a pesar de los numerosos esfuerzos para hacerlo. Con cada año que pasa, cuanto más descubrimos de la riqueza y de la inteligencia inherente a la vida, menos posible parece que una sopa química pueda generar por arte de magia el código genético». Cuando le preguntaron: «Usted es famoso por argumentar a favor de una presunción de ateísmo, es decir, el peso de la prueba cae en el campo de los que creen en Dios. Dado que usted cree que sigue a la evidencia hasta donde ésta le conduce, y le lleva hasta el teísmo, parece que ahora las cosas van justo al contrario, de manera que la carga de la prueba cae en el campo de los ateos. Debe probarse que Dios no existe. ¿Qué piensa usted de esto?». A lo que Flew respondió: »He destacado en mi libro que algunos filósofos ciertamente han aducido que en el pasado la carga de la prueba estaba en el campo de los ateos. Creo que los orígenes de las leyes de la naturaleza, de la vida y del universo señalan claramente a una fuente inteligente. La carga de la prueba recae sobre los que argumentan lo contrario».

Sin extendernos más sobre este destacado personaje de la ciencia y de la fe, sólo añadiré que Flew llega a la fe después de muchos años de beligerancia contra Dios, contra las Escrituras como documento revelado y la salvación eterna como objetivo de la fe. Así pues, en la entrevista que le hicieron descubrimos, con toda firmeza, a un hombre ganado por la seguridad de que la compleja creación del Universo sólo ha podido tener lugar mediante una inteligencia superior y no por una casualidad cósmica. Reconoce que, como Lewis, cree en un Dios personal, pero con algunas variantes que no viene al caso analizar, pues sólo tiene que ver con la identidad de su fe y con los matices diferenciadores lógicos entre intelectuales con personalidades diferentes.

8.2. F. S. Collins: El científico ateo que creyó en Dios

Aunque hasta ahora este tema ha sido tratado desde la experiencia negativa del retroceso de la fe frente ante el empuje de las ideas humanistas que buscan la sustitución de Dios por el hombre, debemos ahora (y lo haremos más adelante) detenernos brevemente para citar, a modo de referencia, algunos casos de personas, sencillas o prominentes, que hicieron el camino contrario: renunciaron a lo que entendían que no les correspondía (su antropocentrismo) para entregarle todo a Dios, reconociéndole como el origen creador de todo y centro del universo. Se trata de considerar el tema desde una perspectiva equidistante, con sus batallas perdidas o ganadas, todas realidades que no podemos obviar, para acceder con ello a un punto de justeza que tal vez nos empuje a aceptar que nadie ganará esta «guerra» en este mundo, sino que la creencia y la increencia deberán ser aceptadas en el siglo XXI, puesto que ya han pasado los tiempos cuando se imponía la fe, a veces mediante duras represalias.

Es tal vez la propia increencia lo que hoy hace más importante la conversión a la fe, pues hay algo de asombroso en el cambio de actitud y de pensamiento de una persona que se sabía atea, incapaz de encontrar sintonía entre la ciencia y la fe y, después de años, reconocer que la fe es el camino para alcanzar a un Dios en el que antes no creía, o al que incluso combatía. Citaré como ejemplo de lo que digo la experiencia del doctor Francis S. Collins, médico y genetista, director del *Nacional Human Genome Research Institute* («Instituto nacional para la investigación del genoma humano») y premio Príncipe de Asturias 2001 (el más importante concedido por el estado español) quien, como reconoce en su obra *¿Cómo habla Dios?*, siendo gnóstico primero y ateo después, llegó a comprender, como científico, que «la fe en Dios ahora parecía más racional que el no creer» y añade: «como lo empezaba a comprender al mirar dentro de mi propio corazón, la evidencia de la existencia de Dios tenía que llegar de otra dirección, y la decisión final tenía que estar basada en la fe, no en la evidencia» (p. 39).

Por supuesto que el doctor Collins no llegó a la fe de la noche a la mañana, sin reflexión (inevitable por su condición de científico), sin observar impresionado la experiencia de tantos enfermos dada su condición de médico, aquellos que en su dolor y su desamparo frente al sufrimiento le impactaron con su actitud heroica, soportando su enfermedad gracias a su fe en el Poder supremo que consuela y alivia. El laboratorio ya no le pareció a Collins el lugar adecuado para encontrar la respuesta a la pregunta que le formuló una dama anciana, enferma de una severa angina de pecho a quien él trataba como médico, quien le preguntó con toda sencillez «qué era lo que creía», a lo que Collins, buscador de respuestas científicas a problemas científicos, tuvo que responder que no lo sabía. Desconcertado al observar la firmeza de ella, a pesar de su grave enfermedad y su lógica proximidad con la muerte, Collins nos dice que tuvo que reconocer que su ateísmo nunca lo había puesto en cuestión: «pues nunca había considerado seriamente la evidencia a favor o en contra de la fe». Puede que hubiera discutido la fe en Dios, pero nunca su ateísmo. La ciencia, aparentemente divorciada de la experiencia de la fe, había sido hasta entonces para él un argumento tan firme que ni siquiera sintió el impulso de plantearse la necesidad de creer.

El propio Collins señala cuán importante fue para él la experiencia y la obra del eminente científico, pensador, apologeta y escritor inglés C. S. Lewis (que ha sido citado en el caso anterior), quien también fue ateo hasta los 29 años, cuando se convirtió y bautizó en la Iglesia Anglicana. Su obra, compuesta de casi 30 libros, contiene abundante material apologético en defensa de la fe frente al ateísmo. Uno de los argumentos que ofrece a favor la de existencia real de Dios, y que más me ha impactado es aquel que hace referencia al concepto «freudiano» de que Dios es el fruto de la fantasía del hombre, a lo que Lewis responde que, de ser así, esa fantasía hubiera dado lugar a un Dios menos duro y justiciero que el Dios que nos muestra el Antiguo Testamento. Las fantasías humanas están destinadas a idealizar una realidad que no nos satisface. Así pues, si Dios fuese sólo fruto de la fantasía del hombre, al que Freud concibe como un súper padre necesario a causa de sus temores frente a la existencia, y de manera particular ante el inevitable trauma de la muerte, lo hubiera concebido en su fantasía como un Dios bonachón, no tan exigente y estricto como se nos presenta en el texto veterotestamentario. Parece ser que Thomas Jefferson no tenía buena opinión del Dios del Antiguo Testamento cuando lo describe como «un ser con un carácter terrible, cruel, caprichoso e injusto». Sin duda, una mala fantasía. Siguiendo esta línea de pensamiento, si aceptáramos la teoría de que Dios es fruto de la ilusión del hombre, probablemente éste hubiera concebido un Dios más abuelo condescendiente que padre educador, así como un plan de la salvación menos dramático para el Salvador y menos exigente para los salvos. Es más, puestos a fantasear ¿por qué no proponer que todos seremos salvos, basados en un Dios de amor que todo lo perdona porque, finalmente, todo lo comprende y todo lo disculpa? Lo dicho, ¡puestos a fantasear!

8.3. Mercedes Aroz: la senadora comunista que se hizo creyente

Nuestra protagonista ha renunciado a su escaño en el senado español y anuncia su conversión al cristianismo. Antigua militante comunista, cofundadora del Partido Socialista Catalán, 21 años de parlamentaria, es la senadora más votada de la historia moderna del senado. Dice, en relación con su conversión, que ha sido posible porque «hay algo más que razón y ciencia».

Mercedes Aroz ha experimentado su conversión al cristianismo dando un nuevo planteamiento a su vida, sin importarle la opinión que tal decisión produjera en la gente. Se dice que Tony Blair, antiguo primer ministro del gobierno británico, dijo en una entrevista en la BBC de Londres: «Si hablas de tu fe religiosa, la gente te toma por un pirado». Pues bien, la señora Aroz explica por qué ha tomado una decisión con tan importantes consecuencias para su vida personal y profesional, sin tener en cuenta que la consideren una «pirada»: «He querido hacer pública mi conversión para subrayar la convicción de que el cristianismo tiene mucho que decir a los hombres y mujeres de nuestro tiempo (...) A través de la fe cristiana se alcanza a comprender plenamente la propia identidad como ser humano y el sentido de la vida» (*Europa Press*).

Es fácil comprender que los tres ejemplos que cito son sólo una pequeña muestra de una realidad muy amplia que prueba que la fe no ha muerto (como no ha muerto Dios), sino que sigue viva y eficaz en la sociedad del materialismo. Incluso tengo el sentimiento de que la fe, aparentemente menos abundante en el mundo occidental que en otras épocas de un largo pasado, es ahora más auténtica, puesto que soporta una mayor oposición y enfrenta mayores dificultades para su práctica y su testimonio. Anteriormente al siglo XIX, la cuestión estaba en la etiqueta que se adosaba al cristianismo, pero prácticamente no se discutía la existencia de Dios. El problema podía estar en cómo se le adoraba, no en discutir si existía o si era o no el Creador. Podía condenarse a muerte a alguien por una cuestión de leyes físicas (Galileo), pero no por cómo se originaron todas las cosas en el universo. Podía discutirse sobre el proceso y sentido de la salvación (Cátaros), pero no se discutía la salvación como un acto del amor de Dios por los hombres. Podía discutirse si la salvación era por fe o por obras (Protestantismo), pero esa salvación era la esperanza de todos, hombres y mujeres. Tenemos que esperar, como hemos afirmado por lo escrito anteriormente, la llegada de los siglos XX y XXI para encontrar una abierta negación a la existencia de Dios (creación y evolución), y la proclamación de que la fe cristiana está caduca (filosofía de la muerte de Dios). El conflicto entre creencia e «increencia» es ahora más fácil de detectar, puesto que es más directo, más confrontado, y eso hace que el conflicto nos lleve a abandonar el deseado objetivo de la concordia para alcanzar una verdad superior, aquella nos aporte mayor luz sobre nuestro origen y nuestro destino. Ante esta realidad de confrontación, el creyente debe reafirmar su fe sobre todo partiendo de una religión tradicional, poco reflexionada, una fe de aceptación cómoda, apoyada no tanto en la experiencia personal como en la experiencia de otros, resultado no tanto de la vivencia interior como del magisterio aportado por las iglesias. Pero, por otra parte, esta situación puede también ser positiva para la fe, puesto que es en la confrontación donde la fe se robustece y encuentra (obligada a veces) su verdadero sentido, después de haber superado la prueba de la confrontación con el ateísmo en todas sus formas modernas. Creer en Cristo hoy reclama un mejor y más profundo conocimiento de la revelación divina, una mayor dosis de confianza capaz de superar la gran presión de los argumentos opositores de la ciencia y una más firme vivencia de esa fe, en contraste casi dramático con una sociedad materialista, hedonista y auto-exculpatoria.

9. Experimentar la fe en el siglo XXI

Me parece necesario detenernos unos instantes para reflexionar sobre la experiencia de la fe en la posmodernidad del siglo XXI. Durante siglos, la experiencia del creyente se ha visto asentada sobre el fundamento de una relación materno-filial (algunos hablan de la «Santa Madre Iglesia»), que ha aportado algunos efectos positivos pero, a la vez, ha generado una confiada y excesiva dependencia con efectos claramente negativos, por no decir peligrosos. La fe así, en ciertos colectivos religiosos, ha asumido un gran número de actos litúrgicos que guían la fe de los participantes, inhibiendo la iniciativa personal tan necesaria para la experiencia de la fe. La Iglesia tiene la misión de aglutinar alrededor de la cruz de Cristo a quienes aceptan su sacrificio salvífico y reciben la Palabra revelada que nos orienta hacia Él; pero no tiene la misión de determinar la clase de fe que debe ser aceptada por los creyentes y la forma de experimentarla. La Iglesia debe presentar la fe revelada ante los ojos de los hombres, pero luego corresponde a cada uno la necesidad de experimentarla íntimamente, hasta que llegue a ser un poder que impulse la vida por caminos de dependencia total de la voluntad de Dios.

El psicoanalista Eric Erikson abre una puerta al debate de la responsabilidad paterna en la transmisión de la fe de padres a hijos, que él define como «confianza básica». Este autor aporta un importante criterio psicológico sobre el valor de la religión: «Quienquiera que diga que tiene religión, debe extraer de ella una fe que se transmite a los bebés en forma de confianza básica». Tan importante es para este autor la transmisión de la fe que añade: «Cualquiera que profiera que no necesita de la religión debe extraer aquella fe básica de otro lugar», (*Identidad, juventud y crisis*, p. 65). Como tantos otros autores, Erikson señala la importancia de la influencia generacional en el área de la fe: «El profesional clínico puede observar tan sólo que muchos de los que se enorgullecen de no tener religión alguna tienen hijos que no pueden permitirse vivir sin ella» (*Infancia y sociedad*, p. 243). Pienso en el papel vital que ha jugado siempre la religión, cuando ésta ha sido correctamente experimentada y enseñada. ¡Cuántas vidas transformadas! ¡Cuánta esperanza en la tribulación, vivida en una sociedad «presentista» como la nuestra! ¡Cuánto consuelo para el alma afligida por la cercanía de la muerte! Como escribe Ana-María Hirsuto: «Para la mayoría de la gente, la oportunidad para determinar la representación final de su Dios ocurre al atisbar la propia e inevitable muerte» (*El nacimiento del Dios vivo*, p. 8).

Ahora bien, como los padres no pueden proteger ni guiar siempre a sus hijos, sino que éstos acceden a una edad cuando se hace necesario que experimenten por sí mismos las dificultades de la vida, así el creyente debe enfrentar los cantos de sirena de los conceptos y doctrinas que con tanta abundancia se ofrecen en las sociedades democráticas. Por ejemplo, al niño se le enseña en su colegio o instituto que todo lo que existe en el universo se originó a partir del *bing-bang*, y no se les menciona la alternativa de un Dios Creador, cosa que, con frecuencia, tampoco los padres están preparados para hacer. El resultado es que los niños crecen con el sentimiento de que Dios no es necesario para el hombre (Hawking), puesto que somos hijos de la casualidad y de un dilatadísimo proceso evolutivo. Por eso los padres, a quienes incumbe la responsabilidad de educar (a veces reeducar) a sus hijos, tendrán la obligación de ofrecerles la alternativa de la creación de Dios, aunque esta sea la verdad de siempre. Los padres responsables de la fe de sus hijos no se limitarán a decirles lo que la Iglesia enseña: que Dios hizo todas las cosas en siete días, tal como lo leemos en el libro del Génesis, sino que aportarán todo argumento, vivido o simplemente explicado, que facilite en el niño el conocimiento y la confianza en el Dios Creador y en Jesucristo como el Salvador de los hombres. La inquietud de los padres por la fe de sus hijos, debidamente manifestada y explicada, será el elemento corrector de la versión unilateral ofrecida en los centros escolares.

Debemos aprender antes de enseñar. Cada vez será menos eficaz lo que escuchemos en la Iglesia si no digerimos y asimilamos individualmente el sentido profundo de nuestra fe. Como escribe

Juan Antonio Paredes: «Tenemos que señalar carencias graves en la formación teológica y en la solidez espiritual de los cristianos» (¿Dónde está nuestro Dios?, p. 15). Recuerdo siempre con enorme aprecio a los «bereanos», creyentes cristianos citados en Hechos 17:11 quienes, recibiendo la palabra de Pablo, escudriñaban «cada día las Escrituras para ver si estas cosas eran así». Por eso se les reconoce como «nobles», porque ellos trataban de autentificar la enseñanza recibida antes de aceptarla. Ya en el presente, y sin ninguna duda cada vez más en el futuro, la fe deberá ser interiorizada en la vida de cada creyente. Nunca la fe de alguien ha podido ser aplicada a la realidad espiritual de otro para que sea salvo (a excepción de Jesucristo), sino que cada uno debe vivir según la experiencia nacida de su personal aceptación de la fe, con un total reconocimiento de que el misterio, ¡por fin!, se ha apoderado de nuestra existencia.

No abandonamos el tema de la experiencia espiritual individual, personalizada, frente a la superficial generalización que, tanto en religión como en política, estamos viviendo en el mundo de Occidente. En la sociedad de las prisas, sin tiempo para la reflexión personal, y montados en la indiferencia como filosofía de vida, se reclama una mayor atención a identificar cuál sea nuestro origen y nuestro destino. Las circunstancias históricas, así como la evolución de la propia Iglesia hacia un secularismo «rompedor», se han encargado de despojarla del carácter histórico que le confería la autoridad para dar seguridad y guía a los creyentes. Los creyentes de todas las iglesias deben en la actualidad sobrevivir en su fe en un aislamiento cada vez mayor; es por eso que, como lo escribe Juan Martín Velasco: «La única solución para el cristianismo de nuestros días será, por tanto, desarrollar una personal vida interior» (El malestar religioso de nuestra cultura, p. 274). El futuro exigirá del cristiano una experimentación interior de su fe en una mayor soledad, con una pluralidad de dimensiones que abarquen los diferentes niveles de la existencia humana. Personalizar o interiorizar la experiencia con Cristo reclama la experiencia íntima de la fe, haberse enfrentado con la invitación a la conversión, sentirse personalmente beneficiario de la gracia de Dios y confiarse en la trayectoria de esta vida con la esperanza del Reino de los cielos. La actual diversidad cultural y la pluralidad de ofertas religiosas deben inducir a un caminar táctico hacia el interior, donde, en principio, se ejerce nuestra soberanía. Ante la fuerte manipulación social y mediática existente en las sociedades modernas (o posmodernas, según se mire), la interiorización de la fe no debe ser interpretada como una actitud derrotista, sino como la búsqueda del autentico «yo» creyente que tan difícil resulta encontrar en la sociedad. La experiencia religiosa en el siglo XXI estará cada vez menos fundada sobre símbolos y liturgias, sobre masivas concentraciones en enormes catedrales de cualquier signo o sobre la capacidad de convocatoria de experimentados predicadores. Cada vez más, el individuo verá y escuchará para llevar todo lo que perciba a su interior, donde mora Cristo («vive Cristo en mí», Gl. 2:20), y con el que deberá entrar en diálogo íntimo sin las interferencias del exterior. Cierto es que esto puede parecerse a una invitación al misticismo o al monaquismo, pero se trata de una necesidad incuestionable de silencio y una situación de paz que nunca hallaremos entre el bullicio angustioso de una vida siempre agitada, huérfana de la serenidad que las almas sólo pueden encontrar en el silencio reparador de un alma callada. Esos momentos de soliloquio espiritual, de diálogo con Dios y con nosotros mismos, deberán permitirnos acceder a una fe informada y madura, para después ejercer una fe dinámica, proyectada hacia los demás y potenciada por la propia experiencia. Podemos entender que es ahí donde se encuentra la fuerza imperecedera del «testimonio» como actitud comunicadora de las verdades trascendentes (volveré más adelante sobre este tema). Predicando y enseñando, he podido comprobar que ha sido siempre mi propia experiencia de fe lo que ha dado fuerza y sentido al mensaje. La autoridad de Jesús en su predicación nace de su fe en el Padre, alimentada por sus soledades en el monte, mientras los demás dormían. El evangelio reconoce que «las gentes se admiraban de su doctrina; porque les enseñaba como quien tiene autoridad, y no como los escribas» (Mt. 7:28-29). No se trataba sólo de poseer un cierto nivel de sabiduría, pues los escribas sabían y, a pesar de ello, no convencían, sino de la seguridad con la que Jesús enseñaba. La fuerza para convencer le venía de su propia e íntima convicción.

Jesús convencía porque hizo de su fe un instrumento de comunicación de la verdad que Él mismo era y que enseñaba. Era la suya una fe dinámica, en constante manifestación y búsqueda de corazones necesitados de ayuda, comprensión y perdón. Jesús no se sentó permanentemente en un lugar escogido (santificado por su presencia) para recibir a quienes desearan ser sus discípulos, tal como han hecho otros líderes de religiones, sino que Jesús anduvo, fue un predicador itinerante, que buscó a los dolientes y a los perdidos allí donde se encontraban. La misión de Jesús tenía un carácter de urgencia: «El Reino de los cielos ha llegado». Su fe estaba impregnada de escatología (otros autores hacen referencia a la apocalíptica), contemplando ya el advenimiento de las promesas eternas de Dios. Jesús inició un tiempo de espera, en el cual nos encontramos.

TERCERA PARTE
Sentido escatológico de la fe

CAPÍTULO X
La escatología: objetivo final de las escrituras

La primera generación de cristianos estuvo influenciada por movimientos centrados en la «apocalíptica» judía, la cual había ido ganando fuerza entre los devotos judíos desde el tiempo de los Macabeos, en el siglo II a. C. , movimientos religiosos que presumían de poder desvelar, mediante predicciones, testamentos, sueños y visiones, los misterios divinos sobre el futuro. A las gentes de aquel tiempo, en Palestina, sólo les interesaba un futuro que trajera la paz, la victoria sobre sus enemigos y el dominio sobre los demás pueblos que siempre les habían sometido. Los judíos, antes que un mesianismo que les abriera las puertas del Reino de los cielos, esperaban (casi como una reivindicación), que Dios les concediera el Reino en este mundo, creyendo que así les había sido prometido desde la antigüedad, por medio de los profetas. Tal vez fuera Isaías uno de los profetas más generosos durante el tiempo pre exílico con sus promesas de restauración a Israel, pues no sólo vio la cautividad de su pueblo en Babilonia, sino también su posterior resurgimiento en libertad y preeminencia sobre los otros pueblos de la tierra (Is. 60:1-3). Gozarían de una paz y prosperidad que sólo sería posible gracias a la intervención de Dios, en quien siempre debían confiar (vv. 17-18). Sin embargo, después de la decadencia del judaísmo que siguió a la derrota de los Macabeos por los romanos, dedujeron que la salvación ya no podía venirles de un Mesías de origen terreno, sino concedido directamente «de arriba», enviado por Dios el Padre que jamás olvida sus promesas. Confiando en ellas, con su peculiar interpretación mesiánica de las profecías veterotestamentarias, y con una concepción subjetiva del Mesías que no coincidía con los criterios divinos, esperaban, en tiempos de Jesús, el cumplimiento de su liberación. Jesús, con su ministerio y con su muerte, chocaba con su concepción triunfalista e inmediata del reinado del Mesías. No debe extrañarnos, pues, que el autor del cuarto evangelio diga en su introducción, como una sentencia, «a los suyos vino, y los suyos no le recibieron» (Jn. 1:11).

Así pues, Jesús llevó a cabo su ministerio entre el judaísmo dentro de ese contexto mesiánico-apocalíptico que esperaba la liberación final, lo cual facilitó su convocatoria a las gentes de su entorno, atraídas por el poder de su mensaje de liberación, que fue asumido por muchos como la certificación de su mesianismo. El pueblo quería hacerle rey, mientras que los líderes religiosos, celosos de su popularidad, gestionaban su muerte. Aunque esperaban que su liberación llegase de arriba, les preocupaban seriamente los reinos de este mundo, probablemente antes que el Reino de los cielos. Es el «aquí y ahora» que tanto ha atraído a los hombres durante toda su historia.

Sin embargo, el centro de atención de las Escrituras, su punto álgido, está puesto sobre la parusía, la cual debe poner el punto final a la historia actual y establecer el esperado Reino de Dios. La parusía es un acontecimiento crucial para el desarrollo del plan de la redención, pues no es presentada en las Escrituras como un acontecimiento aislado en el marco de la salvación de la humanidad, sino como el eslabón final del largo proceso de rescate efectuado por Dios a favor del hombre caído en el pecado. El acto salvador efectuado por Dios a través de Jesucristo se contiene en las tres etapas siguientes: 1) Dios envía a su Hijo con una misión redentora (Jn. 12:49); 2) Cumplida la misión (su vida histórica), Jesús regresa al Padre: «y Yo a ti vengo» (17:11, 13); 3) Jesús debe regresar a esta tierra, pues los frutos del amor de Dios, manifestados en su Hijo, deben ser recogidos: «Vendré otra vez, y os tomaré a Mí mismo» (14:3). Si las etapas previas de la misión y la redención se han cumplido, los creyentes tenemos todas las garantías de que la parusía será la etapa última, pues sin ella nada de lo que se pueda decir sobre cristología y soteriología (estudio de la redención del hombre) puede tener sentido, pues, sin cumplimiento de la promesa como resultado final del misterioso proyecto de la salvación, todo lo anterior pierde su sentido. Es decir, la teología bíblica no tiene sentido alguno si no se culmina con la escatología, con la esperanza en la segunda venida de Cristo.

Todo el programa de Dios a favor del hombre alcanzará su pleno significado cuando la segunda venida de Jesús tenga lugar y se instaure el Reino de los cielos. No puede considerarse terminado un viaje en tren, ni alcanzado el objetivo final de dicho viaje, cuando todavía nos encontramos en la penúltima parada. Cuando Jesús exclama: «¡Todo se ha cumplido!», aunque su exclamación tiene un claro sentido presentista, no significa que hemos llegado al final de nuestro viaje y que nuestra espera ha terminado, sino que se han cumplido todas las condiciones vicarias de la salvación, aunque ésta no pueda ser todavía aplicada. El clamor de Jesús, clamor de victoria, tanto más significativa por haber deseado pronunciarla desde antes de la creación del mundo (1 P. 1:18-20) cuando, por su preconocimiento, Dios tuvo conocimiento de que el hombre iba a pecar. Esta es la característica suprema y exclusiva de Dios: todo el futuro es ya presente para Él y todo el presente es ya futuro. Solamente nosotros, las criaturas, encerrados en el tiempo, estamos obligados a experimentar los tres tiempos: pasado, presente y futuro. Esta enorme diferencia la señala claramente el apóstol Pedro: «Oh amados, no ignoréis esto: que un día delante de Dios es como mil años y mil años como un día». (2 P. 3:8). Desde la cruz del calvario, la salvación ya es posible, ya es una realidad completa, es acontecimiento aunque no lo sea todavía su aplicación definitiva.

Si alguien que me deba dinero me entregara un cheque conformado por la cantidad adeudada, desde ese momento la deuda estaría pagada, ¡pero yo, teniendo el cheque, no tengo todavía el dinero! Con el cheque conformado tengo dinero, pero, a la vez, todavía no lo tengo. Debo ir al banco y hacerlo efectivo. ¡Sólo entonces tendré realmente mi dinero! Así sucede con la salvación que ha sido ganada y «conformada» en la cruz, para que pueda ser hecha efectiva en la parusía; la tenemos, pero aun no la podemos disfrutar. ¡Esa es nuestra esperanza y, a la vez, nuestro dolor en la espera!

Para tratar el camino de venida, vuelta y regreso de Jesús, etapas que completan su recorrido en el proceso de la salvación de la humanidad, voy a tomar como referencia principal el evangelio de Juan, por considerar que es quien mejor las define. Así, partiendo de una sola fuente, será más fácil para los lectores seguir el «caminar» del Maestro.

1. El «envío» de Jesús en misión

Jesús es considerado por el autor del cuarto evangelio como la «luz» (Jn. 1: 9;12:46), «el camino, la verdad y la vida» (14:6), «para que el mundo sea salvo» (3:17; cf. 12:47), «el pan de vida» (6:35, 48) o el «agua viva» (4:10) que fluye para «vida eterna» (v. 14). Por otra parte, las declaraciones negativas de Jesús («no he venido de Mí mismo») van siempre seguidas por la expresión «sino que», como contraposición al pensamiento judío que buscaba rechazar la obra mesiánica de Jesús, despojándola de cualquier origen divino propio: «no he venido de Mí mismo, sino que Él me envió» (Jn. 8:42).

La revelación de Dios a los hombre tiene como fundamento la cristología, es decir, todo lo concerniente a la persona y la obra salvadora de Cristo en nuestro favor, siendo a la vez esa salvación su objetivo primordial, la expresión suprema de su amor. El apóstol Juan se refiere a Jesús mediante el término exclusivo «logos», como aquel que, siendo igual al Padre, es sin embargo enviado en misión a este mundo: «el logos era Dios» (1:1) y, a la vez, el propio Jesús se refiere a Él mismo como el enviado del Padre (6:40). Es decir que Jesús, sin dejar de ser Dios mismo, es a la vez el enviado del Padre, viniendo a ser así la mejor revelación del Padre a los hombres, pues es mediante Cristo que nos es revelado el amor de Dios (14:7-10). El Cristo que viene, y que a la vez es enviado, es el «único» en quien es posible hacer realidad la salvación, ya que ésta sólo será posible mediante la fe en su naturaleza divino-humana (1:14) y en la aceptación de su entrega salvífica en la cruz. La teología del amor de Dios se hace historia en este mundo mediante el «envío» de su «Hijo unigénito», destacando así la acción de «enviarle» a este mundo como una de las principales características de la cristología de Juan: Jesús, el «Enviado», es el Cristo, la perfecta revelación de Dios a los hombres. Por eso puede decir a Felipe: «el que me ha visto a Mí, ha visto al Padre» (14:9).

La misión de venir a este mundo que el Padre encomienda a Jesús es contemplada en el evangelio desde una doble perspectiva: 1) La que podemos considerar como una perspectiva «fontal», es decir, que la misión de enviar al Hijo a esta tierra de pecado tiene su origen en el Padre; 2) Una perspectiva «recepcional», es decir, que los destinatarios de la misión de Jesús deben descubrir, en el cumplimiento de esa misión, la autoridad y el poder de Dios que es quien ha enviado a Jesús. Éste se presenta a sí mismo como quien lleva a cabo «la obra del Padre» (Jn. 17:4), lo que viene a significar que cumple su voluntad más allá de sus necesidades más vitales (4:34), voluntad que el Jesús humano no obedece por Sí mismo (5:30; 6:38), sino por haber sido testigo de lo que ha visto y oído del Padre (3:31-32;cf. 5:19; 8:26, 28b, 38, 40). Así pues, la íntima y exclusiva relación de Jesús con el Padre viene a ser el punto central de su autoridad para llevar a cabo la misión (Jn. 1:18). Jesús, el «misionero-enviado» por

Dios, viene en el nombre y con el poder del Padre (17:2), partiendo de su perfecta identidad con Él, pues, sin dejar de ser Dios perfecto, se hizo «carne y habitó entre nosotros» (1:14; 10:30; 14:9; 17:10, 21). Desde la perspectiva que nos ofrece el objetivo de la misión, Jesús es enviado para dar salvación al mundo (3:17; cf. 1:29; 4:42) y no para juzgarlo (8:15; 12:47), trayendo a este mundo vida eterna para todos aquellos que en Él creen (3:16; 4:10, 14; 10:10; 17:2; 20:30-31).

Jesús mismo, en referencia a su misión en este mundo, define a Dios como «el Padre que me envió» (Jn. 5:30, 37). A esta acción del envío de Jesús, debe añadirse el de su precursor, Juan Bautista (1:6, 33; 3:28) y el de su sucesor, el Espíritu, el Consolador pospascual (14:26), a quien el Padre envía como culminación del compromiso trinitario de Dios con los hombres y con la misión (vv. 16-17). Finalmente, el programa misional del Padre se completa con el envío pospascual de los discípulos (17:18; 20:21). Se ve claramente que, si la misión es una, ésta reclama muy diversos agentes para llevarla a cabo. Mediante la presentación que el Nuevo Testamento hace de la misión, se comprueba que es Jesús quien la comienza, mientras que debe ser la Iglesia quien la termine. Todo enviado por el Padre tiene un compromiso con la misión, la cual parece ser la etapa previa e ineludible al Reino de los Cielos.

Este precedente muestra que la acción de «enviar», además de desempeñar un importante papel a través del mensaje dirigido a las comunidades cristianas primitivas, parece indicar una cierta versatilidad de este término en función del «remitente»: 1) Dios es, sobretodo, quien envía, y Jesús es el «enviado» por excelencia. Jesús es por ello el objeto directo más frecuentemente citado por Juan en relación con el envío en misión, pues lo cita un total de cuarenta y cuatro veces; 2) Jesús, además de ser el enviado del Padre, es a la vez el remitente de los apóstoles (4:38; 17:18; 20:21), de los «discípulos» (13:20) y del Espíritu Santo (15:26; 16:7); 3) Una persona puede ser enviada por otra, bien como informante (1:19) o como comunicante (11:3). Jesús, ya al final de su ministerio, hace referencia a su misión como «cumplimiento» (Jn. 17:18), es decir, como una acción que ya está a punto de ser concluida, mientras que la misión de los discípulos, plenamente vinculada a la suya, todavía no se ha iniciado. Ellos son todavía sólo colaboradores expectantes de la misión de Jesús, no sus actores. Tal vez es por eso que Jesús retoma el tema del envío en misión en la oración «intercesora» (Jn. 17), para presentarlo ahora como un encargo a los «suyos», que ya vislumbran la llegada de su tiempo histórico, después de la resurrección del Maestro. Es por eso que se piensa que en Juan 17:18 Jesús hace referencia a una sola misión (la que Él está llevando a cabo), mientras que en Juan 20:21 se refiere a las dos etapas de la misión: la suya primero, «como el Padre me ha enviado», siendo la segunda la referida a los discípulos (la Iglesia), «Yo os envío», refiriéndose a la misión universal que la Iglesia debería cumplir a partir del definitivo acontecimiento de la cruz. Algunos opinamos que la diferencia de estas dos etapas se señala mediante el término *pémpô* (enviar) aplicado a los discípulos, a diferencia del término *apostellô* de Juan 17:18, aplicado a Jesús. La misión de Jesús se ha cumplido y la hora ha llegado de que los discípulos tomen la evangelización del mundo en sus manos, como continuadores de la obra iniciada por Jesús. El «envió» de Jesús debe entenderse como una misión que comenzó en el pasado, pero que todavía está en marcha, no ha terminado. «Cristo está todavía en el mundo cumpliendo su misión y en ese mismo momento, cuando Él ordena la misión de los discípulos, está en acción la suya propia. Es decir, que el mismo acto de comisionar a los discípulos forma parte de lo que Él debe hacer en el mundo para cumplir su propia misión» (Veloso, M. , *El compromiso cristiano*, p. 69).

2. El Hijo «regresa» al Padre

El regreso de Jesús al Padre, unos 40 días después de su resurrección (Hch. 1:3), tiene varias lecturas: 1) Jesús debe regresar al medio sobrenatural al que pertenece, del que sólo se ha desprendido temporalmente para llevar a cabo su acción de amor y salvación por los hombres. 2) El hecho de regresar al Padre y no llevar a cabo inmediatamente la instauración del Reino, parece confirmar que debía concederse un período de espera, un «tiempo intermedio» para la llegada de la parusía. Es lo que podríamos determinar como un tiempo de misión para los discípulos. La misión llevada a cabo por el Hijo debe culminarse, estando a cargo de la Iglesia el mandato de predicar el evangelio «hasta lo último de la tierra» (Hch. 1:8). Por eso, cumplida la misión en este mundo, Jesús debía regresar al hogar celestial para continuar su obra divina, tal como lo había hecho «antes de que el mundo fuese». El impresionante y, a la vez, triste, arrebatamiento de Jesús tuvo lugar después de que Él mismo le suplicara al Padre, para estar «cerca de ti mismo, con aquella gloria que tuve cerca de ti» (Jn. 17:5).

Con el deseo de regresar al Padre, no debiera hacernos pensar que Jesús está mostrando una actitud de urgencia para abandonar este mundo de dolor y regresar al hogar de la perfección en el cual había habitado desde la eternidad, pues, así dicho, podría parecerse más a una huida de lo humano hacia lo divino, de lo temporal hacia lo eterno, lo que podría parecernos incompatible con el amor que motivó su venida. Su deseo de regresar al Padre debía estar más bien relacionado con su labor de mediación a favor de los hombres, como parte decisiva del plan de la salvación hecho posible plenamente en la cruz, pero todavía sin poder ser aplicado a los hombres y mujeres que todavía no han sido evangelizados en el mundo. La obra de Jesús a favor de quienes deben ser salvos, no terminó en la cruz, ni siquiera en la ascensión al Padre, sino que aún queda una labor de intercesión por las almas, tal como lo señala el autor de Hebreos: «Por lo cual puede también salvar eternamente a los que por Él se allegan a Dios, viviendo siempre para interceder por ellos» (Heb. 7:25).

Así pues, podría decirse que el plan de la salvación cumple en el Calvario una etapa decisiva por su importancia capital, pues es en la cruz donde todos hemos sido salvos. No obstante, ya en tiempo pospascual, todavía quedaba un largo camino por recorrer para alcanzar su plena realidad, ese camino señalado por el cumplimiento de la misión de predicar el evangelio a todas las naciones que, culminada, abrirá las puertas de la parusía a la presencia de nuestro Señor.

Es en esta línea que podemos entender como Jesús, antes incluso de su pasión, asumiera que «tampoco Yo soy de este mundo» (Jn. 17:16); más aun, que ni siquiera estaba ya en este mundo: «Y ya no estoy en el mundo», siendo que todavía no había tenido lugar la pasión y el arrebatamiento; mientras que sí lo estaban sus discípulos: «mas éstos están en el mundo» (v. 11). Es sólo un acto de pre-visión divina, no un acto de discriminación, pues Jesús no se coarta al expresar su deseo de que sus discípulos estuvieran junto a Él en el Reino del Padre: «Quiero que donde Yo estoy, ellos estén también conmigo; para que vean mi gloria que me has dado» (v. 24). Totalmente seguro de su regreso al Padre y a su estado de gloria, Jesús se adelanta al tiempo para manifestar su deseo de que los discípulos, que participan ahora de sus sufrimientos, participen después de su gozo, aunque ese acto futuro de recompensa lo exprese siempre en «presente afirmativo». Es decir que, con frecuencia, los autores de los evangelios hacen una superposición de los tiempos en los discursos de Jesús, donde el futuro puede ser ya presente (Jn. 17:24), dado que, para Dios, presente y futuro se identifican, ya que lo que ha de suceder, para Dios ya está sucediendo, puesto que Dios no es afectado por el concepto de tiempo que nosotros tenemos. Podría decirse que Dios está fuera de todo tiempo y, a la vez, está instalado en todos los tiempos. Por eso es Dios. Volveremos más adelante sobre este tema, al tratar el tiempo de la parusía.

3. El Hijo regresa a los hombres

Sólo así se cierra el círculo perfecto del plan de la salvación. Tal vez Juan 14:1-3 sea una de los textos más elocuentes, en todo el Nuevo Testamento, en relación con el tránsito que Jesús debe recorrer hasta su encuentro definitivo con la humanidad rescatada: su primera venida, su regreso al Padre y su retorno a este mundo con su recompensa. En primer lugar, el autor dice: «Voy, pues, a preparar lugar para vosotros». Jesús se refiere a «la casa de mi Padre» para indicar su lugar de destino, como si con ello señalara alguna diferencia con el Padre, pero, como ha sido dicho con anterioridad, el evangelio de Juan muestra con firmeza la personalidad divino-humana de Jesús, y no tenemos duda de que en Juan 17 es el hombre Jesús quien se dirige al Padre y solicita el retorno «al hogar». En segundo lugar, Jesús se refiere a Dios como su Padre en un sentido muy especial de identificación con Él (no sólo como una relación filial), tal como podemos entender a partir de las palabras de Jesús: «El que me ha visto, ha visto al Padre». Así pues, en el contexto del evangelio, la referencia de Jesús a la casa de su Padre puede ser también una referencia a su propia casa («todas mis cosas son tus cosas y tus cosas son mis cosas; y he sido glorificado en ellas», Jn. 17:10), a la que va a regresar después de su muerte: «Voy, pues, a preparar lugar para vosotros» (14:2). En tercer lugar, Jesús promete que volverá («vendré otra vez») para llevar a sus discípulos a las moradas celestiales: «Os tomaré a Mí mismo; para que donde Yo estoy, vosotros también estéis» (v. 3).

Sin duda que todos estos «movimientos» (venida a este mundo, ir al Padre y volver en la parusía) son una simplificación del complejo plan de la salvación, haciéndolo más comprensible. Es el plan divino explicado a nivel humano, tal como hizo tantas veces Jesús por medio de las parábolas. El movimiento «viene-va-viene» sólo es aplicable a los seres humanos que vivimos emplazados en el espacio y el tiempo, pero Dios está en todo lugar y en todo tiempo. Es lo que podríamos considerar como una narración humana de la acción divina en nuestro favor. La fuerza del texto está, sin duda, en la expresión «vendré otra vez», la cual se ajusta perfectamente a la escatología bíblica.

Aunque el texto que motiva esta obra se encuentre en Lucas 18:8, es en el cuarto evangelio donde centraremos nuestra atención, en estos momentos, para el tratamiento de la «movilidad» de Jesús en su programa de salvación; por entender que el autor joánico mantiene un cuidadoso equilibrio entre la «escatología tradicional», que se asienta sobre la creencia de que la segunda venida de Cristo debe ser un acontecimiento futuro (Jn. 14:2-3; 5:28-29; 6:39-40, 44) y la escatología realizada (presentismo), que sitúa el cumplimiento de los acontecimientos finales en tiempos de los apóstoles (Jn. 5:25; 6:35-40, 44-48). La marcha de Jesús, tal como se señala más arriba, parece antes destinada a establecer el tiempo de espera entre la ascensión y la segunda venida, que a determinar el tiempo de su retorno. Hasta la parusía, el proyecto salvífico de Dios deberá seguir su proceso de desarrollo, puesto que todavía debe llevarse a cabo la misión de predicación del evangelio, tal como lo ratifica el autor del primer evangelio: «será predicado este evangelio del Reino a todos los gentiles, y entonces vendrá el fin» (Mt. 24:14). Así pues, no se podía considerar terminado el plan de la salvación y, por lo tanto, la realización de la parusía como el acto final inmediato al drama de la cruz, y esto pese a que el acto divino de salvar a la humanidad se encontraba en el Calvario plenamente realizado.

En relación con la parusía, las cosas no sucedieron como esperaban los discípulos, de modo que éstos tuvieron que revisar sus expectativas, adaptándolas a una nueva situación de espera, es decir, en lugar de sentarse ya en los doce tronos para juzgar a Israel, tenían previamente que llevar a cabo la misión que se les había encomendado: «Como el Padre me envió, así también Yo os envío» (Jn. 20:21). Llevados por el deseo de participar del glorioso regreso de su Maestro y recibir la herencia del Reino, parece que olvidaron la necesidad de un «tiempo intermedio», período designado por Dios para que el evangelio fuese predicado en todo el mundo (Hch. 1:8), condición imprescindible para que tuviera lugar la segunda venida.

Jesús marcha de este mundo para llevar a acabo su misión de preparar lugar para los salvos en la casa del Padre (Jn. 14:1-3), pero debe regresar para culminar su programa de salvación: «Para que donde Yo estoy, vosotros también estéis». Como no hay posibilidad de salvación sin la primera venida, así tampoco puede ésta hacerse realidad sin la segunda. La primera venida ha hecho posible la salvación para los hombres, pero la plena experiencia de esa salvación sólo será posible cuando Jesús regrese, tal como ha prometido. El retorno de Jesús es, pues, imprescindible, puesto que la eficacia de su muerte redentora en la cruz se confirma por su resurrección, y ésta sólo podrá ser confirmada mediante la segunda venida. Todo el plan de la salvación se desmorona y pierde su sentido sin la venida de Cristo a este mundo para establecer el Reino prometido. El apóstol Pablo parece entenderlo así cuando dijo: «si no hay resurrección de muertos, Cristo tampoco resucitó (...); entonces vana es nuestra predicación, vana es entonces nuestra fe» (1 Co. 15:13-14).

Ahora corresponde hacernos de nuevo la pregunta que ha inquietado y esperanzado a la Iglesia durante 2000 años: «¿Cuándo serán estas cosas y qué señal habrá de su venida y del fin del mundo?». Como un sutil eco a esta pregunta apostólica, se escucha el sonido de una respuesta que nos ha mantenido en tensión esperanzada durante ese largo período: «vengo pronto» o, «vengo en breve». Mucho se ha escrito analizando esta breve respuesta sin que, hasta el momento, se haya encontrado un sentido único y satisfactorio a esta forma «aseverativa» utilizada por Jesús para referirse al tiempo de la parusía. No es fácil encajar ese «vengo pronto» con el período de dos mil años ya transcurridos y, además, dar como explicación que ese «pronto» con el que se cierra el Apocalipsis hay que contemplarlo desde la perspectiva de Dios y no la del hombre, afirmándose en el texto de 2ª Pedro 3:8; sobre todo pensando que los conceptos «pronto» y «tarde» no suelen ser aplicados objetivamente a Dios quien, por ser eterno, existe «al margen» del tiempo. En Dios todo debería estar siempre «a tiempo».

Veamos brevemente lo que Pedro parece querer decir cuando sale al paso de quienes, de acuerdo con el contexto de la epístola, protestarán «en los postrimeros días» renegando de su fe ante lo que ellos interpretarán como una tardanza inadmisible en la parusía del

Señor. Su sarcasmo («burladores»), en relación con la promesa del advenimiento, así como su vida disoluta («andando según sus propias concupiscencias», 2 P. 3:3), descubrirán que su curiosidad por el regreso de Cristo es interesado y egocéntrico, anteponiendo su deseo personal a la voluntad de Dios; siendo su desilusión semejante a la experimentada por el hombre crucificado junto a Jesús y que, sin ningún sentido espiritual ni búsqueda alguna de la conversión, dice al Maestro: «Si tu eres el Cristo, sálvate a ti mismo y a nosotros» (Lc. 23:39). La queja acusatoria de estos interlocutores de Pedro es: «¿Dónde está la promesa de su advenimiento? Porque desde que los padres durmieron, todas las cosas permanecen así como desde el principio de la creación» (2 P. 3:4). No pienso que hacer tal reflexión pueda ser considerado negativo, pues cuántas veces a lo largo de la historia fieles creyentes, deseosos de ver a su Señor, se habrán expresado en parecidos términos. Lo que descalifica a quienes se dirige el apóstol Pedro, no es lo que dicen, sino cómo lo dicen, pues hacen de la tardanza de la parusía un motivo de burla que nace de un corazón concupiscente. Resulta muy interesante leer 2ª Pedro 3:4 en la versión bíblica «La Biblia al día» (1979): «¡Con que Jesús prometió regresar! Apuesto a que no regresará. ¡Hasta donde podemos recordar todo ha permanecido exactamente igual desde el primer día de la creación!». No me parece la mejor versión, pero reconozco el esfuerzo hecho para que el texto sea más comprensible, haciendo una paráfrasis que busca ofrecernos un sentido más popular de la Escritura, facilitando así la comprensión de la misma.

Es necesario señalar, antes de avanzar más en el tema, que el escrito de Pedro, de acuerdo con la cronología de los escritos neotestamentarios aceptada por la mayoría de los analistas bíblicos, se sitúa mucho antes de la composición del Apocalipsis. Lo dicho por Pedro en relación con el sentido del tiempo («un día delante del Señor es como mil años y mil años como un día») debe ser entendido como una respuesta de tiempo dada a quienes se cansen en la espera de la venida del Señor (posiblemente porque nunca hayan creído en ella), señalando que lo que ellos consideran tardanza desde la perspectiva humana (el tiempo discurre pesadamente cuando esperamos algo que deseamos mucho) no lo es para el Señor. Cronológica y contextualmente no parece conveniente asociar la segunda epístola de Pedro con el «ciertamente vengo pronto» de Apocalipsis 22:20; aunque debemos reconocer que dicha opción es muy tentadora.

Como han hecho no pocos autores, podemos pensar en la apertura de otros caminos de interpretación para ese complejísimo tema relacionado con la proximidad de la parusía. Podríamos, por ejemplo, plantearnos el sentido de «pronto» desde otra perspectiva, tomando en cuenta la «otra» intención posible del Revelador hacia los receptores de su mensaje: que «pronto» tenga un valor humano y, por lo tanto comprensible para quienes reciben la promesa. El tratamiento no debería ser solamente textual, sino teológico; no sólo cronológico, sino de significado, es decir, del sentido que el texto pudiera tener en el momento en que fue pronunciado o escrito. Jesús se dirige al Padre en la oración de intercesión diciendo «he acabado la obra que me diste que hiciese» (Jn. 17:4), cuando dicha obra está todavía por completar mediante la etapa más dramática de su ministerio: la de su martirio. Desde nuestra idea de los tiempos gramaticales, el «he acabado» que pronuncia Jesús puede hacernos pensar en un proyecto cuya culminación está garantizada por la previsión divina, pero que todavía no se ha realizado en el tiempo humano. Desde una perspectiva meramente temporal, hoy seguramente nos expresaríamos mediante otro tiempo verbal: «estoy acabando», en lugar de «he acabado». Curiosamente la narración histórica, a la vez que ha utilizado el término bíblico «pronto» con un sentido temporal indefinido y probablemente largo (debido a que su significado tiene que ver con el concepto divino del tiempo, es decir, un período «sin tiempo»), se le ha concedido, desde los orígenes del cristianismo, otro sentido que expresa un cumplimiento inmediato del acontecimiento, por supuesto más próximo a la aceptación de un «pronto», breve en el tiempo (sentido humano), que a la versión de un período largo e indefinido (sentido divino). Hay que reconocer que, como referencia, la interpretación de «pronto» desde la perspectiva divina del tiempo es muy poco útil para el hombre, por ser éste totalmente incapaz de entenderlo y de evaluarlo. La promesa «vengo pronto» deja de tener para los hombres un sentido de aproximación cuando interpretamos el «pronto» según la perspectiva que Dios tiene del tiempo.

Dios revela su palabra a los hombres para ser comprendido por los hombres: «El Señor no hará nada sin que revele sus misterios a sus siervos los profetas» (Am. 3:7) Para que el pueblo entendiera, antes debían comprender el mensaje de los profetas. Cierto es que Jesús nunca dio pistas determinantes sobre el momento de su venida, pero no me parece típico de la enseñanza bíblica que el Señor utilice un termino tan común y tan claro del vocabulario humano para referirse al tiempo de su venida (tan deseada) con una perspectiva del tiempo que no podemos comprender, como me parece que sucede cuando utilizamos 2ª Pedro 3:8 para explicar la sentencia final de Jesús: «Ciertamente, vengo en breve». Aunque el tema que justifica ambos textos es altamente escatológico, no parece que sean coincidentes los motivos ni las circunstancias que impulsan a ambos autores (Pedro y Juan) a escribirlos. La perspectiva de tiempo en los dos textos es diferente, puesto que la promesa de Apocalipsis está hecha en el tiempo de su redacción (finales del siglo primero), mientras que el discurso de 2ª Pedro 3:3-13 tiene un claro sentido escatológico, es decir, que los que se lamentan lo harán en los «postrimeros días», con clara referencia a quienes, en los tiempos finales, decepcionados por la tardanza de su venida («desde que los padres durmieron») se burlarán del acontecimiento.

Puede que la propia redacción del texto apocalíptico ayude a clarificar la intención del Señor al decir «vengo pronto», si en buena lógica lo asociamos con la respuesta del autor del libro, quien parece que se hace portavoz de todos los creyentes con su respuesta antifonal: «Ven, Señor Jesús». Sin especificar para nada el tiempo del cumplimiento de la venida, el autor parece que entiende el «pronto» en un sentido atemporal y misterioso, puesto que de ese diálogo de promesas y deseos no brota ninguna señal que permita establecer el momento del cumplimiento. No sólo el autor del Apocalipsis no parece sorprenderse de que el Revelador se exprese en términos de prontitud, sino que confirma su vinculación con la promesa, exclamando «Sea así», ven pronto, sin determinar el tiempo que esta promesa represente. Y eso mismo se espera del creyente del siglo XXI, es decir, seguir fiel en la espera con el deseo de que venga «pronto», sea cual sea el sentido cronológico que demos a ese término. Porque es cierto que ya han transcurrido dos mil años, tiempo más que suficiente para que podamos con objetividad deducir que el término «pronto» se identifica mejor con una interpretación escatológica de deseo («así sea»), antes que con un corto período de tiempo.

Fue aquella una noche sorprendente. Siendo muy joven aún, recién salido de la adolescencia, se abrieron ante mí las ventanas de un «cielo» nuevo, con un sentimiento y una perspectiva que nunca antes había tenido, todo ello originado por mi primer contacto con la doctrina de la segunda venida de Cristo. Era tan joven y entusiasta que el estudio del tema me llevó inmediatamente a desear su cumplimiento y, como si de una obsesión mística se tratara, caminaba repitiendo la frase «Ven, Señor Jesús», creyendo que mi fuerte deseo se haría así realidad. Caminando hacia mi hogar en compañía de mis compañeros de estudios bíblicos y amigos, dialogando acaloradamente sobre el acontecimiento que se cernía sobre este mundo (al que nos asomábamos, a nuestra edad, más con curiosidad que con conocimiento), destinado a una destrucción total, para, posteriormente, renacer según la esperanza cristiana: «Bien que esperamos cielos nuevos y tierra nueva, según sus promesas» (2 P. 3:13). Este estudio fue muy atractivo para una mente joven e imaginativa como la mía y, enseguida, deseé quedarme en total soledad para intentar situar convenientemente la multitud de datos ofrecida por nuestro instructor bíblico. Si el Señor había de venir «pronto», desde el cielo, era pues hacia el cielo que yo debía mirar en un esfuerzo imaginativo por representarme la escena. Creo no equivocarme cuando pienso que los cinco amigos que habíamos recibido aquel estudio estábamos inmersos en un mismo sentimiento: pensar en nuestro tránsito hacia una sociedad perfecta, tal como debió ser siempre si el pecado no hubiera ejercido, en connivencia con la primera pareja, sus efectos catastróficos.

Todavía recuerdo la mirada con la que contemplé a mi familia, pletórico como estaba por la nueva esperanza que me embargaba. «Pobres almas», pensé, debo compartir con ellos la verdad que acabo de descubrir y aceptar, haciéndoles ver que todo aquello por lo que se afanaban es transitorio, efímero. Mi habitación pasó a ser mi santuario, el lugar donde deseaba recogerme para hacer más vívida la experiencia en mi corazón. En el estudio bíblico habíamos hablado de la constelación de Orión como posible camino de acceso del Señor en la parusía. Curiosamente, desde la pequeña ventana de mi habitación se podía ver en aquel momento la constelación y contemplé su forma de cruz con un arrobamiento casi místico, como si de una puerta se tratara, destinada a abrirse ante la incontenible presencia de Jesús y sus ángeles en el glorioso instante de su venida. Probablemente nunca he observado la bóveda del universo con tanto empeño ni, ingenuamente, he forzado tanto mi visión para intentar ver las escenas descritas por el gran Apocalipsis y los apocalipsis menores de los Sinópticos (Mt. 24; Mc. 13; Lc. 21). Fue maravilloso y decepcionante a la vez. Como en el universo nada es estático, como todo funciona gracias a un movimiento continuo y eterno, la Tierra y la constelación de Orión se pusieron de acuerdo para que aquella visión celeste de mi adolescencia terminara, invitándome a abandonar mi pequeña ventana cuando Orión desapareció de mi vista. De aquella experiencia conservo tanto el emocionado recuerdo de un intenso sentimiento espiritual (que, debo reconocerlo, no se ha mantenido siempre tan firme), así como la esperanza, renovada cada día, de que el acontecimiento tenga lugar, pues «hoy nos está más cerca nuestra salvación que cuando creímos». Han pasado muchos años desde entonces, pero con la garantía que nos da el tiempo transcurrido desde que se nos ofreciera la promesa de su advenimiento, sería aconsejable ratificar nuestra confianza en que «el que ha de venir vendrá, y no tardará».

El papa Julio II encargó a Miguel Ángel pintar la enorme bóveda de la Capilla sextina, obra que el artista realizó al fresco, es decir pintando directamente sobre el yeso húmedo. El impaciente Julio II, al ver como se alargaba el tiempo de ver terminada su obra más deseada, visitaba con mucha frecuencia a Miguel Ángel, haciéndole siempre la misma pregunta: «¿Cuándo acabarás?», a lo que el artista respondía machaconamente: «¡Cuando termine!». Alguien me preguntó una vez, por motivos personales no vinculados necesariamente con la experiencia de la fe: «¿Cuándo cree usted que será el regreso de Jesús?». Sólo alcancé a responderle: «Cuando venga». Impacientes, deseosos de ver la gran obra de la salvación terminada, preguntamos a Dios en nuestras oraciones: «Hasta cuándo, Señor», a lo que Él parece respondernos: «Hasta que venga» o, con terminología más bíblica: «El Hijo del hombre ha de venir a la hora que no pensáis» (Mt. 24:44). Atanasio, patriarca de Alejandría en el siglo IV, ya parece que lo comprendió así: «La soberbia pretenciosa de conocer lo que no conviene es un peligro moral aun mayor que la conciencia de poseer un conocimiento limitado (...) ¿Quién no se prepara todos los días, si desconoce el último? Por eso el Señor añadió: 'Vigilad, pues no sabéis a qué hora vendrá vuestro Señor'». Esta amonestación de Atanasio muestra como en su tiempo ya había quienes se empeñaban en poner fechas a la parusía de Jesús.

Han transcurridos 2000 años y contemplamos los cambios sociales, políticos y religiosos que la sociedad ha experimentado, pero contemplando también la tozuda realidad de que seguimos en este mundo sufriente, participando del drama de una sociedad alejada de Dios y renuente a la esperanza de salvación, que parece invitarnos a clamar «¡Hasta cuándo Señor!». No nos queda más recurso que el de asentarnos en la misma confianza manifestada por los creyentes de la primera generación, experimentando la decepción de no ver regresar a su Señor cuando ellos lo esperaban. Estuvieron empeñados en aceptar y proclamar la parusía, aunque, superados los acontecimientos que ellos interpretaron como precursores de la segunda venida, vivieron la gran decepción, y aprendieron a interpretar los acontecimientos en presente y en futuro, como si el Reino de Dios «ya» estuviera entre ellos pero, a la vez, «todavía no» se hubiera hecho realidad. Lo más extraordinario es que ningún tipo de decepción anuló la esperanza. «Nos hemos equivocado», pudieron decir, para reafirmar a continuación su confianza en la promesa de Jesús que asegura: «Vendré otra vez» (Jn. 14:3). Durante su ministerio, Jesús dio señales a sus discípulos en relación con su segunda venida, las cuales debían servir para iluminar el camino a recorrer hasta la llegada del sublime acontecimiento. Desdichadamente, también han servido para que, creyentes de todas las épocas, «identificaran» algunas de estas señales como vislumbres del retorno de Jesús, siendo víctimas de la más profunda decepción cuando el tan anhelado suceso no se produjo. Su fuerte deseo de ver al Maestro en gloria y majestad, les indujo a ver en esas señales, y por sí mismas, un mensaje del fin. Al hilo de este sentimiento, George Fox, fundador del movimiento cuáquero, ya escribió en el siglo XVII: «Cada tormenta con relámpagos produjo expectativas del fin del mundo».

Como ha sido indicado anteriormente, esta manera de interpretar las profecías desde la más estricta subjetividad, ha confundido a creyentes de todas las épocas de la historia del cristianismo. Algo debemos hacer cada uno para mantener viva la llama de la esperanza en la parusía, pero sin amenazarla con el peligroso intento de una espera puntual en el tiempo, con día y hora de llegada, alimentando nuestra espera más con un deseo personal que con la revelación bíblica.

4. La permanente esperanza en la parusía

Citaré sólo algunos ejemplos que muestran como, en diferentes momentos de la historia, los teólogos han dejado testimonio de su esperanza en el pronto regreso de Jesús como claras muestras de «escatología no cumplida».

Cipriano (siglo III), «En efecto, anunció (Jesús) que surgirían por muchos lugares guerras, hambres, terremotos y pestes (...) advirtió que en los últimos tiempos habría frecuentes calamidades. Pues he aquí que sucede lo que se predijo (...). Cerca está, hermanos amadísimos, el Reino de Dios; ya llegan la recompensa de la vida, el gozo de la salvación eterna, la alegría sin fin, la posesión del paraíso antes perdida; ya lo celestial substituye a lo terreno, lo grande a lo pequeño, lo eterno a lo perecedero».

Jerónimo (siglo IV), «El signo de la venida del Señor es la predicación del evangelio en toda la tierra, para que nadie tenga excusa. Esto ya lo hemos realizado o se realizará en breve».

Crisóstomo (*Homilía* 34, siglo IV), «No nos separa mucho tiempo del día supremo, sino que el mundo se apresura a su fin. Las guerras, las tribulaciones, los terremotos y la caridad que se apaga lo evidencian. Como el cuerpo agonizante, próximo a la muerte y afligido por miles de dolores, y como una casa que, cuando va a derrumbarse, manifiesta su caída, por el techo y las paredes, así también el final del mundo está próximo y a las puertas, motivo por el cual miles de males se extienden por todas partes. Si entonces el Señor estaba cerca, mucho más lo está ahora».

Agustín de Hipona (*Carta* 199, pp. 11, 36, siglo V), «Tú añades que nuestra pena nos obliga a confesar que se acerca el fin, pues ya se cumple lo que está anunciado: 'Desmayarán los hombres de miedo y expectación por las cosas que acaecerán en todo el mundo'. Es cierto que en nuestro tiempo no hay patria ni lugar que no sea afligido o atribulado: 'De miedo y expectación por las cosas que acaecerán a todo el mundo. Los males que actualmente padece el ser humano, son indicios ciertos de que viene el Señor'».

Joaquín de Fiore (1130-1202), anacoreta y místico calabrés. Joaquín «fue el Elías —o el Juan Bautista— encargado de anunciar la inminencia de la Nueva Era, la parusía. La Era del Espíritu Santo, estaba a punto de suceder a la Era del Hijo, de la misma manera que la del Hijo había sucedido a la del Padre trece siglos antes. Los espirituales, colectivo superior de creyentes cuya 'religión monástica' haría reinar la paz en el mundo, y anunciaban la inminencia del castigo divino y el advenimiento de un Reino del Espíritu Santo, por cuya estrecha puerta solo podrían pasar los más pobres».

Vicente Ferrer (1335-1419), «Una oportuna aparición sobrenatural le ordenó abandonar el palacio papal (Avignon) para predicar por los caminos la proximidad del Juicio Final. Durante cinco años Vicente estuvo anunciando la cercanía del fin del mundo por el sur de Francia, Suiza, Italia y Alemania».

Cristóbal Colón (1451-1506), escribió una colección de citas con las que dio forma a su *Libro de las Profecías*, el cual constituye el testimonio de su fe en el carácter divino de su misión. Colón llegó a la conclusión de que el fin del mundo tendría lugar 155 años después, aproximadamente en 1650. Escribió: «Santo Agustín dice que la fin de este mundo a de ser en el séptimo milenario de los años de la creación (...) Según esta cuenta, no falta, salvo ciento y cincuenta y cinco años para el cumplimiento de siete mil (...) en los cuales (...) habrá de fenecer el mundo».

Isaac Newton (1642-1727), uno de los científicos más influyentes de todos los tiempos, preveía el fin del mundo en 2060, según manuscritos del famoso físico que fueron presentados en junio de 2007 por la Universidad Hebraica de Jerusalén. En una carta fechada en 1704, Isaac Newton, que era muy aficionado a la teología y la alquimia, hizo un cálculo basado en el libro de Daniel y más concretamente en la profecía de los 1. 260 años. «Lo que se ha estado descubriendo en los últimos años es que Isaac Newton era un pensador apocalíptico», explica Malcom Neaum, productor de un documental sobre el científico: «Dedicó alrededor de 50 años y 4.500 páginas intentando predecir la fecha del fin del mundo. Pero hasta ahora no se sabía si había escrito una fecha final».

William Miller (1782-1849), fue un predicador laico perteneciente a la Iglesia Metodista, también fue militar y jefe cívico local en el estado de New York. Estudiante autodidacta de la historia y la profecía bíblica, empezó a predicar a partir de 1831 el inminente segundo advenimiento de Cristo. Basando su creencia principalmente en Daniel 8:14: «Hasta dos mil trescientas tardes y mañanas; luego el santuario será purificado», y usando un principio interpretativo conocido como el «principio día-año»; Miller concluyó que la purificación del santuario representaba la purificación de la tierra mediante el fuego, en la Segunda Venida de Cristo. Además, Miller estaba convencido de que el período de 2. 300 días proféticos había comenzado en el año 457 a. C., en tiempos de Artajerjes I de Persia, por lo que fue fácil concluir que este período escatológico terminaba en el año 1843-1844 y, por lo tanto, en esa fecha tendría lugar el regreso de Cristo. Miller escribió: «Llegué entonces a la solemne conclusión de que, en aproximadamente veinticinco años a partir de esa fecha (1818), todos los asuntos de nuestro estado actual se colapsarían». En septiembre de 1822, Miller plasmó formalmente sus conclusiones en un documento de 20 puntos, incluido el artículo 15: «Yo creo que la segunda venida de Jesucristo está cerca, casi en puertas, dentro de veinte años, o antes de 1843».

5. La parusía: entre el «ocultamiento» y la revelación

Después de referirme mediante esta síntesis de la historia de la expectativa del creyente cristiano durante los dos últimos milenios en relación con la segunda venida de Cristo y el fin del mundo, deseo resaltar el claro desacuerdo entre el «ocultamiento» que Dios hace de la fecha de la parusía y el entusiasmo ejercido por los hombres para descubrirla. Movidos por un fuerte deseo para encontrarnos con nuestro Señor, hemos entrado, tal vez sin pretenderlo, en conflicto con la sentencia de Jesús: «El día y hora nadie sabe, sino mi Padre sólo» (Mt. 24:36). Resulta muy atractivo acercarse a las Escrituras para satisfacer nuestro deseo de saber cuándo tendrá lugar la parusía, el último de los grandes sucesos que tendrá lugar en la historia del ser humano antes de la recepción de la salvación eterna. Será entonces cuando podrá decirse ¡con carácter definitivo! «todo se ha cumplido», tal como hiciera el mismo Jesús en el Calvario frente a la obra de la salvación. Con el mejor propósito, la Iglesia cristiana ha pretendido, probablemente con demasiada frecuencia, «ayudar» al Señor (tal como lo intentaron Abrahán con el hijo tenido de Agar, Moisés matando al egipcio que maltrataba a un israelita o Pedro con su espada en Getsemaní), interpretando las Escrituras en función de ciertos acontecimientos relacionados con el fin, pero que han demostrado su ineficacia para establecer «el día y la hora» de su venida. Si el Señor ha querido dejar en penumbra la fecha de su venida, a la Iglesia sólo le resta reafirmarse cada día en una actitud de espera confiada y de renovación espiritual, que la sitúe con garantías ante el acontecimiento que está por venir. Frente al tiempo transcurrido desde el arrebatamiento de Jesús, tal vez deberíamos plantearnos si lo que consideramos como profecías escatológicas tienen realmente la misión «única» de determinar el momento exacto (o próximo) de la segunda venida de Cristo.

No se justificaría la necesidad de un «tiempo intermedio» tan largo, entre la resurrección de Cristo y su segunda venida, sólo para dar lugar a la multitud de catástrofes que la profecía escatológica señala y que han tenido su dramático cumplimiento en el tiempo. No sería comprensible para el creyente que tan largo período intermedio tuviera solamente como fin comprobar cuánto dolor y cuánta ansiedad hemos tenido que soportar por nuestros pecados. Pienso más bien que, en este tiempo de espera, hemos de ver una vez más el amor de Dios por el mundo y que, de haber sido posible, Dios hubiera acortado estos últimos 2000 años de sufriente historia para que el fin de los tiempos llegara. Sólo la misión de la Iglesia puede explicarnos el «retraso», de modo que nuestra dolorosa espera sea la oportunidad de que los que no creen, crean, y que los que nada esperan de la eternidad, acepten todavía la salvación que se les ofrece. Un día terminará la espera paciente de los salvos, pero también se acabará la opción de salvación para las nuevas criaturas ¡Dios mío, qué complejo es para mi espíritu sintonizar la idea de que un día se terminará el dolor para el que cree, pero también se acabará la esperanza de salvación para el que no cree! Qué misteriosa será la salvación hasta el último acto de la historia de este mundo, cuando la fe deba verse enfrentada por última vez a la indiferencia, al materialismo, al escepticismo religioso y a la percepción temporal de la vida sin ninguna opción para la trascendencia. Por eso, por ellos, yo me gozo en la espera y retengo mi deseo de ver al Señor (recordad a Pablo, Fil. 1:21-25), porque lo que para mí hoy es espera, para los que todavía pueden creer es esperanza; porque lo que para mí todavía es sufrimiento en este mundo, para los que quedan por convertirse es la oportunidad última de ser hechos «hijos e hijas de Dios» y «coherederos con Jesucristo».

Dios toma cuenta de los acontecimientos que tienen lugar en la historia del hombre e incluso los utiliza para dar testimonio de que ve «el fin desde el principio» (prueba de su pre conocimiento) y para señalar aquellos acontecimientos que afectan al hombre en su peregrinaje por esta tierra. Los acontecimientos no determinan la venida de Cristo, sino que tienen lugar «dentro» del tiempo que Dios se ha concedido como tiempo intermedio para poner el punto final a la historia actual de este mundo. La crucifixión, la resurrección y la ascensión de Jesús muestran que nuestra salvación ya está asegurada y que la venida de Cristo es sólo el acontecimiento que hará posible y visible lo que ya es. La segunda venida no añade nada al plan de la salvación del hombre, sino que es su realización final. Podríamos decir que estamos esperando la parusía, pero instalados ya en el «tiempo de la parusía». Lo anteriormente vivido en la cruz, hace «presente» lo que aún está por venir: la segunda venida de Cristo.

6. La «espera» de la misericordia divina

No puede dejar de admirarme el hecho de que, para que yo pueda ser salvo, haya sido necesario que la historia se extendiese hasta el presente. Es por ello que es posible pensar que, en primer lugar, todo ser humano, sea creyente o no, tiene un valor inmensurable para Dios y, en segundo lugar, ningún creyente está en situación de determinar cuándo vendrá el Señor (pensando siempre en la proximidad), pues, con ello, es posible incurrir en un peligroso egocentrismo: sálveme yo sin sufrir la experiencia de la muerte, aunque eso signifique el fin de toda oportunidad para la generación que aún no ha nacido. Jonathan Schell, en referencia a las «personas posibles» que pueden vivir en futuras generaciones, escribe cuál es nuestra responsabilidad hacia esas vidas nonatas con palabras no exentas de solemnidad: «Si negamos la vida a quien no ha nacido, nunca tendrá la oportunidad de lamentar su destino, pero si le permitimos vivir, no le faltarán ocasiones para sentirse feliz por haber nacido en lugar de haber visto su existencia segada por nosotros antes de su nacimiento. Lo que debemos desear ante todo es que las personas nazcan, por su propio bien, y no por otras razones» (*The Fate of Herat*, pp. 171-172). Si la filosofía razona con tanta sensibilidad hacia los demás en un caso como el del aborto, cuánto más deberá hacerlo la teología, cuyo mensaje es el amor los unos por los otros (que toma su origen en el amor de Dios), uniéndose al deseo del Señor, que no quiere que «ninguno se pierda, mas todos procedan a arrepentimiento» (2 P. 3:9). Aquí se trata de nacer para vivir esta vida y de gozar de la opción de la vida eterna.

Si los pioneros adventistas, a mediados del siglo XIX, hubieran tenido razón sobre la fecha de la venida de Cristo, nosotros no estaríamos aquí como claros candidatos a la salvación eterna: simplemente no existiríamos. Tenemos derecho entonces a decir, aun a riesgo de parecer un tanto ególatras: «¡Gracias, Señor, porque tu venida no tuvo lugar cuando ellos esperaban!». No hay duda, debemos dejar a Dios la responsabilidad del «cuándo», pues sólo Él puede saber cómo resolver el grave problema «del momento oportuno» en relación con los potenciales candidatos a la salvación eterna de las generaciones futuras.

CAPÍTULO XI
Sentido de la fe en el discurso escatológico de Jesús

La reflexión de Jesús sobre el tiempo del fin: «Cuando el Hijo del hombre venga, ¿hallará fe en la tierra?» (Lc. 18:8) no debería hacernos pensar en el fracaso absoluto de la fe en el tiempo final, pero sí alertarnos a aceptar que ese interrogante propuesto por Jesús debe ser a la vez una advertencia y un estímulo: 1) Advertencia para todo aquel que cree y que piense que su tiempo de vida se sitúa en la etapa final, de modo que, advertido, haga frente a la crisis que se desprende del anuncio de Jesús: «¿hallará fe en la tierra?»; 2) Estímulo para reclamar incansablemente la ayuda divina necesaria para mantenernos fieles en los momentos de crisis. Por otro lado, la advertencia tiene un sentido de promesa: cuando creamos que la fe experimenta un estado general de crisis, aceptemos esa situación como una señal de que «el Hijo del hombre» está próximo a venir.

Sobre este discurso de Jesús, se impone hacernos tres sencillas reflexiones: 1) Se trata de un texto que parece estar situado fuera de su contexto, es decir, que su emplazamiento en Lucas 18:8 resulta un tanto artificial; 2) Es bien patente su carácter escatológico por su referencia a la Segunda venida de Cristo: «Cuando el Hijo del hombre venga»; 3) Señala la fe como un «signo» que determina el tiempo de la parusía: «¿hallará fe en la tierra?». Veamos esto con mayor detalle.

7. El texto dentro de su contexto

El capítulo 18 de Lucas se inicia con la parábola del juez injusto y, terminada la aplicación de la misma, el autor introduce inesperadamente, y sin relación que lo justifique, la perícopa: «Cuando el Hijo del hombre venga, ¿hallará fe en la tierra?». Como ha sido dicho, este breve discurso escatológico está precedido por la parábola del juez injusto y seguido por la parábola del fariseo y el publicano, siendo por ello, en este capítulo, la única referencia explícita a la venida de Jesús. Sin embargo, el capítulo anterior sí contiene un discurso sobre la venida del Reino de Dios (Lc. 17:20) y continúa desarrollando este tema hasta el final del capítulo (vv. 20-37). A este discurso, le sigue la parábola del «juez injusto» y a continuación aparece la referencia anteriormente citada («cuando el Hijo del hombre venga»), con un sentido escatológico claro, pero separada artificialmente del discurso escatológico que la precede. Es tentador, pues, buscar un contexto que puede ser más lógico para el texto de Lucas 18:8, situándolo a continuación de Lucas 17:30. Este método es frecuentemente utilizado en teología, consistente en proponer una cierta movilidad de algunos textos o capítulos, pero sin la intención de cambiar el sentido de la Escritura ni de añadir o quitar nada del contenido, por entender que se trata de una mejor opción textual, más lógica y comprensible. No pienso que sea necesario dar aquí ningún ejemplo porque, sin duda, pisaríamos un terreno inestable, facilitando una controversia que, ni es deseable, ni es el objetivo de este trabajo. Pero, como todo estudioso de las Escrituras sabe, los ejemplos abundan, recogidos por la crítica textual, y que, sin alterar con ello el sentido de la Escritura, nos ofrecen una redacción más comprensible del texto.

Lucas 17:20-37 es un discurso claramente escatológico que puede tener muy bien su conclusión en Lucas 18:8: «Cuando el Hijo del hombre venga». Aceptarlo así nos proporcionaría una unidad bíblica que nos permitiría pensar que el estado de fe de la humanidad, cuando Jesús venga, será una referencia que nos permitirá entender el tiempo que estemos viviendo. La fe, no sólo como elemento esencial para la redención del hombre pecador, sino como señal escatológica, como propuesta para identificar el tiempo cuando el Hijo del hombre venga a rescatarnos. Uniendo Lucas 17:30 con Lucas 18:8b, el texto completo quedaría así: «Como esto será el día en el que el Hijo del hombre se manifestará (...). Empero cuando el Hijo del hombre viniere, ¿hallará fe en la tierra?». Entiendo que tal transposición no cambia el significado del texto y, sin embargo, pienso que la redacción gana en sentido lógico.

Podemos alargar el argumento si tomamos cuenta del contenido escatológico de Lucas 17, donde se cita «Como los días de Noé, así también será en los días del Hijo del hombre» (v. 26); o bien «como en los días de Lot», citando las características de una vida social disoluta, para añadir «como esto será el día en que el Hijo del hombre se manifestará» (v. 30). Podemos deducir así que la referencia se hace a épocas de crisis de fe, perfectamente relacionadas con la descrita en Lucas 18:8.

Uno de los procedimientos que utilizaban los teólogos judíos en la investigación de la Escritura y en la predicación de la misma (en ambos casos se utiliza el verbo *darash*) se conoce hoy por la expresión «razonamiento por analogía», consistente en relacionar entre sí los pasajes de la Escritura que presentan puntos en común en el contenido general (*El Midrás*, p. 41).

8. Carácter escatológico del texto

En relación con la esperanza en la segunda venida de Cristo, la secularización actual está debilitando el compromiso del creyente con Dios y con la Iglesia, poniendo obstáculos para aceptar a Jesús como Salvador. La misma Iglesia (ya no sólo la sociedad) puede servirnos de referencia para constatar el debilitamiento de la expectativa de la segunda venida, con el claro peligro de instalarse cómodamente en la sociedad posmoderna, pactando con ella hábitos y costumbres propios de una sociedad descreída, cada vez en una menor sintonía con los principios cristianos. Para algunos, este cambio hacia el secularismo eclesiástico se explica a partir de la decepción producida por la ya larga espera de la segunda venida para que se haga realidad nuestro rescate. Ruiz de la Peña escribe sobre lo que el llama «estado paulatino de adormecimiento»: «Una Iglesia que ya no se siente la comunidad de los que esperan la venida del Señor se inclinará a instalarse en el mundo lo más cómodamente posible» (*La pascua de la creación*, pp. 140-141). Lo vemos con nuestros propios ojos: sólo una Iglesia que mantenga su esperanza en las promesas de Dios, y que haya asumido la necesidad de confiar en ellas por encima de las circunstancias adversas, será capaz de volver a predicar el *maranatha* con la misma convicción con la que lo ha hecho en otras épocas del pasado, podrá vencer su dependencia del mundo y poner el énfasis en la llegada del Reino de Dios como sociedad eterna. Es asumiendo que el verdadero sentido de la existencia de la Iglesia está en la misión de predicación del evangelio del Reino, tanto como en asumir la espera como otra forma de servicio, porque la Iglesia que espera confiada ofrece un testimonio vivo de amor, fe y esperanza. Concluyo esta idea recordando las palabras del apóstol Pedro: «Esperando y apresurando para la venida del día de Dios» (2 P. 3:12), es decir, que la espera no debe ser pasiva, sino avivadora del acontecimiento que el creyente espera, pues quien vive en la esperanza del Reino está testimonialmente haciendo posible su establecimiento.

Para algunos, entre los que me encuentro, la señal que mejor define la segunda venida de Cristo es aquella que se refiere a la predicación universal del evangelio y que encontramos especialmente señalada en el primer evangelio: «Será predicado este evangelio del Reino en todo el mundo, por testimonio a todos los gentiles, y entonces vendrá el fin» (Mt. 24:14). Aunque existen serios problemas para determinar «cuándo» podremos considerar cumplida esta previsión escatológica, se entiende que los beneficios que aporta su cumplimiento son esenciales para mantener a la Iglesia viva y dinámica, lo que ya genera un extraordinario beneficio para ella.

Felizmente, y como contrapeso a una sociedad que en general podemos clasificar como secularizada y escéptica con la fe, todavía hay colectivos religiosos que siguen haciendo de la misión su primera ocupación, lo más importante, aquello que les define como creyentes comprometidos con la espera de su Señor, conjugando eficazmente evangelización y esperanza. Sin embargo, no podemos ignorar que ambas actitudes se han debilitado mucho en las sociedades del mundo más desarrollado, afectadas por una perspectiva casi mesiánica de la ciencia, la tecnología y la economía. Se ha forjado así una relación causa-efecto que difícilmente puede ser puesta en cuestión: a mayor desarrollo económico, menor compromiso espiritual y misionero, menor tensión por las cosas trascendentes. Instalados en una sociedad que tiene como objetivo prioritario satisfacer todas las necesidades posibles en el orden material y cultural, ésta experimenta un debilitamiento de su sentir espiritual y su compromiso religioso, los cuales amenazan con distorsionar gravemente la fe en Dios y la esperanza de salvación eterna. Cuánto mayor es la acomodación social, menor es el deseo de alcanzar el «paraíso» prometido.

Todavía recuerdo a aquella dama suiza de avanzada edad (84 años) que asistió, hace algunos años, a las conferencias que presenté en la Iglesia central de Ginebra (Suiza), y la recuerdo muy especialmente en relación con la noche en la que el tema presentado fue el de la segunda venida de Cristo. Su aspecto era cuidado y elegante, y me dirigí a ella, en el turno de saludos, para confirmarle mi gozo por nuestra esperanza en la parusía, deseando que tan decisivo acontecimiento tuviera lugar pronto (por no señalarle que ella, inevitablemente, lo tenía cerca por causa de la edad). Sonriente y con firmeza me respondió: «No tenga tanta prisa para que llegue el fin del mundo, que aquí también se vive muy bien. Suiza, mi bonito país, con tan hermosas casas y palacios me gusta muchísimo. Sin duda que la venida del Señor será algo maravilloso, pero sin prisa, ¡eh!, sin prisa». No recuerdo que en ningún momento aquella dama renunciara a la segunda venida, pero deseaba que ésta se produjera después, en un futuro indeterminado. El presente le parecía suficientemente reconfortante.

Desdichadamente falleció cuatro meses más tarde y confío que lo hiciera reafirmando su confianza en el Señor para salvación eterna. No trato de impresionar aquí con este desenlace fatal, sino exponer simplemente que a los 84 años de edad se suele estar bastante cerca del desenlace final, cuando el futuro se acorta a su mínima expresión y lo más sabio suele ser situar nuestras expectativas de cualquier género en el presente, por ser el único tiempo que nos está asegurado a todos, pero con un claro énfasis en las personas mayores. Sin duda que es lícito gozarse con los logros del presente, pero sin olvidar que tenemos un inevitable futuro que afrontar y que será determinante para nuestro destino eterno. Cuando se cree firmemente en la parusía y en el regalo inmenso que la misma trae aparejada, necesariamente tendremos un deseo incontenible de que tal hecho se produzca: «Debería ser estimulante que, precisamente hoy, por encima de las diferencias doctrinales, volviéramos a situarnos en la escatología, de la que la teología y la Iglesia han vivido siempre y en la que tienen, sin duda, su única posibilidad de supervivencia» (T. Rainer Peters, *La provocación del discurso sobre Dios*).

Han transcurrido ya 2000 años esperando el fin prometido por Jesús y ciertamente podemos decir: «Mi señor se tarda en venir». Hoy ya no se puede reprochar a nadie que asuma las palabras del mayordomo de la parábola, pues el tiempo transcurrido es muy grande, partiendo de los períodos de tiempo en los que nos movemos los seres humanos. Es la mala conducta del mayordomo, después de que llega a comprender el retraso de su señor, lo que es criticable (Lc. 12:45-46), no que reconociera su tardanza, pues ésta parecía estar justificada. Sin embargo, tenemos la revelación divina que nos sigue alentando mediante el discurso de Jesús: «Vendré otra vez»

(Jn. 14:3), promesa que debe renovarse en cualquier tiempo, manteniendo con ello toda su actualidad para el creyente, puesto que la «palabra del Dios nuestro permanece para siempre». La lectura y reflexión de las promesas de Dios nos consuelan. Aunque reconozcamos que la experiencia del cristiano va acompañada frecuentemente de dolor y de una cierta angustia por la experiencia del pecado en una sociedad especializada en promoverlo, no deberíamos soslayar las innumerables experiencias gozosas que la fe y el discipulado de Cristo producen.

La Biblia es, antes que nada, un mensaje de alivio para el corazón fatigado por la experiencia del pecado. Así, no será exagerado pensar que si «cuando abundó el pecado, sobreabundo la gracia», podremos entender que el amor de Dios y sus reconfortantes efectos en nosotros deben ser compensadores del sufrimiento experimentado. Aceptar ambos ha conferido un cierto equilibrio a la Iglesia en su ya larga andadura; equilibrio que ha hecho posible la aceptación de experiencias tan dispares como el sufrimiento y el gozo; el fracaso y la victoria; la decepción y la esperanza. La inevitable comprensión del dolor histórico de la humanidad debe hacer más deseable el triunfo final, pues ambos, dolor y victoria, son presentados en la palabra profética tan íntimamente unidos, que lo uno parece conducir a lo otro: «Porque es menester que por mucha tribulación entremos en el Reino de los Cielos». En la medida que tomamos conciencia de la situación de sufrimiento que nos corresponde vivir, debemos aceptar con ella el cumplimiento de la promesa de victoria. Si el sufrimiento estaba previsto, también lo estaba su solución. Por eso H. Küng cierra su obra *El principio de todas las cosas*, en respuesta a quienes rechazan la fe anteponiendo a ella su personal interpretación de la ciencia, del modo siguiente: «Estoy convencido de que, aunque a la hora de la muerte perdiera la apuesta, nada habría perdido de cara a mi vida. No; en cualquier caso, habría vivido mejor, más alegre, con más sentido que si no hubiera tenido esperanza alguna» (p. 201).

El evangelista Lucas se refiere a la dolorosa situación que experimentarán los hombres durante el «tiempo intermedio»: «muriéndose los hombres de terror y de ansiedad por las cosas que vendrán sobre el mundo» (Lc. 21:26); pero, a continuación, nos alienta con la parusía del Señor: «Cuando empezaren a suceder estas cosas; cobrad ánimo y levantad la cabeza porque se acerca vuestra liberación» (v. 28). El autor, probablemente, pensaba más en la recompensa que en el dolor humano. Es decir, pareciera que las «señales» han sido dadas, no tanto con una intención cronológica específica, sino con una intención histórica, para que cuando el sufrimiento alcanzara a los creyentes de cualquier época, éstos recibieran consuelo mediante la promesa de la recompensa divina que vendría a continuación, cuando se cumpla el tiempo determinado por el Señor para concederla. Ahora bien, el interrogante sigue ante nosotros. La verdad objetiva es que han transcurrido dos milenios desde que se nos diera la promesa de su venida, pero seguimos aquí, sin haberla aún recibido. Para el creyente, todo parece seguir igual después de tanto tiempo, pero, a la vez, todo ha cambiado. Aunque después de 2000 años seguimos inmersos en la ciudadanía terrestre, no por ello ha desfallecido la fe en la comunidad de aquellos que han hecho de la parusía el centro de su esperanza. Sin ninguna duda, «hoy nos está más cerca nuestra salvación que cuando creímos» (Ro. 13:11). Por lo tanto, este largo período de decepciones experimentadas por los creyentes de todas las épocas (debidas éstas principalmente a la urgencia manifestada en la espera), reclama en el presente un renuevo de la fe, tan maltratada cuando es más necesaria, «pues si el Dios que existe es de verdad Dios, entonces no lo es sólo para mí aquí y ahora y hoy, sino que también lo será al llegar el fin del mundo» (*op. cit.*, p. 200).

9. La fe como señal escatológica

En el evangelio de Juan se nos dice que, en su primera venida, «hizo Jesús muchas señales (*semeia*) en presencia de sus discípulos» (Jn. 20:30), explicando a continuación por qué las hizo: «para que creáis que Jesús es el Cristo el Hijo de Dios; y para que, creyendo, tengáis vida en su nombre» (v. 31). Es decir, que Jesús hace referencia a las señales (milagros) como argumento para certificar quién era Él y para que, reconociéndole, creyeran en la misión que le había traído a este mundo. Jesús utilizaba los milagros como «tarjeta de presentación», muy útil en el medio judío en el que predicaba. Pablo, un judío histórico, reconoce que «los judíos piden señales» (1 Co. 1:22), por entender que quien las hacía debía estar tocado por el dedo de Dios, siendo pues impresionados más por lo que hacía que por lo que enseñaba. Ya Juan lo refleja reiteradamente en su evangelio: «Muchos creyeron en su nombre, viendo las señales que hacía» (Jn. 2:23). A continuación, será Nicodemo quien reconozca en

177

Jesús a alguien que ha «venido de Dios por maestro; porque nadie puede hacer estas señales que Tú haces, si no fuera Dios con Él» (Jn. 3:2). Las señales fueron el poderoso argumento utilizado por Jesús en su ministerio, en su deseo de que su pueblo reconociera en Él al Mesías prometido.

No es diferente el contexto de su segunda venida: proliferan las «señales» ofrecidas para identificar los tiempos vividos por la Iglesia y preparar el fin de la historia. Ya no se trata de milagros hechos a favor de las gentes necesitadas, sino de acontecimientos (muchas veces dramáticos) que tienen el mismo objetivo: mostrar el pre conocimiento que Dios tiene de los hechos y mover a los hombres a creer, preparándose para hacer frente a la experiencia del fin. Hay una diferencia notable entre las «señales» que apoyan el ministerio de Jesús y aquellas que se relacionan con la escatología: las primeras son argumentos desplegados por el amor de Dios a favor del hombre sufriente y necesitado, mientras que las segundas, con su carga dramática a veces, son un exponente de la trasgresión histórica de los hombres. Los milagros de Jesús generaban efectos placenteros inmediatos, y movían al reconocimiento y la alabanza de quienes eran favorecidos de ese modo, así como de las gentes que los contemplaban; mientras que las señales del fin son sólo la previsión de aquellos sucesos que tendrán lugar en la historia de los hombres, y en los que Dios interviene escasamente. Los hechos tienen lugar y Dios, mediante su pre conocimiento de los mismos, se adelanta a ellos para que cuando sucedan, creamos. Son señales en el largo camino de la historia que tienen como fin indicar, a medida que acontezcan, el tiempo en el cual vivimos y, alcanzado su pleno desarrollo, intuir la proximidad del fin. La señal es más una indicación que una fecha, un emplazamiento en el tiempo más que la indicación de un momento preciso. El primer evangelista dirá en su sermón escatológico: «Oiréis guerras y rumores de guerras (…) pero aún no es el fin» (Mt. 24:6). La señal y el fin no son hechos consecuentes, sino relacionados. Y así ha sido con la mayoría de las señales escatológicas que hemos recibido, y que no ha permitido a los estudiosos de las profecías, determinar el momento de la venida de Jesús, ¡a pesar de las múltiples propuestas que han sido hechas. Es en ese sentido, un tanto genérico, que podríamos interpretar la promesa de que «no hará nada el Señor Jehová, sin que revele sus secretos a sus siervos los profetas» (Am. 3:7). Revelar sus secretos hoy hasta un punto conveniente.

Jesús dijo: «Cuando el Hijo del hombre venga, ¿hallará fe en la tierra?». Cierto es que este breve texto contiene todos los elementos de una «señal» escatológica, puesto que se refiere al fin en la expresión «cuando el Hijo del hombre venga», y sabemos que la segunda venida de Jesús será el acontecimiento que cerrará la historia actual de este mundo, cuando tendrá lugar el juicio final y la resurrección de los muertos. No resulta fácil situar los hechos que identifiquen históricamente la crisis de fe que se señala en el texto, pero si tengo que decidirme por algún período en toda la historia del cristianismo, me decanto por el siglo XXI como el tiempo cuando la fe en Dios ha alcanzado su mayor nivel de descrédito y de rechazo. Un claro ejemplo podemos encontrarlo en los centros de enseñanza y en los medios de comunicación, donde la teoría de la evolución radical (y, por lo tanto, la negación de la necesidad de Dios) parece imponerse a la doctrina de la creación que sitúa a Dios en el origen y el destino de todas las cosas. Hoy, como ya he dicho más arriba, el mayor enfrentamiento no se produce entre iglesias o sobre diferentes interpretaciones de las Escrituras (aunque también existe), dado que hoy la tensión tiene lugar entre creyentes y no creyentes, entre ciencia y religión, entre evolución y creacionismo. La situación hoy nos mueve a reconocer el avance de la increencia y de la indiferencia religiosa frente al retroceso de la fe.

En el mundo occidental, donde con mayor firmeza se ha implantado el agnosticismo, el secularismo y el ateísmo, muchos creyentes se limitan a lamentar el triste declive de la práctica religiosa y a mantener una actitud religiosa defensiva, inerme, casi asustadiza, tratando de defender más una tradición cultural que una auténtica experiencia de fe en Jesucristo. Por otro lado están los países en desarrollo económico, donde empiezan a experimentar el sabor atractivo de los bienes de consumo con dejación, en parte, de su anterior celo testimonial y evangelizador.

No obstante, puede que el peor adversario del cristianismo no haya que buscarlo sólo entre los evolucionistas ateos o los filósofos de la «muerte de Dios», sino en la pérdida del sentido religioso de los mismos creyentes. Siendo real esta falta de identidad de la sociedad posmoderna con la vida cristiana, deberíamos, sin embargo, no olvidar el nivel de dificultad al que el creyente debe hacer frente para experimentar su fe en un medio tan agresivo como el actual: la sociedad de la ciencia, el consumo y el materialismo. Puede ser que, como ocurriera en tiempos de las persecuciones inquisitoriales, hacer hoy pública profesión de fe tenga un valor añadido, aunque no tan arriesgado como entonces. El tipo de persecución ha cambiado, pero no sus efectos, pues su acción disuasoria sobre la fe del creyente tiende igualmente a su aniquilación. Tal vez sea por eso que hemos de valorar la fe en función de los tiempos difíciles que vivimos y no sólo cuantificar las pérdidas con cifras y estadísticas, como, por ejemplo, decir que el 60% de los científicos norteamericanos no creen en Dios o que sólo el 18% de los católicos españoles asisten a los servicios religiosos. Es frente a la dificultad que se evalúa la fe: a mayor dificultad para experimentarla, mayores garantías de autenticidad. Ser creyente hoy, cuando se presentan tantas propuestas que desalientan una genuina profesión de la fe, determina la calidad espiritual del creyente. La sociedad posmoderna del siglo XXI se caracteriza por su liberalidad con sus ciudadanos, tal vez porque la misma sociedad ha perdido la iniciativa en lo correspondiente a la moral, el respeto ciudadano y la superación del «yo» para aceptar el «nosotros». El egocentrismo y un cierto narcisismo se han manifestado también en el interior de las comunidades cristianas, aunque no de forma generalizada y con numerosas excepciones que hacen menos grave el problema. Parece que es inevitable que la sociedad influya sobre la Iglesia, así como la Iglesia ha influido siempre sobre la sociedad en la que ha establecido su «tienda» para ejercer su ministerio. Europa es hoy, en buena parte, lo que la influencia del cristianismo ha hecho por ella, de modo que la sociedad europea y las iglesias han vivido, juntas, tanto sus éxitos como sus crisis. Se puede decir que la Iglesia oficial ejerció, durante los largos siglos de la Edad Media y parte de la Edad Moderna, un poder casi absoluto sobre los reyes y sus gentes, poder que no supo administrar con el espíritu del evangelio de Jesucristo, perdiéndose con ello la gran oportunidad de concebir una sociedad capaz de recibir la ciencia como un don de Dios y no como un enemigo de la fe. La crisis del siglo XXI, como ya hemos dicho anteriormente, no es casual sino causal.

Para ilustrar hasta dónde ha llegado esta sociedad en su cuestionamiento de la fe en Dios, citaré el caso del pastor holandés Klaas Hendrikse, ministro de una iglesia protestante, que escribió ya en 2007 un libro que fue señalado como el «manifiesto de un pastor ateo». En él, Hendrikse argumenta a favor de la no existencia de

Dios, aunque reconoce que cree en Él como un mero concepto. Añade: «Muchos protestantes de teología liberal creen que Dios es, finalmente, un concepto intelectual que puede dar sentido a la vida, no un ser divino que es real, que tiene vida por sí mismo y que es soberano sobre todo lo creado». Lo más singular del caso está en el hecho de que nadie ha pedido su baja como predicador en la iglesia a la que sirve. Sólo se abrirá un debate sobre el sentido de las palabras de este predicador tan peculiar, que piensa que muchos otros teólogos «pueden ser ateos, pero que de alguna manera consideran que el concepto de Dios puede ser útil para el ser humano». Sin expresar ningún tipo de alarma al respecto, parece que, uniendo esta tendencia a tantas otras contrarias a la fe histórica del cristianismo, podremos empezar a pensar que el creyente genuino en la Palabra de Dios «es una especie en peligro de extinción». Eso es por lo menos lo que se oye en conversaciones entre creyentes, haciendo referencia a la escasa asistencia a los servicios religiosos de las iglesias y la ausencia de tantos creyentes que conocimos en un pasado relativamente próximo, que estaban con nosotros y que ahora están ausentes. Pienso que hoy puede decirse con toda propiedad que «creemos en tiempos peligrosos para la fe» pero, a la vez, hallamos reconfortante la esperanza de que la crisis de fe, gracias al breve discurso de Jesús en Lucas 18:8, tiene un sentido escatológico que nos sitúa en el tiempo final de la historia de este mundo y que, por lo tanto, nos emplaza en un punto de acceso próximo al Reino de los cielos.

Esta referencia de Jesús a «una escatología de la fe» no se encuentra lejos, en su sentido último, de aquella otra que encontramos en el evangelio de Mateo: «será predicado este evangelio del Reino en todo el mundo, por testimonio a los gentiles, y entonces vendrá el fin» (Mt. 24:14). El fin es aquí equivalente a la expresión «cuando el Hijo del hombre venga», haciendo referencia al mismo acontecimiento: la segunda venida de Cristo y el fin del mundo. La fe y la misión se encuentran interaccionadas en los evangelios: la fe mueve hacia la misión con el fuerte deseo de compartir la buena nueva evangélica y la misión nutre la fe del creyente con el flujo que viene del bien realizado y del gozo de contribuir a expandir el Reino de Dios. Tal vez uno de los ejemplos que mejor ilustra esta interacción entre «fe» y «misión», lo encontremos en la experiencia vivida entre Jesús y la mujer samaritana (Jn. 4:1-30). Cuando la samaritana, que había sido conducida sutilmente por Jesús de lo material («dame de beber», v. 7) a lo espiritual («los verdaderos adoradores adorarán al Padre en espíritu y en verdad», vv. 23-24), dice a Jesús: «Sé que el Mesías ha de venir, el cual se dice el Cristo» (v. 25), Jesús le responde: «Yo soy, que hablo contigo» (v. 26). La reacción de la mujer samaritana muestra que ha recibido en su corazón el impacto de la fe, y lo muestra mediante el cumplimiento de una misión que nadie le ha pedido que realice, y que ella lleva a cabo espontáneamente: «dejó su cántaro, y fue a la ciudad, y dijo a aquellos hombres: 'Venid, ved a un hombre que me ha dicho todo lo que he hecho, ¿si será este el Mesías?'» (vv. 28-29). A pesar de la aparente duda manifestada por su pregunta, puede garantizarse, sin embargo, el fuerte impacto que el encuentro con Jesús produjo en su alma y que la movilizó, súbitamente, para imponerse una misión a favor de sus conciudadanos, lo cual debió exigir de ella una gran dosis de valor: 1) Por el efecto que su discurso testimonial tuvo entre quienes la escucharon: «salieron de la ciudad y vinieron a Él» (v. 30). Con mucha convicción debió expresarse para que una «mujer», en aquel tiempo, produjera tal impacto entre los samaritanos; 2) Por la enorme valentía de testificar sobre su propia vida, ante un pueblo que no debía tenerle un particular aprecio a causa de su conducta: «me ha dicho todo lo que he hecho», una síntesis de lo cual ya había reconocido ante Jesús (v. 18). La escena se cierra de la manera más positiva posible: «Y muchos samaritanos de aquella ciudad creyeron en él por la palabra de la mujer, que daba testimonio» (v. 39). A la luz de este ejemplo, centremos nuestra atención en la misión como instrumento vivificador de la fe.

CAPÍTULO XII
La fe está viva en la misión

10. La misión de la Iglesia

Podemos estar seguros de que Jesús, teniendo en sus manos la «hoja de ruta» de la historia de los hombres hasta la parusía, previó un tiempo «intermedio» entre su resurrección y la consumación de todas las cosas; entre la realización de la salvación en la cruz y la aplicación de la misma a quienes la acepten. Dicho de otro modo: Jesús no debió pensar que su sacrificio en la cruz fuera el acto último de la historia de este mundo y que, como consecuencia, la parusía fuera el acto inmediatamente siguiente. Ya las parábolas del crecimiento postulaban este período, este tiempo intermedio: la vida de Jesús es el momento de la siembra, de la puesta en marcha de un proceso; necesitándose paciencia y perseverancia para disfrutar de la plenitud de su fruto. La creación de un discipulado, las instrucciones sobre la actitud que éstos deberían asumir en el mundo y, sobre todo, la asignación de una tarea misional con un carácter universal, nos permiten suponer que Jesús concede un tiempo a este mundo después de su muerte y resurrección. Sin ese período no tendrían sentido los constantes llamamientos a la vigilancia, lo que constituye uno de los rasgos más característicos de la predicación de Jesús. ¿Para qué les había elegido e introducido en la experiencia de la misión (envío de los 12 y de los 70, Lc. 9:1-6; 10:1-17) si no era para que llevasen a cabo la labor que les había encargado reiteradamente. Asimismo podemos referirnos a la narración del ayuno de los discípulos: «ya ayunarán cuando el esposo les sea arrebatado» (Mc. 2:19-20). Ambos suponen la prolongación del tiempo intermedio más allá de la muerte de Jesús, aunque sin referencia a un tiempo determinado. De acuerdo con el contexto neo-testamentario, no es posible renunciar a «ese tiempo de gracia divina para todos», puesto que sin él no serían posibles elementos sustantivos de la enseñanza evangélica: una comunidad escatológica, una obra de misión, una ética exigente, una tarea de colaboración en el cumplimiento del plan de la salvación y una actitud expectante y totalmente dependiente de las promesas del Maestro.

No hay duda de que nos encontramos instalados en una momento de la historia (transcurridos casi 2000 años) que sorprendería a las pasadas generaciones de creyentes que esperaban el «pronto» regreso de Jesús. No me parece exagerado pensar en el impacto que les produciría el ver que todavía estamos en este mundo y alentados por la misma esperanza de ver aparecer a nuestro Señor. Felizmente, desde la creencia de que los muertos nada saben (Ecl. 9:5-6) y que, por lo tanto, están sumidos (salvo raras excepciones) en la total inconsciencia, no tienen conocimiento de nuestros chascos escatológicos y, por lo tanto, no sufren por ellos. Aprendida la lección, el tiempo escatológico transcurrido debería posibilitar en nosotros un concepto más maduro de la parusía, haciendo de este acontecimiento no algo que podemos manipular los creyentes, sino algo que depende enteramente de la decisión divina y que ya está disponible para sernos aplicado.

Tener ideas preconcebidas en el estudio de las profecías para la interpretación de la escatología bíblica se convierte en una dificultad para comprenderla correctamente, pues podemos subjetivar la respuesta llevados de nuestro deseo de que sea así, como soñamos que sea, sin dar opciones a otras posibilidades interpretativas. Tenemos el deber de acercarnos a la revelación con oración y un espíritu abierto, que dé cobijo a toda respuesta querida por el Señor y, si hemos de fallar en dicha interpretación, que lo sea siempre en el sentido de la prudencia y de la paciencia para esperar mayor luz. De acuerdo con la Escritura, el acontecimiento de la parusía reclama de la Iglesia el cumplimiento previo de algunas condiciones: la preparación espiritual de sus miembros, la paciente espera, la fe inquebrantable en que «el que ha de venir, vendrá y no tardará» (por compleja que sea esta sentencia) y, muy especialmente, el cumplimiento de la misión de compartir con el mundo nuestra esperanza. Así pues, aunque me estoy refiriendo a una espera paciente, ésta nunca debería ser interpretada como una espera pasiva y contemplativa, no comprometida con el mensaje de advertencia al mundo de que el fin se acerca, no cumplidora de la misión que la Iglesia ha recibido como encargo y que explica el sentido del «tiempo intermedio» en el que estamos viviendo. Bien al contrario, el poder espiritual que la Iglesia representa, así como su propia supervivencia en un medio social tan adverso, sólo se hace viable a través del testimonio de vida cristiana de los creyentes y del poder de la palabra de la verdad revelada, tal como hemos visto en la experiencia e la mujer samaritana.

11. La misión ¿una señal escatológica?

Intento destacar la importancia de la misión como señal escatológica, pensando en el superior significado que ésta alcanza al nacer de una orden directa de Jesús a sus discípulos: «Yo os envío» (Jn. 17:18); por su carácter universal: «toda nación, tribu, lengua y pueblo» (Ap. 14:6); así como por el tiempo de vigencia de la orden misional: «Será predicado este evangelio del Reino (...) y entonces vendrá el fin» (Mt. 24:14). La misión y su cumplimiento a través de la Iglesia es, prácticamente, la única señal que nace directamente del Señor para ser llevada a cabo por los creyentes antes de su venida. En todas las demás señales del fin, los creyentes somos simples notarios de las mismas (señales astronómicas), dado que participamos escasamente de su gestión, aunque sí podemos ser receptores de sus terribles efectos (guerras, hambres, angustia). Podría decirse que somos sus víctimas y que nada podemos hacer para que no se produzcan. La misión, sin embargo, nos es entregada directamente por el Señor, siendo su realización la condición previa para que tenga lugar el acontecimiento de su venida.

Por lo tanto, y por decisión divina a través de Jesucristo, la Iglesia recibe la misión como privilegio y responsabilidad. Cierto es que Jesús dejó intrigados a los fariseos asegurándoles que la obra de proclamación podría ser llevada a cabo aun sin los hombres. Cuando los fariseos le reclamaron que reprendiera a sus discípulos por lo que éstos decían mientras acompañaban al Maestro en su entrada a Jerusalén: «¡Bendito el rey que viene en el nombre del Señor!» (Lc. 19:38-40), Jesús les respondió: «Os digo que si éstos callaren, las piedras clamarán» (v. 40). No podemos literalizar el texto, sino entenderlo como una metáfora que ilustra la afirmación de que el plan de Dios se llevará a cabo con o sin el hombre. Si Dios concibe un plan para que sea llevado a término en el contexto de la salvación de los hombres y mujeres de este mundo, nada ni nadie podrá impedir que se realice completamente. La propia originalidad dramática del plan de la salvación mediante la humanización del mismo Dios es suficiente argumento para comprender de qué modo, «venido el cumplimiento del tiempo», el proyecto divino se llevará invariablemente a cabo. No se trata aquí de que las piedras hablen, pero si para que el plan divino se lleve a cabo tienen que hablar las piedras, ¡ciertamente que lo harán!

Volvamos al tema que estamos considerando: la misión. Habiendo sido iniciada por Jesús mismo, es asumida como responsabilidad de la Iglesia desde el tiempo de los apóstoles. Cuando Jesús dice: «Será predicado este evangelio del Reino en todo el mundo (…) y entonces vendrá el fin» (Mt. 24:14), parece estar estableciendo la base escatológica de la parusía: el evangelio de la salvación debe ser ofrecido al mundo, mediante la actividad misional de la Iglesia, como precedente inevitable para que Dios establezca «el Reino de los cielos». El problema que encontramos aquí está en relación con el sentido que debemos conceder a la sentencia: «Será predicado este evangelio en todo el mundo». ¿Se refiere a cada persona de este mundo? ¿Cuándo y cómo sabremos que todo el «mundo» ha sido evangelizado? La estadística desarma cualquier intento de prever cuándo se completará el pleno cumplimiento universal de la misión. Ni siquiera esta señal escatológica, que es sin duda la más importante y significativa para la Iglesia en el tiempo presente, puede hacer una propuesta cronológica sobre la segunda venida. Sin duda que «hoy nos esta más cerca la salvación que cuando creímos», pero sin poder por ello establecer con plena seguridad el sentido de «cerca»: ni el momento, ni el día, ni la hora. La escatología bíblica sólo puede entenderse como una actitud de confianza en Dios y de reconocimiento de su soberanía absoluta sobre los «cuándo» y los «por qué» de nuestra historia.

12. Una observación más sobre la misión como señal escatológica

Si lo que mueve a esperar a Dios para la manifestación de su venida es que haya el mayor número posible de salvos («no queriendo que ninguno se pierda», 2 P. 3:9), entonces, lo que el mundo necesita, como lo ha necesitado siempre, es una Iglesia misionera que le alcance con la palabra, la buena nueva de salvación. Sólo la misión de la Iglesia puede traer luz sobre este largo período de espera, de modo que nuestra expectativa sea la oportunidad para que los que aún no creen, crean, y los que nada esperan de la eternidad, acepten la salvación que se les ofrece. Un día terminará la espera paciente de los salvos, pero también se acabará la opción de salvación para las posibles nuevas generaciones. ¡Dios mío, que complejo es para mi comprensión sintonizar la idea de que un día se terminará el dolor para el que cree, pero, a la vez, también acabará la esperanza para el que no cree! ¡Qué misteriosa será la salvación de este pequeño mundo hasta el último acto de su historia! Nuestra dolorosa espera es esperanza para los que todavía no creen o puedan creer en el futuro incierto que encaramos. Este acto, tan cristiano, tan propio de un Jesús que elige sufrir y morir sólo por amor hacia el pecador condenado por su pecado, será interpretado por el ateo como un argumento contra la existencia de Dios, pues pensará que si existiera Dios y fuera bueno, tal como lo acepamos los creyentes, no permitiría este sufrimiento de veinte siglos.

El cumplimiento de la misión por la Iglesia es el mayor argumento a favor de su existencia durante este tiempo de vigilia. Tal es la supervivencia del pueblo judío hasta hoy, a pesar de haber enfrentado las circunstancias más adversas durante los dos últimos milenios (posiblemente gracias a la intervención divina en su favor), y esto a pesar de su rechazo de la cristología bíblica. No olvidemos que Pablo escribe de ellos: «¿Qué, pues, tiene más el judío? Mucho en todas maneras. Lo primero ciertamente, que la palabra de Dios les ha sido confiada» (Ro. 3:1-2). A la luz de esta experiencia, que muestra como Dios cuida de los que ama (no porque sean dignos, sino porque Él lo ha prometido: «Yo no me olvidaré de ti»), podemos sacar conclusiones alentadoras para la Iglesia a pesar de los tiempos difíciles para la fe por los que transita. Pasados casi dos mil años, la Iglesia sigue esperando a su Señor y evangelizando en el mundo, consciente de que ambas actitudes (la espera y la misión) son las características que mejor la definen como Iglesia.

El evangelista Lucas nos encarece en su capítulo más escatológico: «Velad pues, en todo tiempo, que seáis tenidos por dignos de evitar todas estas cosas que han de venir, y de estar en pie delante del Hijo del hombre» (Lc. 21:36). La Iglesia es, de este modo, protagonista y beneficiaria a la vez mediante el cumplimiento de la misión que le ha sido encomendada. No podemos ignorar que, con la misión como señal escatológica, el peligro está en no asumir correctamente el privilegio que se nos ha concedido de sembrar la esperanza en tantos corazones que no han aprendido a gozarse con un futuro trascendente. Somos llamados a predicar voluntariamente el evangelio, y sólo cuando lo hayamos predicado «entonces vendrá el fin». La pregunta que más nos inquieta es: ¿Sigue siendo la misión en el siglo XXI la principal responsabilidad asumida por la Iglesia? Conscientes de que la condición misionera de la Iglesia es una referencia para la venida de Cristo, ¿sostenemos la misión aun reconociendo las dificultades culturales y sociales existentes para hacerlo? Pienso que, sin hacer complejas comparaciones con el pasado, hoy los creyentes, frente a una sociedad materialista, hedonista y escéptica como probablemente nunca antes ha existido, siguen actuando conscientes de la necesidad de testificar de la fe en Jesucristo y de la esperanza en la parusía. Creo que mientras continúe la historia y la Iglesia exista, la misión será para ésta una realidad irrenunciable, porque en ella está el espíritu que da vida al cuerpo de creyentes. Si es verdad que a la luz de la parábola de las diez vírgenes la Iglesia se duerme, no es menos cierto que despierta para cumplir con su deseo de recibir al esposo (Mt. 25:7). La diferencia entre las vírgenes no está en quién se duerme y quién vela, sino en su preparación para encarar los imprevistos de última hora (v. 8), siendo esto lo que lleva al narrador a diferenciarlas en dos grupos: prudentes y fatuas (v. 2). Las cinco vírgenes prudentes parecen asegurarnos que la Iglesia, superando sus momentos de crisis, estará siempre gozosa y preparada para recibir a su Señor en la parusía. Me parece que el evangelista pone un especial empeño en mostrarnos que, en ningún caso, fue responsabilidad del esposo el que las vírgenes fatuas encontraran la puerta cerrada, sino su propia falta de previsión (v. 10). Ellas parecían conocer los hechos, pero no actuaron con la disposición que el gran acontecimiento reclamaba. ¿No deberían reflexionar sobre esto quienes hablan de una segunda oportunidad, después de la parusía (v. 12)? Personalmente me gustaría que así fuera, pero no se trata de los intereses humanos (generalmente tan egocéntricos), sino de lo que Dios, en amor y justicia, ha establecido.

Se cuenta que Ramón de Valle Inclán, famoso literato español de la Generación del 98, tenía graves problemas económicos para vivir, debido a que su manera de escribir era complicada y, a veces, irritante para sus lectores, con lo que le costaba colocar sus artículos y libros escritos. Le adornaba, además, un gran orgullo, lo que no facilitaba que fuera ayudado por amigos y admiradores. Un joven se atrevió a proponerle que escribiera con un estilo más popular para que no tuviera que padecer hambre, a lo que el escritor respondió: «Oiga, joven, mi hambre es mía». Esa firme toma de posición me hizo pensar que, cuando se habla de las dificultades para llevar a cabo la misión evangélica, especialmente en las sociedades más desarrolladas, cada creyente debería responder a todo aquel que, conscientemente o no trate de desviar su atención del deber cristiano, utilizando la firme respuesta ofrecida por Ramón de Valle Inclán, defendiendo su derecho a ser como es y no como los demás quieren que sea. Parafraseando su famosa frase, podríamos responder a quienes pretendan asesorarnos sobre las dificultades de todo tipo que se presentan en el cumplimiento de la misión, para renunciar a ella: «mi misión es mía» y mi compromiso con ella es irrenunciable.

Ningún creyente está en situación de concluir que el Señor vendrá en una fecha determinada (con un claro deseo de que este hecho tenga lugar antes de morir) pues con ello puede estar incurriendo en un peligroso egocentrismo: sálveme yo ahora, aunque eso signifique el fin de toda oportunidad para quien podría nacer después de mí. Si alguno de los personajes anteriormente citados hubiera acertado en sus previsiones sobre el fin del mundo, la actual generación no estaría aquí, no hubiera existido y, por lo tanto, no habría posibilidad de salvación eterna para los que hoy vivimos y creemos en Jesucristo. Yo debo decir entonces: «¡Gracias, Señor, porque tu venida no tuvo lugar cuando ellos pensaban!». No hay duda, debemos dejar a Dios la responsabilidad del «cuando», pues sólo Él puede saber cómo resolver el grave problema «del momento oportuno» en relación con los potenciales candidatos a la salvación eterna de futuras generaciones. El amor por los que todavía no existen debe ser el más poderoso argumento para aceptar de buen grado la espera.

El apóstol Pablo expresa en términos muy claros cuál era su sentir hacia su vida, temporal y llena de sufrimientos (2 Co. 11:23-33), su deseo de trascender hacia ese «paraíso» al cual se refiere en 2ª Corintios 12:1-4. Es comprensible que, tras una experiencia mística de tan alto nivel como la contenida en este texto, Pablo no concediera ya gran importancia a su vida en este mundo, dando total preferencia al momento cuando «esto mortal sea vestido de inmortalidad» y se cumpla la promesa: «Vencida es la muerte con victoria» (1 Co. 15:54-55). Pero Pablo, que asegura que «el morir es ganancia» y, además, «mucho mejor», no puede eludir la responsabilidad misional que el Señor le había confiado a favor de los hombres. Es así que, renunciando a sus intereses personales, nacidos de su poderosa fe en el Señor, declara que «quedar en la carne es más necesario por causa de vosotros» (Fil. 21-24). El amor por las almas se impone en el corazón de Pablo, posponiendo lo que era mejor para él y aceptando lo que era más necesario: el cumplimiento de la misión recibida. En una jerarquía de valores espirituales y misionales, el creyente no debe situar su lógico deseo de salvación por encima de los demás valores y responsabilidades otorgadas por el Señor de la salvación y de la misión. Pablo se nos ofrece como ejemplo apostólico para que diferenciemos entre lo que es mejor para nosotros y lo que aún es necesario hacer para encontrar las almas perdidas. Si asumimos nuestra responsabilidad misional hacia alguien especial para quien deseamos la salvación, entonces imploraremos a Dios con el mismo fervor de Abrahán cuando intercedió por Sodoma (Gn. 18:23-32), o Moisés por el Israel idólatra del Sinaí (Ex. 22:10, 31-32). No hay duda de que lo que condiciona la llegada del gran acontecimiento final de la salvación son aquellos que todavía pueden salvarse, que Dios desea salvar, pero que todavía no han nacido para esta vida y, por lo tanto, a la posibilidad de optar a la salvación.

13. La «misión» en el ateísmo

¡Es curioso el fenómeno que protagonizan algunos autores ateos! Es como si se estuviera gestando un cierto apostolado, una orden de misión para reclutar a los ateos que se decidan a reconocer su condición de no creyentes en un Dios Creador y Salvador. Cito, entre otros muchos, a quien es considerado por algunos «el apóstol del ateísmo moderno»: Richard Dawking. En su obra *El espejismo de Dios* ofrece no pocos síntomas de su deseo, no sólo de seguir siendo ateo, sino de convertir a cuantos creyentes pueda en ateos o motivar a quienes, siéndolo ya, se decidan a reconocerlo públicamente. En este sentido escribe: «La razón de que muchas personas no se fijen en los ateos es que muchos de nosotros somos reacios a 'salir a la luz'. Mi sueño es que este libro pueda ayudar a la gente a mostrarse» (p. 15). Dawking entiende que los ateos deberían organizarse para ejercer influencia en la sociedad, aunque reconoce la dificultad que la tradicional independencia intelectual de los ateos genera. Es debido a esto que resulta difícil llevar a buen término la intención de organizarles, pudiendo por ello compararse cualquier proyecto al respecto con el «intento de reunir un rebaño de gatos». No obstante, este autor no se desalienta y piensa que «un buen primer paso podría ser generar masa crítica con aquellos que desean 'salir a la luz' y así animar a otros a hacer lo mismo. Incluso aunque no puedan juntarse en un rebaño, un número considerable de gatos puede hacer mucho ruido y es difícil de ignorar» (pp. 15-16). Su intención «proselitista» parece estar clara cuando dice: «Si este libro funciona tal como yo lo he concebido, los lectores religiosos que lo abran serán ateos cuando lo dejen» (*ibíd*.). Como aquí no se trata de manifestar los desacuerdos ciertos que tengo con la obra de Dawking en su conjunto, me limitaré a señalar, sin abundar en las citas, que el autor manifiesta un interés «misional» de captación a favor del ateísmo que, desdichadamente, no lo encontramos siempre en la Iglesia misionera. Es como si los opositores a la fe cristiana estuvieran adoptando algunos comportamientos que han sido, durante siglos, una seña de identidad de la fe cristiana y que, a criterio de muchos líderes de distintas iglesias, está en fase decadente entre no pocos creyentes. Sin intención de discriminar negativamente a nadie por sus creencias, ni señalar peyorativamente al ateísmo, ¿será forzar el sentido del texto bíblico si resaltamos aquí las palabras del evangelista Lucas: «los hijos de este siglo son más sagaces que los hijos de luz» (Lc. 16:8)? No, los creyentes no quedamos bien emplazados en la parábola del mayordomo infiel, pues es a él a quien se alaba después de observar una conducta poco honesta. Es su inteligencia para enfrentar una situación difícil para él lo que el autor desea resaltar, esa misma inteligencia y sabia actuación que no siempre ha movido la actuación de la Iglesia como administradora de los bienes que le han sido confiados.

Otro dato a resaltar en la actitud del ateísmo moderno, lo tomamos de Christopher Hitchens en su obra, ya citada más arriba, *Dios no es bueno*, en la que no se retrae de considerarse un perseguido por los creyentes a causa de su ateísmo. Es decir, lo mismo que estamos acostumbrados históricamente a reconocer los cristianos, quienes, salvo en muy contadas ocasiones, nos hemos identificado siempre con la represión religiosa, tanto de propios como de extraños. Hitchens señala en su libro que lo que desea es que le «dejen en paz» los creyentes que buscan su destrucción. Como puede verse, también el ateísmo tiene sus mártires, como los tiene todo colectivo (filosófico, religioso o científico) que se oponga a las ideas tradicionales contemporáneas a su tiempo. Lo curioso es ver como este autor pide que le dejen en paz con su condición de ateo, y lo hace desde una obra escrita por él donde el tema único es el ataque (cuando no ridiculiza) al Dios de los creyentes y, por supuesto, a éstos: «Mientras escribo estas palabras, y mientras usted las lee, las personas de fe planean cada una a su modo, destruirnos a usted (ateo) y a mí y destruir todas las magníficas realizaciones humanas que he mencionado y que han costado tanto esfuerzo. *La religión lo emponzoña todo*» [cursiva en el original] (*op. cit.*, p. 27).

Se entiende que al creyente, fácil de identificar y de ubicar en su Iglesia, se le haya perseguido en los tiempos de represión religiosa, pero no ha sucedido así con el ateísmo, puesto que sólo excepcionalmente ha hecho pública y beligerante su posición atea. No parece que el ateísmo sea particularmente proclive al martirio, pues el vacío absoluto como origen y la nada después de la muerte no parecen elementos motivadores para arriesgar la única existencia en la que cree. Si después de mi muerte no hay nada, entonces ¿para qué morir si puedo evitarlo? No hay duda de que el concepto que tengamos de la vida, del mundo y del universo incidirá inevitablemente en nuestra actitud y nuestro estado de ánimo ante la experiencia de vivir. No parece muy alentador para el lector de *El azar y la necesidad*, obra escrita por el premio Nobel de biología Jacques Monod, cuando lee: «La vieja alianza ya está rota: el hombre sabe al fin que está sólo en la inmensidad indiferente del universo, de donde ha emergido por azar. Igual que su destino, su deber no está escrito en ninguna parte. Puede escoger entre el Reino y las tinieblas» (citado por Trinh Xuan Thuan, *El destino del universo*, p. 135). El universo, y nosotros con él, no tiene sentido, según Monod: el azar en el pasado y el vacío en el futuro. Puede que la fe no esté suficientemente fundamentada en la objetividad más estricta para transmitirnos la ilusión y la esperanza en esta vida, pero tampoco pienso que la filosofía o la biología estén en disposición de garantizar, con sus conclusiones sobre el universo y sobre la vida, la objetividad estricta en su deprimente ofrecimiento de la desesperanza. Como escribe Steven Weinberg, premio Nobel de física: «Cuesta trabajo darse cuenta de que este universo ha evolucionado a partir de unas condiciones iniciales tan poco familiares que apenas podemos imaginarlas (...).

Aparentemente, el universo se halla más falto de sentido cuanto más comprensible parece». Esa es, según parece, toda la objetividad que puede ofrecernos la ciencia.

Para concluir este apartado, citaré lo que parece ser otro punto de fricción entre fe ciencia, con la aparente intención de despojar a la religión de su literatura fundamental: las Sagradas Escrituras. Para ello, el ateísmo activo ha alumbrado la edición de la obra El libro Bueno, de A. C. Grayling. El autor imita en su obra el formato de la Biblia, compilando textos filosóficos con enseñanzas éticas, pero sin recurrir nunca a Dios ni a la religión. A. C. Grayling, reconocido escritor, profesor y filósofo británico, llevaba trabajando 30 años en este proyecto. Se trata de una Biblia humanista, un compendio de textos filosóficos, científicos y sociológicos que intenta cimentar unos principios éticos sin la necesidad de hacer referencia a ninguna divinidad, ni a ninguna trascendencia.

Intentando hacer accesible el material compilado, Grayling se ha inspirado en el formato de la Biblia. Así, *El Libro Bueno* consta de seiscientas páginas presentadas en columnas dobles, con capítulos y versículos en cada libro. Curiosamente el primer capítulo también lo ha llamado Génesis.

El capítulo final del libro ofrece una versión humanista de los diez Mandamientos. He aquí un resumen: «Amarás bien, buscarás el bien en todas las cosas, no harás daño a los demás, pensarás por ti mismo, te harás responsable, respetarás a la naturaleza, darás lo mejor de ti, estarás informado, serás bueno, serás valiente... o al menos lo intentarás de forma sincera». ¡Cuánto empeño para parecer original, aunque se termine casi siempre repitiendo, en esencia, lo que ya estaba escrito! ¿No se percibe un claro sentido evangélico en esta propuesta ética? Esta versión humanista de los Mandamientos se parece bastante al contenido moral del Evangelio, redactado para que lo entiendan los niños: «respetarás la naturaleza, serás bueno, serás valiente».

14. La misión neo-testamentaria

Los conceptos evangelio, predicación (*kerigma*), testimonio (*martyría*) y parusía, se encuentran fuertemente interaccionados en el Nuevo Testamento y, de manera muy específica, en el cuarto evangelio. Gracias a la victoria de Cristo en la cruz, estamos en la esperanza de la vida eterna pero, a causa de su muerte, estamos aún en «tiempo de testimonio», es decir, tiempo de proclamación de la esperanza. El envío del Hijo, de acuerdo con Juan 3:16-17, ha sido el más firme argumento para avalar el amor de Dios por la humanidad pecadora. Este hecho se constata principalmente gracias a Jesús, mediante quien Dios da testimonio de ese amor, porque sólo Él (Jesús) conoce al Padre (Jn. 6:46; 7:29); sólo el Padre conoce al Hijo (10:15); por eso sólo Él puede testificar del Padre (3:11, 32). R. Latourelle lo expresa mediante una buena síntesis: «Cristo testifica de Él mismo, de su estrecha relación con el Padre y de la misión que ha recibido» (Évangélisation, p. 94). Esa experiencia íntima que el Padre y el Hijo tienen, debe ser inspiradora de nuestra profunda relación con Cristo, comprendiendo mejor el discurso de Pablo: «Ya no vivo yo, mas vive Cristo en mí» (Gl. 2:20). Quienes experimentan esta vivencia íntima con Cristo desearán participar de su vida y su ministerio, con la esperanza de participar también de la cosecha final. Los frutos de la vida del creyente están vinculados inseparablemente a su Señor, en quien cree y ante quien doblega su voluntad, pues sabe que sin Él nada puede hacer (Jn. 15:4-5, 16). La «alta» cristología joánica se vaciaría de contenido si se la separara del testimonio misional y operante que, de acuerdo con las Escrituras, debe caracterizar a los que creen.

El cuarto evangelio, aunque en una primera lectura no es considerado un documento esencialmente misionero pone, sin embargo, un acento especial sobre el testimonio de vida cristiana y sobre las entrevistas misionales tenidas por Jesús, algunas de las cuales deben ser para nosotros de la mayor importancia. Resulta extraño que, encuentros tenidos por Jesús con algunos significativos personajes de los evangelios, tales como Nicodemo, la samaritana o el ciego de nacimiento, sólo se citen en el cuarto evangelio, es decir, que el autor parece que decide rescatar a esos impactantes personajes, movido probablemente por la importante lección que de ellos se obtiene. Pensamos si Juan no está queriendo así subrayar algunos aspectos del ministerio de Jesús, ofreciendo con ello a la Iglesia una referencia válida para la realización de la misión anunciadora que le ha confiado.

Frente a la sociedad moderna, con una realidad socio-religiosa tan diferente a cualquier época anterior y marcadamente reticente al ofrecimiento evangélico hecho por la Iglesia en el cumplimiento de su misión, sería prudente pensar en la actualización del método propuesto por Juan para hacer la misión más eficaz, entendiendo por actualización una cierta modificación de la «forma», aunque siempre manteniendo el «fondo» del mensaje evangélico. La sociedad macro-urbanizada tiene necesidad de una Iglesia que cumpla eficazmente su apostolado misional como una respuesta adecuada a su crisis de esperanza, a su escaso interés por el futuro. El desarrollo científico, la democracia que protege los derechos individuales, la oferta de una amplia pluralidad de caminos a seguir en una sociedad diversificada, el individualismo, la abundancia de bienes de consumo (en un gran sector de la humanidad) y una cierta decadencia en el fervor espiritual de los creyentes, no contribuyen a ofrecernos una perspectiva positiva del futuro. La situación reclama de la Iglesia, no una acomodación el «medio», sino un responsable compromiso para impartir el mensaje de esperanza, y hacerlo sin complejos históricos, sin sentimientos de cumpla que inhibirán su iniciativa en la predicación y en el testimonio. Propongo cuatro puntos de reflexión que pueden iluminar el camino a seguir a quien esto lea:

Primero. Responder al antropocentrismo, que toma forma en el siglo XIX, se establece en el siglo XX, y ha pasado a ser una característica de la sociedad actual, con el ofrecimiento de siempre: un Jesús que puede satisfacer los sinceros deseos de quienes buscan la verdad, esa verdad que, por ser tan superior a nosotros, no podemos abarcar ni comprender con nuestra mente y nuestro espíritu. Es ella la que nos abraza y posee. Los científicos deberían tomar cuenta de los límites de sus herramientas para descubrir la verdad de nuestro origen y destino. El astrónomo A. Eddington presenta una ilustración, en referencia a esos límites, citando a un hombre que se propuso estudiar la vida submarina usando una red formada por un entramado con cuadriláteros de 7 centímetros. Tras atrapar muchas criaturas salvajes y maravillosas de las profundidades, concluyó que en el mar profundo no existían peces de menos de 7centímetros. Es fácil comprender que no pescara peces de menos de esa medida ¡pero no porque no existieran! La red de la ciencia tiene demasiados agujeros por los que se le escapa la comprensión de la verdad, tanto la científica como la trascendente (citado por F. S. Collins, ¿Cómo habla Dios?, p. 244).

Segundo. Responder al secularismo, que enseña que nada podemos esperar del futuro, porque no hay futuro después de la muerte, con un mensaje de esperanza que se sostiene sobre el fundamento de la promesa de Jesús: «Yo he venido para que mis ovejas tengan vida, y para que la tengan en abundancia» (Jn. 10:10). El «terror de la historia» (como lo define M. Eliade) no es abolido, pero sí puede ser interpretado a la luz de la esperanza de una nueva creación, tal como se le revela a Pablo: «La creación misma será libertada de la esclavitud de corrupción, a la libertad gloriosa de los hijos de Dios» (Ro. 8:21).

Tercero. Responder al sentimiento de soledad de las gentes como característica de las sociedades urbanizadas, con una actitud de amistad como la que Jesús tuvo con la samaritana y con el ciego de nacimiento (por ejemplo), revelándose a ellos como el Mesías: «Yo soy, que hablo contigo» (Jn. 4:26). Cuando el ciego de nacimiento, ya curado, fue arrojado de la sinagoga por los fariseos («Y le echaron fuera», Jn. 9:34) y le dejaron en la soledad y el desamparo, Jesús le buscó para que no quedara en el abandono. El autor del evangelio no cita ningún tipo de conversación sobre la experiencia que le ha llevado a la excomunión de la sinagoga. Va directo al tema de la fe y le pregunta: «¿Crees tú en el Hijo de Dios?» (v. 35), a lo que, en buena lógica, el ciego curado responde: «¿Quién es, Señor, para que crea en Él?» (v. 36). Como en el caso de la Samaritana, Jesús se expresa con autoridad: «el que habla contigo, él es» (v. 37). En su soledad, aquel hombre encontró la más satisfactoria de las compañías entrando en el poblado santuario de los que creen: «Creo, Señor, y le adoró» (v. 38). La misión de la Iglesia consiste en identificarse con su Maestro buscando el cumplimiento del texto mesiánico que nos ha legado el profeta Isaías (61:1-2) y que Jesús hace suyo en Lucas 4:18-19.

Cuarto. Responder a los diferentes grupos de pertenencia que conforman la sociedad plural en la que vivimos, con una referencia a la fe que puedan comprender y, por lo tanto, les sitúe en una posición de aceptación de la buena nueva. Sin duda que en el presente el mayor desafío para la misión de la Iglesia se encuentra en las numerosas macro-ciudades hoy existentes, donde el materialismo, el secularismo y el escepticismo ejercen un poder casi soberano. Posiblemente para hacer frente a esta nueva y compleja situación, la Iglesia deberá proveer nuevos modos de evangelizar, tal como lo recomienda P. Courthial en su obra *La Mission, hier, aujourd'hui, demain* (p. 249). La inquietud por encontrar nuevos métodos para llevar a cabo la misión en tiempos diferentes (como diferente es la sociedad del siglo XXI), ha alcanzado a todas las iglesias cristianas, cualquiera que sea su teología y denominación. Citaré aquí sólo algunos ejemplos:

Iglesia Católica: «Tenemos que evangelizar a la contra, uno por uno, a través de un largo proceso de instrucción, inserción comunitaria, revisión y crítica de de las formas sociales. Esto es en sustancia la nueva evangelización» (F. Sebastián Aguilar, *Nueva evangelización*, p. 42).

Iglesia Reformada (calvinista): Tenemos «la obligación de revisar sin cesar nuestra expresión del Evangelio, es decir, las formas de nuestra proclamación, teniendo la obligación de recibir con los hombres de nuestro tiempo sus nuevas expresiones ante la vida» (J. Maury, *La Misión, hier, aujourd'hui, demain*, p. 253).

Comité de Lausanne para la evangelización mundial (evangélico): «Es necesario estar dispuestos a seguir nuevos senderos y a utilizar otras experiencias [en la evangelización]. Esto llevará con frecuencia a examinar más de cerca el modelo bíblico y a descubrir la necesidad de recuperarlo para nuestro tiempo, y no a insistir en seguir modelos tradicionales ligados a nuestra cultura actual» (Évangéliser, *comment?*, p. 104).

Iglesia Adventista: «Deben introducirse nuevos métodos. El pueblo de Dios debe despertar a las necesidades del tiempo en que vivimos (1902). Dios tiene hombres a quienes llamará a su servicio, hombres que no llevarán a cabo la obra en la forma sin vida como se ha realizado en el pasado» (G. Oosterwal, Évangile, *culture et Missión*, p. 42).

Podría decirse que, con el cambio de la situación del cristianismo primitivo (a finales del siglo I y comienzos del II), frente a sus opositores judíos, los herejes y, sobre todo, la poderosa Roma, no sólo el cristianismo se vio obligado a definir el contenido teológico de su mensaje, sino también a «afinar» la metodología de la misión. Se nos ocurre pensar que, para el presente, también es válido el axioma «a nuevos tiempos y situaciones, nuevos métodos de misión». Nos detendremos, brevemente, en el «testimonio» como camino de misión, abalado en el Nuevo Testamento y, de manera más explícita, en el evangelio de Juan.

15. La misión por el «testimonio»

Ya hemos señalado que el cuarto evangelio construye la misión sobre la idea «del envío de alguien a testificar» (Jn. 15, 16. 27). La misión debía ser llevada a cabo, no tanto por las «señales» (como sucede en los Sinópticos[1]), como por el «testimonio», es decir, mediante la experiencia personal con Cristo (Jn. 15:27; 21:24), que es comunicada al mundo. El autor joánico, que parece haber cambiado el uso de los términos «evangelizar» (*euangelízomai*) y «proclamación, predicación» (*kerigma*), propios de los Sinópticos, por el de «testificar» (*martyrèô*), probablemente movido por el sentido semántico que este término aporta del griego clásico («confirmar algo a favor de alguien»), así como por la visión que el autor tenía de la misión a finales del primer siglo, situada en un «nuevo» marco religioso, político y geográfico.

Mostraré una gráfica que, de una manera sencilla, señala la diferencia que existe en la utilización del término «testimonio» entre los evangelios Sinópticos y el evangelio de Juan.

Término	Mateo	Marcos	Lucas	Juan
Testificar (*Martyreô*)	-	-	2	33
Testimonio (*Martyría*)	-	2	2	14
Total	-	2	4	47

El sentido joánico de «testimonio» tiene un doble objetivo: 1) Avalar que Jesús es quien dice que es (Jn. 8:56-58); 2) Autentificar su obra y su método de misión (5:36; cf. 10:25, 38; 14:11). De acuerdo con el autor joánico, Cristo desempeña su labor de redención y misión en el marco de un mundo que se le opone, tal como comprobamos ya en los sinópticos, donde el término asume un sentido jurídico (Mt. 26:59; Mc. 14:57). Es por esto que la misión de Jesús se nos presenta en Juan como un enfrentamiento con el «mundo» (Jn. 1:9-10; cf. 17:6-16), al que es enviado a salvar (3:16-17) y el cual se le opone con violencia (7:1, 19-25, 30; 10:39; 11:53; cf. 19:17-18). En síntesis, el concepto joánico de testimonio no tiene un carácter jurídico tan marcado como en los sinópticos, pues es utilizado para

1. Mt. 10:8; Mc. 6:13;16:17-18; Lc. 10:9.

testificar de la persona de Cristo como redentor de los hombres. La revelación en Cristo, comprendida y aceptada por el creyente es, sin duda, el origen de su testimonio, pues éste habrá de girar «en torno a la persona y misión de Cristo tal como sólo al creyente se revelan» (Koch, R., *Diccionario de teología bíblica*, p. 1022). Para Juan, parece que el concepto de «testimonio» es más apropiado para el tiempo de la redacción de su evangelio que el término «proclamación» (*kérygma*). Es un cambio sutil desde el ministerio de la palabra, hacia el ministerio de vida cristiana.

¿De qué manera la misión en los evangelios (y de forma particular en el evangelio de Juan) nos aporta luz para el desarrollo de la misión de la Iglesia en la sociedad posmoderna del siglo XXI? ¿Puede la misión por el testimonio del creyente ser considerada un método todavía útil en este tiempo?

CAPÍTULO XIII
El viento de la ciencia no apagará la llama de la fe

El siglo XIX tuvo otras contribuciones (además de las aportadas por los filósofos «de la muerte de Dios»), cuyos efectos siguen sintiéndose en el tiempo actual: el evolucionismo y el materialismo. Ratifico la idea anteriormente expuesta de que, desde el punto de vista de la religión, el siglo XXI es, en buena medida, resultado de la corriente de ideas antropocéntricas propuestas en el siglo XIX. Allí se pusieron las bases modernas del pensamiento ateo que hoy compite fuertemente con la creencia religiosa. Ciertamente hoy es muy real el enfrentamiento entre ciencia y espíritu religioso, de modo que cada bando parece no escuchar nunca al otro, siendo que ambos conceptos tienen un mismo origen y una misma misión: explicar nuestra existencia en este mundo y ayudarnos a comprender nuestras posibilidades de un futuro esperanzador. Aunque sea en relación con el psicoanálisis, me parece interesante citar al Rubin, F. Jeffrey, en la creencia de que lo que dice sobre la psicología y la religión es válido para la ciencia en general: «Mi tesis es doble: en primer lugar, tanto el psicoanálisis como la búsqueda espiritual se han empobrecido al no estar en contacto entre sí; y en segundo lugar, los dos podrían enriquecerse con un diálogo de reciprocidad en el que exista un respeto mutuo y una voluntad de aprender el uno del otro» (*Psicoanálisis y religión en el siglo XXI*, p. 221). Estoy de acuerdo siempre que se eliminen toda clase de prejuicios sobre la religión. Este mismo autor reconoce que «aunque no todos los psicoanalistas han considerado patológicas (enfermizas) las experiencias religiosas, muchos continúan haciéndolo», (p. 218). Así, claro está, no vamos a ninguna parte, sólo al enfrentamiento.

16. El papel de la ciencia y de la fe

La ciencia procura dar respuestas a lo cotidiano que conforma el cada día de nuestra historia, mientras que la fe nos saca de este oscuro agujero para proyectarnos hacia un devenir trascendente. Como F. S. Collins afirma: «Dios no amenaza la ciencia, la mejora. Dios ciertamente no es amenazado por la ciencia, Él la hace posible». (¿Cómo habla Dios?, p. 249). No estaría mal reconocer que la ciencia, como instrumento, tiene sus limitaciones para explicar, ya no sólo el origen de todo lo que existe, sino también su sentido. El propio Einstein comprendió el insuficiente significado de una concepción del mundo vista sólo desde una perspectiva científica, y por eso escribió: «La ciencia sin religión es coja, la religión sin ciencia es ciega» (Science Philosophy and Religión). Tal vez si nos despojáramos de nuestra tendencia a discriminar (siempre hay que enfrentarse a alguien por el motivo que sea), la ciencia y la fe tendrían más poder de convicción, en lugar de separarnos irreconciliablemente. Si, como hemos dicho, la ciencia y la fe provienen de la misma fuente, entonces ¿por qué enfrentarlas? La ciencia sin Dios se queda atrapada en su propia incapacidad para aportar respuestas a los interrogantes sin número que la propia ciencia suscita, no siendo capaz, por sí misma, de mover la voluntad de los humanos hacia una moral universal que les una, ni hacia una esperanza que ilumine su existencia en una sociedad tan crispada y compleja como la nuestra. ¿Por qué el hombre no aprende de la historia? Fuera de los avances científicos (que aportan muy poco a la paz interior del hombre y la mujer), ¿en qué hemos mejorado nuestra calidad de vida al «descubrir» que descendemos del mono? ¿En qué me beneficio yo descubriendo que mi origen se remonta a un hecho casual en el que nadie ha intervenido? ¿Me hace mejor persona, más serena, más bondadosa y más feliz el descubrir que soy un mero accidente en un inmenso universo que «nadie» ha creado?

Como creyente que soy, puedo testificar de la bondad de la fe. Leo a Dawking y a F. C. Collins, es decir, a científicos ateos como el primero y a científicos conversos a la fe cristiana como el segundo, pensando que cada ser humano es, en alguna medida, «guarda de su hermano», responsable de comunicarle, tanto como sea posible, un aliento de paz para el presente y de esperanza para el futuro. He vivido una larga experiencia en tratar pastoralmente con las almas, en múltiples países y de muy plurales culturas, y he visto, como si de una gráfica se tratara, los picos y las caídas del interés de las gentes por el mensaje evangélico. No se trata de que la sociedad no necesite ya la palabra alentadora del amor y la esperanza (cuando la necesita probablemente con mayor intensidad que en otras épocas), sino que no lo sabe, pues ha dejado de ocuparse en la búsqueda de un verdadero sentido de su vida, el cual, sin embargo, parece estar muy claro en términos materiales. Tal vez sea la política, la economía, la ética situacional que nos mueve o las severas discrepancias que hemos vivido entre las iglesias nacidas del cristianismo, lo que nos ha conducido hacia ese gran desinterés por todo lo que tiene que ver con lo espiritual y con la trascendencia.

Les decimos a las gentes que, como creyentes cristianos, tenemos un libro común en el que nos inspiramos (la Biblia), que creemos en un mismo Dios revelado en Jesucristo, que la fe nos salva y que todos aspiramos a la vida eterna; sin embargo, con frecuencia somos más adversarios que amigos. ¿Por qué extrañarnos entonces que, como creyentes, se nos mire con reticencia cuando intentamos cumplir nuestra misión compartiendo con las almas nuestra esperanza? Por otras razones, G. Hallosten da por supuesto que Europa ya no es un continente cristiano (*Europa: perspectivas teológicas*, pp. 535-551), ya que el cristianismo se ha desplazado a las iglesias del tercer mundo, menos «tocadas», todavía, por la filosofía de la muerte de Dios, el materialismo, el escepticismo humanista y la secularización. Y es que, en la sociedad occidental posmoderna se promueve el divorcio, por aniquilación del otro, entre los conceptos de modernidad y cristianismo. El cristianismo, piensan, es la gran dificultad de la sociedad posmoderna par alcanzar su plena madurez. Así lo señala J. M. Velasco: «Para los analistas 'modernos', el rechazo del cristianismo y, después, la negación de la trascendencia ajena al hombre, son las condiciones indispensables para el progreso de la sociedad (…) La modernización de una sociedad exige la eliminación en ella del cristianismo» (*El malestar religioso de nuestra cultura*, p. 23). El cristianismo pasa a ser así, junto con la idea de un Dios bueno y todopoderoso, el argumento preferido del ateísmo para encontrar culpables ante cualquier desgracia que se cierna sobre la sociedad. Es decir, porque no se entiende a Dios, se le elimina; y porque no alcanzamos a confiar en la experiencia positiva de la fe, simplemente la rechazamos y, para justificar esta actitud, degradamos la fe hasta el nivel etéreo de la «ilusión» (Freud). Este es el efecto del humanismo de Comte y Feuerbach en el siglo XIX, cuando se publicó que «Dios es sólo la periferia; el punto central es el individuo mismo». El lugar de Dios y de su Providencia pasa a ser ocupado por el «hombre» en su «grandeza» (señalado por H. Küng).

17. La posmodernidad, ¿un ataque a la fe?

Es en el caldo de cultivo de la posmodernidad que han renacido y tomado carta de naturaleza los conceptos «secularismo» y «secularización» (términos difíciles de definir por la amplitud de su significado) que muestran al hombre como «señor» de sí mismo, volviendo la espalda a Dios y al sentido de las Escrituras. No niegan definitivamente la existencia de Dios, pero sí le aplican grandes dosis de indiferencia. El hombre y la mujer secularizados ya no necesitan construir «torres de Babel» para protegerse del castigo divino, porque simplemente ignoran a Dios con su indiferencia religiosa. Un buen número de teólogos y sociólogos de la secularización (F. Gogarter, D. Bonhoeffer, H. Cox, Ch. Duquoc, entre otros) parecen estar de acuerdo al anunciar que, en la actualidad, dicho proceso amenaza con hacer desaparecer la fe cristiana, hecho que parece encontrar su afirmación en la propia Escritura, cuando ésta hace referencia al tiempo final: «Cuando el Hijo del hombre venga, ¿hallará fe en la tierra?». Esas palabras tristes del Maestro deben encontrar su contrapartida en la orden misional que Él mismo da a Iglesia, orden vinculada igualmente con el tiempo del fin (Mt. 24:14; Mr. 16:15). La crisis es cierta, pero no es menor la garantía recibida del Señor de que la Iglesia permanecerá en el cumplimiento de su misión hasta que todas las cosas se hayan cumplido: «Las puertas del Hades no prevalecerán contra ella» (Mt. 16:18).

Aunque para la Iglesia las conclusiones a las que llega la ciencia no siempre resulten cómodas y aceptables, no podemos negar hoy que en la mayoría de los casos se han hecho (y aún se hacen) esfuerzos para encontrar fórmulas que, sin tener que renunciar a la existencia y la necesidad personal de Dios, asuman muchas de las conclusiones a las que ha llegado la ciencia. Esto queda certificado por científicos como Teilhard de Chardin o Alfred North Whitehead quienes, en oposición con otros científicos, han tratado de aportar una cierta armonía entre los conceptos de creación y evolución, Dios y la ciencia, una perspectiva escasa de la vida del hombres o una visión trascendente-evolutiva de la misma. Encuentro más beligerante la actitud de los científicos que parten en sus investigaciones de la idea de combatir la existencia de Dios. Con frecuencia las investigaciones cosmológicas terminan con un rotundo «Dios no es necesario».

El informe elaborado por los historiadores Edward Larson, de la Universidad de Georgia, y Larry Witham, del Instituto Discovery de Seattle, reveló que sólo el 40 por ciento de los científicos en Estados Unidos cree en un Ser Supremo y en la existencia de una vida después de la vida, mientras que la mayoría rechaza la sola posibilidad de que exista un ser trascendente. Así, según este informe, el 45 por ciento de científicos encuestados niega la existencia de Dios y se declaran ateos, mientras que un 15 por ciento de «indecisos» se reconocen agnósticos. De este modo, mientras que la gran mayoría de los norteamericanos se reconoce creyente, en el ambiente científico domina el escepticismo o el ateísmo. El trabajo de Larson y Witham parece confirmar la idea, ya señalada con anterioridad, de que muchos científicos parten de prejuicios que niegan rotundamente algunas doctrinas que nacen de la fe, tales como la existencia de Dios, la creación, la vida después de la vida, así como las doctrinas que corresponden a la cristología (naturaleza de Cristo, su plan redentor y su segunda venida), sobre las cuales la ciencia no tiene competencia. Como diría A. Einstein: «Es más fácil destruir un átomo que un prejuicio». Cito aquí una vez más a Küng, cuando escribe: «Me gustaría recomendar a los científicos que, al menos como hipótesis, tomaran a Dios en consideración» (*op. cit.*, p. 87).

Algunos científicos de primera fila que son creyentes avalan, en el momento en el cual se encuentra actualmente el diálogo fe-ciencia, que la fe sigue viva y actuando eficazmente sobre la voluntad de los hombres. Tengo la impresión de que hemos regresado en el tiempo al segundo siglo, cuando el cristianismo gnóstico reservaba la salvación a los espíritus más elevados, los sólo capaces de entender los misterios de la sabiduría divina que el propio Jesús vino a revelar. Es decir, alcanzar un estado superior mediante la «gnosis», estado sólo al alcance de los espíritus selectos, aquellos que están dotados de una capacidad superior de discernimiento. Entre estos «privilegiados» del conocimiento, deberían estar los científicos, quienes, por su saber, podrían comprender mejor la divinidad fuente de la Gnosis, pero he aquí que la ciencia dice a algunos que no hay Dios, que no hay salvación y, por lo tanto, no hay lugar para la esperanza. Esta es la diferencia fundamental entre el gnosticismo del segundo siglo y el del siglo XXI. Aquel gozaba finalmente de la salvación, una salvación casi humanista, pues, aunque Dios ponía en los humanos el germen de la luz, era a éstos a quien correspondía cumplir las condiciones para hacer posible esa salvación. No sucede así con el gnosticismo de nuestro siglo, pues en él no cabe el concepto de Dios, ni el de trascendencia o el de salvación. Sólo me permito señalar una excepción: la Nueva Era, tal vez el mayor reto al que debe hacer frente el cristianismo en este tiempo. ¿Y esto por qué? Porque no rechaza a Dios, ni a Cristo, ni la salvación, pero los distorsiona de tal modo que son irreconocibles para la teología bíblica. Tal vez lo más peligroso para una fe sencilla sea que no se enfrenta al cristianismo, «sino que se 'mete' dentro de él para, utilizando incluso su mismo lenguaje y espiritualidad, dar un sentido completamente diferente a todo» (R. Berzosa, *Evangelizar en una nueva cultura*, p. 77).

18. La fe: puerta de esperanza

Entiendo que si la religión ha cometido errores, a veces muy dolorosos (tal como el ateísmo científico se explaya en anunciarlo), el cristianismo también ha aportado la mayor corriente de esperanza recibida por la sociedad a lo largo de dos mil años. Creer en la evolución, renunciando con ello a la existencia de Dios, añade una enorme injusticia a la sociedad, puesto que sólo los muy formados en las ciencias naturales, la biología, la cosmología o la física, podrán «entender» que no hay Dios y que, por lo tanto, no hay salvación posible. Como se ve, un panorama poco optimista, puesto que sólo los científicos evolucionistas estarán capacitados para «comprender» que venimos de la «nada» y hacia la «nada» nos dirigimos. Es decir, que sólo los científicos podrán «saber» que no hay motivos para aceptar la esperanza trascendente de un mundo mejor, puesto que la «nada» es el paréntesis en el que se encierra nuestra existencia. Si las gentes sencillas aceptan a Dios, será gracias al fruto de la confianza que sólo viene de la fe; pero si aceptan la no existencia de Dios ni ningún tipo de vida trascendente, entonces seguirán necesitando creer, pero esta vez a los científicos que les ofrecen conceptos y ecuaciones que no entienden, ni probablemente entenderán nunca. Es así como se accede a la conclusión de que esta vida, en la mayoría de los casos, es una experiencia anodina, dolorosa y muchas veces frustrante, que no tiene ningún eco en un «después» esperanzador.

La fe abre la puerta de la esperanza a todo el mundo; en cambio la ciencia por sí misma no tiene puerta para abrir, como no sea la de la complacencia personal de pensar que «a mí nadie me manipula».

En el peor de los casos, aun cuando todo lo enseñado sobre la existencia de Dios, la creación y la salvación eterna fuera un error, qué justifica que a esta sufriente humanidad le desmontes su fe (creo que es imposible), que a tantos millones que han vivido con carencias fundamentales, que han sufrido todo tipo de pruebas, les digas ahora que todo es un error, que todo está equivocado, que no existe Dios, que no hay salvación eterna. Pensando así, ¡benditos todos aquellos que, cuando la sociedad no había aún alcanzado los altos niveles de desarrollo científico de la actualidad, murieron consolados por la esperanza de que Dios existe y que hemos sido llamados a salvación eterna! Si no hay vida después, nada sabrán, pero fueron beneficiarios de la esperanza. La fe no será apagada por el viento de la ciencia, ni la ciencia física despojará el corazón del creyente de su confianza en la otra vida, porque tal vez las gentes sencillas, finalmente, están llenas de sabiduría, aquella que no necesita de grandes investigaciones para reconocer al Creador en su obra. En el fondo, lo que algunos científicos pretenden es que la gente se convierta a una hipótesis científica. Podríamos decirles: «Abandona tu fe en Dios, sé un hombre o mujer movido por la objetividad y cree en la casualidad, porque creer en un Dios Creador de todas las cosas no es serio, pero sí lo es aceptar que todo empezó con una explosión (el *big bang*), hace trece mil quinientos millones de años, y que de ella nació toda la materia, dando lugar al universo en constante expansión en el que ahora habitamos». Me imagino la emoción de esa persona al poder exclamar ¡la hipótesis y la nada son mi luz! Me invitan a salir de mi «fe hipotética» para aceptar una «hipótesis de la nada». Seguro que antes tenía alguna dificultad para entender las cosas de Dios, pero cómo entender que todo lo existente, incluidos los más hermosos sentimientos humanos, se debe a una explosión «casual» que después se convierte en «causal». La experiencia me dice que, a veces, el creyente que aún no ha madurado en su fe termina no creyendo en nada. Si se da el caso, entonces quien gana es el ateo, aunque gana sólo porque el otro simplemente ya no cree, no porque se haga evolucionista, puesto que siempre le faltarán los conocimientos necesarios para serlo por convicción. Pediría a los ateos evolucionistas que, ya que se han convertido en «propagadores activos del ateísmo» (ya hemos tratado este tema más arriba), lo sean con una oferta para mejorar esta sociedad atormentada por mil problemas, no para arrebatarle lo que probablemente ha hecho posible su subsistencia:

la esperanza en Dios por Jesucristo. El orgullo del saber puede hacer olvidar el valor terapéutico del amor y de la esperanza. Como decía Louis Pasteur: «Cuanto más conozco, más se asemeja mi fe a la de un campesino bretón».

Los científicos creyentes no tienen inconveniente alguno en reconocer que es gracias a la ciencia que han llegado a creer. Podría decirse, con todo respeto para cualquier forma de pensamiento, que el verdadero enemigo de la fe puede encontrarse en el sentimiento de suficiencia personal del científico cuando descubre una «nueva» ley física o biológica; no en la propia ciencia. Algunos pueden argumentar que la línea a seguir para creer o no en Dios debe estar determinada por el número de científicos que avalan la posición evolucionista que, siendo mayoría, deben tener razón por esta simple razón numérica. Creer o no en Dios puede así estar determinado por una sencilla relación cuantitativa: el número de votos determinará si Dios existe o no. Como una especie de referéndum. Me parece triste observar que nuestra sociedad, cuando acepta un partido político, una religión o una teoría sobre el origen de todas las cosas, tiene que hacerlo generalmente contra alguien. Hubo un tiempo en el cual se imponía la fe en los ámbitos del cristianismo; pues bien, ahora, lo que quiere imponerse es la visión neo-científica del origen casual de todas las cosas. Es un planteamiento como éste el que llena de optimismo al ateísmo, pensando que el fin de la fe cristiana se alcanzará en el siglo XXI. Este es un grave error de interpretación de la historia. La fe, como misterio que es, alcanza mucho más allá de la ciencia; como el espíritu, que goza y que sufre con las experiencias de la vida, más allá de las manifestaciones puramente físicas u orgánicas. La ciencia alcanzará niveles que ahora sólo intuimos, pero, por mucho que se desarrolle, nunca podrá explicar el origen y el destino de todas las cosas. Los descubrimientos científicos nos proponen preguntas cada vez más atrevidas, pero no propone respuestas definitivas. Las preguntas sobre Dios, el origen del hombre y su destino se presentan ante nosotros como una cadena infinita, debido a la infinita distancia que hay entre lo que vemos que existe y lo que existe en realidad. Asomarnos al espacio ha abierto ventanas a nuestro espíritu, y descubrir algunas realidades científicas, sólo nos muestra la infinita cantidad de cosas que nos quedan por descubrir. ¡Es asombroso!, en lugar de emocionarnos ante nuestros pequeños descubrimientos (la dimensión es relativa en función de lo que nos queda por descubrir), y reconocer la sabiduría infinita que se esconde en el universo, la pequeña criatura dice: Dios no es necesario. No lo niego, seguramente porque coincide con mi criterio sobre este tema, me identifico con Arthur L. Schawlow, premio Nobel de física en 1981, cuando escribe: «Al encontrarse uno frente a frente con las maravillas de la vida y del Universo, inevitablemente se pregunta por qué las únicas respuestas posibles son de orden religioso... Tanto en el Universo como en mi propia vida tengo necesidad de Dios».

19. Una fe sorprendente en una sociedad científica y escéptica

Los dogmas de fe, aunque necesarios, han sido con frecuencia mal aplicados, es decir, se han aplicado sin la mesura necesaria. Con demasiada frecuencia, y debido a un uso a veces marcadamente coercitivo, terminaron por ser negativos para la sociedad o para el colectivo religioso al que pretendían servir. La historia eclesiástica contiene suficientes ejemplos que lo confirman, pudiendo señalarse en este sentido la importancia concedida al magisterio de algunas iglesias y su pretensión de ser puerta de entrada obligatoria para la salvación de los creyentes, prerrogativa que la Escritura otorga solamente a Jesús. Pues bien, parece que el dogmatismo de la fe está siendo substituido por el dogmatismo de la ciencia, pudiendo resultar tan nefasto el uno como el otro, si no se administra con la necesaria prudencia y respeto mutuo. Como respuesta a los dogmatismos de uno u otro signo, la misión cristiana se ha convertido en una experiencia mucho más compleja de lo que fue hasta mediados del siglo XIX, pues cualquier testimonio de fe choca hoy, frecuentemente, con la barrera de la ciencia que rechaza todo aquello que se percibe como «cristiano». Igualmente los creyentes, afectados por la corriente secularizadora que afecta tan directamente a la Iglesia, son cada vez más reticentes hacia todo aquello que se observa como dogmático.

Seguramente lo más digno de ser señalado en este momento es que una sociedad con criterios tan enfrentados a cualquier tipo de esperanza trascendente no parece un medio favorable para que prospere la doctrina de la parusía. Si de lo que se duda es del origen, ¿cómo va a ser aceptado un final escatológico para este mundo? La segunda venida de Cristo necesita apoyarse en el programa salvador que nos entregan las Escrituras: creación, proyecto salvífico de Dios, la encarnación, la muerte y la resurrección de Jesús; después, la venida. La fe en la parusía es nada menos que el punto culminante de la fe cristiana, que empieza en el Cristo histórico y termina en el Cristo glorioso que regresa para establecer su Reino de justicia eterna. En el plan de la salvación no existen atajos, por lo que se reclama que todas las etapas del proceso que lo conforman deben ser recorridas.

Siempre hemos hecho referencia al Jesús redentor antes de hacerlo del Jesús Salvador. Es su primera venida la que nos motiva y alienta para aceptar la segunda. Cuando en nuestra sociedad se discute la realidad de Dios, la creación como origen y causa de todas las cosas, y la encarnación divina, se está con ello posicionándose contra la esperanza en la parusía. Teológica y cronológicamente, nunca hemos estado tan cerca de la segunda venida como ahora, pues «hoy nos está más cerca nuestra salvación que cuando creímos» (Ro. 13:11) y, sin embargo, probablemente nunca ha estado la humanidad más de espaldas a tan significativo acontecimiento. Por eso pienso que nunca antes ha necesitado tanto la sociedad a una Iglesia que, a pesar de las dificultades que deba enfrentar, cumpla con el encargo de la misión que le ha sido otorgado. Sólo así tendrá garantías de sobrevivir como Iglesia, así como de potenciar la calidad de la esperanza en el corazón de quienes viven bajo la enorme presión de su angustia por el presente y por el futuro.

Fernando Savater, el filósofo español, catedrático en la Universidad Complutense de Madrid, y reconocido ateo, se formula una pregunta directa y sin ambages con relación a los que creen: «¿Cómo puede ser que alguien crea de veras en Dios, en el más allá, en todo el circo de lo sobrenatural? Me refiero, naturalmente, a personas inteligentes, sinceras, de cuya capacidad y coraje mental no tengo ningún derecho de dudar. Hablo sobre todo de contemporáneos, de quienes comparten conmigo la realidad tecnológica y virtual del siglo XXI». Sin duda que a Savater le cuesta asociar lo que él entiende como inteligencia y coraje mental con el hecho de creer en Dios, como si ambos hechos fueran incompatibles. No es cuestión aquí de dar nombres de personajes que han demostrado su inmensa inteligencia y su fortaleza a lo largo de la historia, reconociéndose como creyentes en un Dios Creador y Salvador de los hombres. Sería imposible citarles a todos pues, sin duda, han sido muchos más que los ateos célebres. La pregunta pues, también podría formularse justamente al revés: ¿Cómo puede ser que una persona sincera, «de cuya capacidad y coraje mental no tengo ningún derecho a dudar» no crea en Dios siendo inteligente y sincero?

El físico John Polkinghorne, que trabajó en la Universidad de Cambridge, llegó a la siguiente conclusión: «Al comprender que las leyes de la naturaleza deben estar ajustadas con extraordinaria precisión para que exista el mundo visible, surge con fuerza en nuestro interior la idea de que este no se originó por casualidad, sino con una finalidad». Y abundando en esta idea, el físico australiano Paul Davies escribe: «No cabe duda de que muchos científicos se oponen temperamentalmente a cualquier indicio de creacionismo. Desdeñan la idea de que pueda existir un Dios, o inclusive un sustrato o principio creativo impersonal. Personalmente, no comparto su desdén. No puedo creer que nuestra existencia en el universo sea un mero capricho del destino, un destello fortuito en el gran drama cósmico».

Superada ya la primera década del siglo del XXI, tras Darwin, Nietzsche y Freud, así como el espectacular desarrollo científico y técnico que ha tenido lugar en los últimos 150 años, puede mover a asombro que todavía haya quienes sigan creyendo en Dios, en el acto salvador de la cruz y en una vida trascendente. El fenómeno científico, con su pretendida objetividad (creo que más teórica que real), parece querer decirnos que la fe debería estar ya superada y perteneciente a otros tiempos, en los que la ignorancia y el temor a desatar las iras del poder establecido condicionaban totalmente cualquier iniciativa para investigar, pensando en las consecuencias que podría acarrear el llegar a conclusiones que se enfrentaran a la enseñanza tradicional.

Con la intención de confirmar este asombro por una fe que sobrevive a todos los ataques posibles, citaremos la encuesta que se realizó en 1916, bien temprano en el siglo XX, el más pródigo en descubrimientos que ha conocido la humanidad. Dicha encuesta tuvo lugar entre los más destacados científicos del mundo y se centró en la pregunta: «¿Cree usted en Dios?». De los encuestados, aproximadamente el 40% respondió afirmativamente, mientras que el 60% respondió que no. Lo sorprendente es que 80 años más tarde (1996), cuando la ciencia había alcanzado un espectacular desarrollo, los profesores Edward Larson, de la Universidad de Georgia, y Larry Williams, de la Universidad de Maryland, repitieron la encuesta, la cual realizaron en el período de un año, con un resultado prácticamente idéntico al que se obtuvo en 1916: 40% de creyentes, 45% de ateos y un 15% de agnósticos (algo así como el «no sabe, no contesta» de otros tipos de encuestas). Así pues, como reconoce el filósofo Fernando Savater: «De modo que a finales del gran siglo de la ciencia contemporánea, los propios científicos siguen siendo más o menos tan religiosos como ochenta años atrás y miles de descubrimientos cruciales antes» (F. Savater, *La vida eterna*). Por consiguiente, hemos de concluir que los acontecimientos históricos tienen una incidencia limitada sobre el estado de la fe. Es como si la fe, situada en niveles superiores a la realidad que vivimos y teniendo como fundamento la esperanza en un futuro trascendente, estuviera siempre por encima de la realidad presente, por argumentativa que ésta pueda ser.

La crisis, cuando ha existido, no se ha manifestado en relación con la fe como un todo, como un conjunto de creencias, sino en ciertos aspectos (doctrinas) de la fe, como pueden ser la creencia en la vida eterna, el origen del universo y de la vida en la tierra o la personalidad divino-humana de Jesús. Temas de discusión en la historia del cristianismo, pudiendo ésta desembocar en una fracción del colectivo de creyentes (como podemos ver en el Catolicismo y en el Protestantismo), pero no en el abandono de la fe en Dios.

Puede que las principales diferencias se hayan presentado en relación con la creencia sobre la esencia y la existencia de la vida en el «más allá», es decir, la inmortalidad. En la misma encuesta realizada en 1916 que he señalado anteriormente, se introdujo una pregunta sobre la inmortalidad dirigida a los no creyentes, y otra para comprobar si los que no creían en la inmortalidad la deseaban. Mientras en 1916 sólo el 20% de los científicos encuestados no creía en la inmortalidad, en la actualidad es el 50%. Por otra parte, de los que no creían en la inmortalidad entonces, el 73% la deseaba, mientras que ahora sólo la desea el 36%. También ha cambiado la distribución de científicos creyentes por especialidades, encontrándose en 1916 la proporción más alta de no creyentes entre los biólogos (69,4%); mientras que ahora el mayor nivel de los que no creen corresponde a los físicos y astrónomos (77,9%). Sin embargo, es interesante mencionar que el nivel más alto de creyentes está ahora entre los matemáticos (44,6%). Aunque esto sólo tenga un valor estadístico, parece significativo que, aunque todas estas ramas de la ciencia estén relacionadas con el universo y su origen, sean finalmente la física y la astronomía las que más ateos aporten. El descubrimiento y desarrollo de las leyes de la naturaleza ha movido a los físicos a «sustituir» a Dios por dichas leyes, tal como vemos que hace el famoso físico Hawking cuando escribe: «Parece que nuestro universo y sus leyes han sido diseñados con exquisita precisión para permitir nuestra existencia y que, si tenemos que existir, queda poca libertad para su alteración» (*El gran diseño*, p. 184). Esta obra está llena de referencias a esas leyes. Más adelante el mismo autor, sin contenerse lo más mínimo dirá: «Como hay una ley de la gravedad, el universo puede ser y será creado de la nada (...) No hace falta invocar a Dios para encender las ecuaciones y poner el universo en marcha» (*op. cit.*, pp. 203-204). Lo más chocante de este planteamiento, que concede a las leyes del universo la capacidad para crear todo lo existente (la misma capacidad que el creyente concede a Dios), está en comprobar que, cuando dice que «nuestro universo y sus leyes han sido diseñados con exquisita precisión», no hace ninguna referencia a «quién» o «qué» ha diseñado esas leyes «con exquisita precisión». Me parece excesivo utilizar términos tales como diseño, exquisitez o precisión, para acreditarlos exclusivamente a la casualidad y no a la intervención de algún Ser sobrenatural.

Abandonando el ámbito de la ciencia y considerando el estado actual de fe en la sociedad posmoderna del siglo XXI, encontramos una situación que resulta algo paradójica puesto que, junto con el crecimiento del escepticismo religioso, la secularización y el ateísmo que marcaron la década de los años 60, vemos, en los albores del siglo XXI, brotes de un renacer del interés por lo religioso, especialmente en el cristianismo y el islamismo. Para confirmar este hecho, basta leer el número 16 de la edición española de la revista *Foreign Policy* (agosto-septiembre de 2006), la cual presenta su portada bajo el titular «Dios vuelve a la política», y en sus páginas interiores contiene un reportaje significativamente titulado: «¿Por qué Dios está ganando?». Para algunos, tal titular puede parecer una exageración al cantar prácticamente la «victoria» de la creencia en Dios sobre las variadas formas de ateísmo existentes, pero no se puede negar que a pesar de la Ilustración, los filósofos de la «muerte de Dios» y el descomunal avance científico del siglo XX, la fe continúa presente, viva y activa, puede que «no más que antaño, pero, desde luego, no menos que siempre» (F. Savater, *op. cit.*).

Sin embargo, no han faltado momentos en los que la experiencia de la fe parecía condenada a desaparecer, golpeada por el viento de la ciencia y la filosofía, tema que ya hemos tratado con anterioridad en esta obra. La fe cristiana se ha visto hostigada por posiciones vestidas con ropajes de una sincera búsqueda de la verdad humanista (aunque no exenta de beligerancia y de deseos de aniquilamiento), que han venido combatiendo la idea de Dios y la fe en Cristo por medio de acontecimientos más bien aislados que han tenido lugar en la historia de las religiones más que en un estudio serio de la revelación que es el fundamento de la religión. Ch. Hitchens, por ejemplo, cita en su libro *Dios no es bueno* abundantes ejemplos de absolutismo y represión practicados en algunos medios cristianos en su ya larga historia y afirmando que la Iglesia «tal vez hable de la dicha en el mundo venidero, pero busca el poder en este. Al fin y al cabo es una construcción absolutamente humana» (p. 31). Este autor reduce la verdad o el error en religión, a acontecimientos como el de la Inquisición, a personajes como Salman Rushdie y a nefastos actos de terrorismo como el que tuvo lugar el 11 de septiembre de 2001 en la ciudad de New York. Errores y más errores que se asocian con la religión, pero que entiendo que no la definen con justicia, pues una argumentación como ésta hace ver la tendencia negativa y la falta de objetividad, puesto que, si bien esos hechos son ciertos, son presentados sin citar para nada los innumerables casos en los que la fe religiosa (me refiero especialmente al cristianismo, por serme más próximo y conocido) ha sido un aporte maravilloso para la humanidad y, a veces, el único. Me limitaré a recordar, tal como he hecho con anterioridad, que ateos como Dawking, Hitchens, Harris y tantos otros, pueden ser biólogos, psiquiatras o profesores de lengua, pero no teólogos, y no contemplan la religión desde la óptica de especialista en las Escrituras. Escriben con la misma tendencia con la que acusan a los religiosos: para tener razón por encima de cualquier atisbo de verdad, porque asumen una posición contraria preconcebida y, por lo tanto, subjetiva. Personalmente rechazo la manera trivial y anecdótica utilizada por estos autores ateos al tratar los temas de la Biblia. Creyendo hacer una reflexión lógica sobre el texto bíblico, lo que hacen con frecuencia es ridiculizar a los personajes y su discurso (incluido Jesús). Pienso que un ejemplo de lo dicho lo podemos encontrar en la obra de Dawking *El espejismo de Dios* (pp. 268-272), entre otras.

En abril de 1966, una portada de la revista *Time* preguntaba: «¿Dios ha muerto?». Esta pregunta parecía tener sentido, ya que, como he citado anteriormente, a mediados de los años 60 el secularismo dominaba buena parte de la política mundial. La visión compartida por ciertos sectores intelectuales y políticos era que la modernización acabaría inevitablemente con la religión y con la fe. Curiosamente, en el caso de la fe me uno a Hitchens cuando dice, con otra intención que la mía: «La fe religiosa es imposible de erradicar (...) Jamás sucumbirá o, al menos, no sucumbirá hasta que superemos el miedo a la muerte, a las tinieblas, a lo desconocido y a los demás» (*Dios no es bueno*, p. 27). Estoy de acuerdo con que la fe «jamás sucumbirá», aunque mis motivos para coincidir con este autor ateo sean bien diferentes a los suyos, pues los míos están plenamente identificados con el texto bíblico, mientras que él lo combate. La referencia escatológica hecha por Jesús sobre la fe: «Cuando el Hijo del hombre viniere, ¿hallará fe en la tierra?», parece más una seña de identidad del cristianismo, que permanecerá hasta el fin en lugar de desaparecer. En la parábola de las diez vírgenes (Mt. 25:1-18), la cuestión se plantea en relación con las amigas de la novia que esperan al esposo (sin duda, en clara referencia a la segunda venida de Cristo), comprobándose que todas se durmieron (la crisis), pero cinco estaban preparadas para recibir al esposo y entrar «con Él a las bodas» (v. 10). En teología no hay duda de que las cinco vírgenes prudentes representan a los que, creyendo en la venida del esposo (Jesús), son dignos de participar de la alegría de las bodas, es decir, participar del Reino de Dios. ¡Y esto será posible porque permanecerán fieles en su fe hasta el tiempo final, sin desfallecer ante las pruebas! ¡La fe jamás sucumbirá!

Según la *Enciclopedia Cristiana Mundial*, en el año 2000 aumentó la población que se adhirió a los diversos sistemas religiosos, respecto a la población religiosa existente en el siglo anterior. A comienzos de 1900, apenas una mayoría de la población mundial (un 50% para ser precisos) eran católicos, protestantes, musulmanes o hindúes. Sin embargo, al comenzar el siglo XXI, casi el 64% pertenecía a estos cuatro grupos religiosos, y la proporción podría estar próxima al 70% para 2025. A su vez, la Encuesta Mundial de Valores (*Revista digital Milenio*), que cubre el 85% de la población global, confirma el creciente ímpetu de la religión. Según los estudios llevados a cabo por R. Inglehart y P. Norris: «El mundo en su conjunto tiene en la actualidad más gente que nunca con opiniones religiosas tradicionales, y estas personas constituyen una proporción creciente».

De acuerdo con las conclusiones alcanzadas por la Encuesta Mundial de Valores, no sólo se está extendiendo la observancia religiosa en algunos países tradicionalmente poco simpatizantes de la religión, sino que los fieles asumen una posición más devota que en el pasado. No obstante, no podemos obviar que en los países de Europa, por ejemplo, se mantienen las bajas cifras de participación en los cultos religiosos, la crisis de vocaciones al ministerio y la alta cifra de quienes, de una forma u otra, se decantan por el ateísmo. Así pues, parece que las dos opciones son correctas: 1) El número de creyentes en el mundo ha aumentado en el siglo XX; 2) El número de creyentes no ha aumentado en algunos de los países de más larga tradición histórica, de mayor experiencia democrática y con un alto nivel de vida. Por eso hemos señalado a Europa, donde se dan cita con amplitud las tres características señaladas. «El cristianismo ya no está contenido, ni acuartelado, en Europa o EE.UU., como en siglos pasados», y advierte. «El evangelio se está convirtiendo en una fuerza dominante en África y Asia. Estas naciones ya envían misioneros a nuestros países» (Justin Long, *Revista online Flovium*).

20. La experiencia positiva de la fe

No sólo la llama de la fe no se apagará con el viento de la ciencia, sino que la fe superará todo tipo de pruebas que se le pueda oponer, y eso por dos motivos fundamentales: 1) Porque Dios existe (lo afirmo como creyente), luego la fe en Él se justifica; 2) La fe es necesaria para la experiencia existencial del ser humano; como lo es el sol, el aire que respiramos o el agua que bebemos. No se trata de un capricho o de una moda. Puede que el apóstol Pedro ilumine esta necesidad inevitable de la fe cuando Jesús, ante la triste experiencia de ver como «muchos de los discípulos volvieron atrás» después de su discurso sobre el «pan de vida», preguntó a los «doce»: «¿Queréis vosotros iros también?» (Jn. 6:67), a lo que Simón Pedro respondió: «Señor, ¿a quién iremos? Tú tienes palabra de vida eterna». (v. 68). La respuesta de Pedro, seguramente levantándose como portavoz de todos los demás, puede dar a entender varios presupuestos: 1) No le interesa ninguna otra opción para su vida que la ofrecida por Jesús. Pedro viene a ejercer la representación de quienes han hecho una profunda experiencia con el Maestro y no pueden renunciar a ella. La respuesta «Tú tienes palabra de vida eterna» ofrece el argumento que nos hace ver por qué no se siente capaz de elegir otro camino. Pedro, independientemente de su debilidad posterior, cuando le niega, reconoce en Jesús al portador de la vida eterna; 2) Volver al judaísmo, anquilosado y legalista, era regresar a la nada, volver a la dictadura religiosa de los hombres con abandono de la libertad aportada por la verdad enseñada y vivida por Jesús. Además, Pedro goza ya de una clara visión para discernir dónde se encontraba la verdad: en aquellos que se marchan haciendo oídos sordos al conmovedor mensaje de Jesús sobre el «pan de vida» y o en quien se ha presentado como la esencia espiritual y la realidad plena de ese pan, que alimenta para vida eterna y que, al fin, concederá el don de la resurrección (v. 54). Pedro reconoce que no tiene más alternativas que Jesús, pero no porque se le cierren otras puertas, sino porque él decide mantener abierta la que ahora tiene. Primero se cuestionan sobre su destino «¿a quién iremos?», mostrando así que no tienen alternativa, que ninguna otra doctrina les conmueve, que no existe para ellos otra esperanza para acceder al Reino de Dios. Por eso confirman los «doce» su posición ante Jesús, reconociendo por qué no pueden pensar en otro maestro: «Tú tienes palabra de vida eterna». Es decir: ¿Dónde iremos si, a criterio nuestro, sólo tú puedes señalarnos el camino que lleva a la salvación eterna?

La fe, aunque con frecuencia es considerada sólo como un concepto o una hipótesis, experimentalmente es una fuerza incontenible que, arraigada en la personalidad del creyente, supera el temor universal que los humanos tenemos al dolor y a la muerte. Recuerdo que el propio Hitchens, siendo ateo, reconoce que la fe jamás sucumbirá, «o, al menos, no sucumbirá hasta que superemos el miedo a la muerte» (*ibíd.*). El personaje más repudiado por algunos ateos, el apóstol Pablo, en su 2ª carta a los Corintios, ejerce su derecho a no dejarse ganar por el miedo a la muerte, enfrentando ésta desde el fundamento firme de su fe en Dios y su esperanza de salvación. Es esto tan cierto que asegura: «No tememos la muerte. ¡Estamos contentos de que un día moriremos e iremos a morar con el Señor en nuestro hogar celestial!» (2 Co. 5:8, versión «La Biblia al Día»). La mística Teresa de Jesús se expresa en los mismos términos, en relación con su muerte, quince siglos más tarde: «Vivo sin vivir en mí/ y tan alta vida espero/ que muero porque no muero». Si resulta cierto que la mayoría de los seres humanos (por no decir todos) hemos temido y tememos a la muerte, y tantos hombres y mujeres han encontrado consuelo frente a una experiencia de enfermedad terminal o de riesgo extremo de su vida en la confiada aceptación de las palabras de Jesús: «El que cree en mí, aunque esté muerto vivirá», en ese caso quedaría certificada la eficacia de la fe para esta vida y para la próxima. Si, por el contrario, finalmente el futuro es el vacío más absoluto, tal como propugnan los ateos, entonces digamos como los griegos en tiempos de Pablo: «Si los muertos no resucitan, comamos y bebamos, que mañana moriremos» (1 Co. 15:32). Es decir, si no crees en la resurrección, antes bien propugnas que «el paraíso es un 'cuento de hadas'» (Hawking, entrevista en *The Gardian* 16/2/2011), entonces sólo tienes que ocuparte en emplear tu vida como te plazca, a riesgo de que te equivoques y resulte que sí, que hay un destino eterno del que tendremos que participar de algún modo.

El eslogan elegido por una asociación de ateos para insertarlo en los autobuses de varias ciudades europeas, dice así: «Probablemente Dios no existe, así que deja de preocuparte y disfruta tu vida». Está bien claro que en el pensamiento del ateísmo no existe concordia entre la fe en Dios y el disfrutar de la vida. O lo uno o lo otro, pero juntos ¡imposible! En mis muchos años de creyente siempre pensé que era gracias a mi fe que podía gozar de momentos felices, pero según el eslogan anteriormente citado he estado equivocado toda mi vida, puesto que, si la he disfrutado, entonces es que no he creído; o si he creído, entonces es que no la he disfrutado. Los momentos más duros de mi vida fueron aquellos en los que se puso a prueba mi fe y no aquellos otros en los que ésta llenaba toda mi existencia afirmando mi confianza en la trascendencia divina. En esos momentos, mi confirmación en la existencia de Dios y la seguridad en mi destino eterno me llenaban de gozo. La experiencia de millones de personas demuestra que el gozo de creer contiene una fortaleza capaz de enfrentar el sufrimiento inevitable de esta vida, y hacerlo con una sincera paz interior. Será por eso que Dios nos llama con frecuencia a través del dolor, para reconducir nuestra vida en aquellos momentos en los que ésta pierde su sentido y su norte. Sobre esto, el famoso escritor y profesor C. S. Lewis ha escrito: «Dios nos susurra en los placeres, nos habla en la conciencia, pero nos grita en el dolor: éste es un megáfono para despertar a un mundo sordo» (*El problema del dolor*, p. 97). He leído varias veces, porque me encanta, la pequeña obra de Miguel de Unamuno titulada *D. Manuel Bueno, mártir*, en la que el autor expresa el conflicto existente entre la fingida fe del sacerdote don Manuel, por amor hacia sus hermanos creyentes, y la fe experimentada por su fiel feligresa Ángela (p. 65). Cuando don Manuel Bueno sabe que va morir, le encarga a su converso Lázaro: «Cuidad de estas pobres ovejas, que se consuelen de vivir, que crean lo que yo no he podido creer». Típico de Unamuno es sembrar la duda, pues presenta a su personaje, el sacerdote, como quien no cree en la resurrección, para luego, muriéndose, decir a Lázaro: «Vivid en paz y contentos y esperando que todos nos veamos un día en la Valverde de Lucerna (el pueblo donde discurren los hechos) que hay allí, entre las estrellas de la noche» (p. 68). Don Manuel Bueno, tal vez representación misma del propio autor, «se murió creyendo no creer, pero sin creer creerlo» (p. 76). Ángela, la narradora de la historia concluye con un tono esperanzado: «Y si acaso en el acabamiento de su tránsito se le cayó la venda» (p. 77). Una vida que toma más en cuenta la necesidad del «otro» que la propia es la mejor expresión de una vida de amor, de la que está escasa cualquier otra vía no religiosa. La fe cristiana, bien comprendida, ha sido a lo largo de la historia un gran aporte para la sociedad.

Como creyente, siempre he apreciado los beneficios recibidos de la fe, experimentada mediante la aceptación confiada de la persona y la obra de Jesucristo. Es por ello que parece correcto pensar que una experiencia de fe, capaz de generar en nosotros una energía y una confianza tales que nos hagan capaces de vencer el temor al dolor y a la muerte debería ser tomada muy en serio para alcanzar a aceptar la existencia de un poder sobrenatural que incide sobre nosotros y en nosotros. Algo debe intervenir a favor del hombre y de la mujer cuando pasan del miedo más cobarde al heroísmo del martirio, y hacerlo casi sin transición. El apóstol Pedro niega a su Maestro tres veces (Jn. 18:17, 25-27), para unas semanas más tarde, después de ser amenazados por el Sanedrín, exigiéndoles «que en ninguna manera hablasen ni enseñasen en el nombre de Jesús» (Hch. 4:17-18), Pedro y Juan respondieran: «Juzgad si es justo delante de Dios, obedecer antes a vosotros que a Dios; porque no podemos dejar de decir lo que hemos visto y oído» (vv. 19-20). ¿Y qué era esto? Sin duda la resurrección de Jesús. Es ahí donde enraizó la fe que les hizo superar sus miedos, terminando Pedro por morir mártir en Roma, de acuerdo con una bien documentada tradición. ¿Qué transformó a un hombre atemorizado en un héroe y, además, en tan breve espacio de tiempo? Para mí que esta positiva experiencia de fe certifica la existencia de un gran acontecimiento que llevó a aquellos hombres y mujeres asustados (Jn. 20:19) a entregar su vida alegremente, habiendo superado su temor y sus dudas; y ese acontecimiento bien pudo ser, como ya hemos dicho, la resurrección de Cristo. La vida es tan preciosa como para temer tanto perderla, es sabido que pocos mueren por una mentira, no han faltado hombres y mujeres capaces de dar lo más precioso que tenían, entregándose en un acto de martirio, tal como sucedió con Esteban (Hch. 7:58-59) o con Santiago (Hch. 12:1-2), o Pedro, movidos sin duda por un extraordinario suceso que cambió el sentido de sus vidas. Este hecho motivador debió ser la resurrección de Cristo, quien, si con su muerte les indujo a la depresión y al más sentido estado de fracaso, tal cambio de actitud tan firme y completo debe de ser causado por un acontecimiento positivo tan impactante como lo fue el de su muerte, es decir, su resurrección. ¡Este debió de ser el hecho extraordinario! Sobre todo para la primera generación de creyentes cristianos, a los que no se debería asociar con una psicosis colectiva, dada la pluralidad de personajes que intervinieron y la violenta muerte que muchos de ellos experimentaron. En aquellos dramáticos momentos, sólo les podía sostener la esperanza, tal como les había sido entregada por Jesús.

CAPÍTULO XIV
Más allá de la esperanza

21. La esperanza psicológica

Como con otros términos (la fe, el amor), la esperanza es utilizada indiscriminadamente, en relación con situaciones que, como veremos, tienen poco que ver con el sentido real de este término. ¿Será correcto hablar de esperanza cuando sólo se trata de una actitud de espera? Por ejemplo «tengo la esperanza de que mañana tendremos un día soleado», o «espero que hoy cocines las patatas tan sabrosas como la última vez». ¿Significa la esperanza tener anhelos y deseos para la vida cotidiana: mejor vivienda, mejor coche, mejores electrodomésticos? De ser así pienso que rebajaríamos el sentido verdadero que se ha concedido a la esperanza y que tan importante papel tiene en la existencia de los humanos. Presentaremos dos clases fundamentales de esperanza: 1) La esperanza psicológica; 2) Una teología de la esperanza.

Me resultó muy chocante, al consultar el *Diccionario de Psicología en tres volúmenes* de W. Arnold, Hans J. Eysenck y R. Meili, de mi biblioteca, descubrir que no se trataba para nada el término «esperanza». Simplemente no lo encontré porque no estaba. Cierto es que no faltan obras escritas sobre este tema, pero debemos reconocer que el interés que despierta tiene que ver mucho más con la teología que con la psicología. No es difícil comprobar que los términos «sufrimiento», «éxito» o «superación» son acogidos con mayor empeño en las obras «de ayuda» que el de «esperanza». Sigo pensando que las connotaciones teológicas de este término son la verdadera causa de su posible marginación. Las Escrituras, como veremos más adelante, están llenas de referencias a la esperanza, ofrecida como respuesta a la dramática historia del ser humano. Pero esta visión de la esperanza la presento a continuación, centrando ahora nuestro interés en la esperanza como instrumento psicológico.

La esperanza debe servir a cada ser humano y, por ello, debe aportar respuestas a sus problemas sea creyente o no quien los soporta. V. E. Frankl, fundador de la logoterapia como tercera escuela vienesa de psicoterapia (después de Freud y Adler), en su pequeña pero significativa obra «El hombre en busca de sentido», en la que narra su propia experiencia como psiquiatra, estando prisionero en un campo de concentración nazi. Centró su labor fundamentalmente en motivar a las personas a vivir cuando están a punto de claudicar frente al insoportable peso de la vida. Al doctor Frankl le gustaba citar la frase de Nieztche: «Quien tiene un por qué para vivir, encontrará casi siempre el cómo». Esto lo ilustra con una experiencia que vivió en el campo de concentración donde estaba prisionero. El autor recuerda dos casos de suicidio frustrado que tienen similitudes entre sí. Los dos prisioneros habían comentado su intención de acabar con su vida, ya que ésta había perdido cualquier tipo de sentido. El doctor Frankl pensó que su intervención debía estar dirigida a mostrar a los dos potenciales suicidas que su error empezó cuando pensaron que ya no podían esperar nada de la vida, sin pensar en lo que la vida esperaba de ellos. Uno de ellos tenía un hijo al que amaba profundamente y que estaba esperándole fuera de Alemania. El otro hombre era un científico cuya obra esperaba ser publicada en una colección de libros que debía concluir. Es muy posible que nadie más que él pudiera terminar ese trabajo, así como que nadie podría sustituir al padre en el afecto de su hijo. La toma de conciencia de estos hechos hizo posible que los dos desistieran de su dramática decisión. Y es que, quien es capaz de comprender que su vida tiene un gran sentido para alguien o para algo, no atentará contra ella, pues, como nos indica Frankl, cuando se conoce el «por qué» de la existencia, se podrá soportar casi cualquier «cómo» (*op. cit.*, p. 81). En un momento determinado, como ya era habitual, se apagó la luz del barracón donde vivían, quedando completamente a oscuras. Para levantar el ánimo de los prisioneros, el jefe del barracón se refirió a los muchos compañeros que habían muerto por enfermedad o por suicidio, indicando a continuación cual había sido la razón de ese drama: «la pérdida de la esperanza». El doctor Frankl reconoció con sus compañeros de cautiverio, que las posibilidades de supervivencia eran mínimas, pero «también les dije que, a pesar de ello, no tenía intención de perder la esperanza y tirarlo todo por la borda, pues nadie sabía lo que el futuro podía depararle» (pp. 82-83).

Esto me hace recordar una experiencia que he contado en innumerables ocasiones en mis conferencias sobre la esperanza: cómo confiar que el futuro puede traer la respuesta que ahora no vemos, concediéndonos la fuerza para continuar en la espera de que algo suceda. Relataré el siguiente experimento que me contaron: se trata de la rata de agua, animal que vive en zonas acuíferas (orillas de pantanos, ríos y lagos), por lo que son excelentes nadadoras. Para el experimento, colocaron al animalito en un cubo de paredes lisas, lleno de agua hasta la mitad. El animal nadó durante unos minutos y se acercó a la pared del cubo para intentar salir de él. Sus uñas no se lo permitieron pues, cada vez que intentaba agarrarse y salir, se escurría y volvía a caer al agua. Después de flotar durante diecisiete minutos y de haber intentado salir muchas veces en ese tiempo, claudicó abandonándose agotada en el agua, debido más al estrés que al cansancio. A punto de ahogarse, fue sacada del agua y, después de darle un descanso, fue depositada en ella otra vez, reaccionando de la misma manera que lo hizo la vez anterior. Cuando estaba a punto de claudicar de nuevo, pusieron una tablilla flotando en el agua, a la que nuestra protagonista se subió sin ninguna dificultad. Después de dejarle descansar en la tablilla se la quitaron, dejando a la rata de nuevo en el agua ¡pero esta vez aguantó flotando más de ochenta horas! Los científicos que hicieron el experimento comprendieron por qué había aguantado tantas horas flotando, mientras que la primera vez, antes de que pusieran la tablilla salvadora, sólo había estado nadando unos pocos minutos. El animalito, desde que se subió a la tablilla, supo que había una salvación posible, la cual podía llegarle en cualquier momento. ¡La esperanza le dio fuerzas para batir un récord de flotabilidad!

La propia definición de esperanza puede conducirnos a confusión: «Confianza de lograr lo que deseamos que se realice». Esta generalización del término puede ofrecer una percepción errónea del sentido de esperanza. Si ésta se expresara simplemente mediante la idea de «espera», a quien sea o a lo que sea, podríamos relacionar el significativo término con cualquier persona u objeto, sin determinar nuestra intención ni el significado que dicha espera tenga para nosotros. Técnicamente esto no es posible, pues el deseo consumista por sí mismo no es esperanza. Con el discurrir del tiempo, el uso de un término enriquece su significado, pero también confunde su pureza inicial. Así sucede con las otras dos virtudes teologales: la fe y el amor. No es extraño escuchar hablar de la fe en un médico o en un medicamento; como tampoco lo es que se diga «hacer el amor» cuando puede ser solamente una referencia al sexo. En inglés se utiliza también el verbo «amar» para referirse a una comida, un país o simplemente a una camisa.

La esperanza psicológica, para serlo, debe manifestar toda su fuerza, su capacidad de motivación. Como en el caso de los dos potenciales suicidas que hemos mencionado anteriormente, así actúa la esperanza en aquellos que esperan fervientemente algún suceso importante en sus vidas, sin que necesariamente se trate de un acontecimiento religioso o escatológico. E. Fromm aporta un sentido de madurez a la esperanza cuando escribe: «Tener esperanza significa estar presto en todo momento para lo que todavía no nace, pero sin llegar a desesperarse si el nacimiento no ocurre en el lapso de nuestra vida. Carece de sentido esperar lo que ya existe o lo que no puede ser» (*La revolución de la esperanza*, p. 21). Todos hemos comprobado cómo se alarga el tiempo en la espera de algo que tememos o deseamos, cuando, para mal o para bien, se anhela que llegue ¡por fin! el momento para la obtención de aquello que esperamos. Sirva de ejemplo la ansiedad que genera la espera de un resultado clínico con la posibilidad de que el mismo confirme nuestro temor de sufrir una grave enfermedad. Quienes tienen que viajar mucho lejos del hogar, incluso por períodos de varios meses, saben muy bien con cuánta tensión se vive el tiempo que aún falta para alcanzar el momento deseado del regreso. Recuerdo que una vez me presenté un día antes en el aeropuerto de Miami para regresar a España. El deseo me pudo y me adelanté en un día sobre la fecha del viaje. ¡Qué decepción experimenté!

22. Una teología de la esperanza

En momentos de crisis es corriente acogernos a la esperanza. Así sucede cuando nos encontramos situados, como ahora, en un tiempo de espera de la parusía, siendo habitual utilizar este recurso escatológico como un mensaje de consuelo para todo aquel que sufre. Como ya ha sido dicho, existen varios tipos de esperanza, pero ninguno es comparable con la esperanza cristiana, pues ninguna otra tiene la fuerza que, partiendo de la fe, se proyecte hacia el lejano horizonte de la eternidad, liberando al esperanzado de su prisión temporal de este mundo. En cualquier situación de la vida en crisis, el ser humano se aferra a que llegue la solución a su problema por vía económica, sanitaria, laboral o afectiva, según sea el problema al que deba hacer frente. Pero esa esperanza no es tal en plenitud, pues es sólo la espera expectante de que, con el discurrir del tiempo, la situación cambie, aunque nunca con carácter definitivo. La esperanza cristiana es mucho más que una simple espera, pues se trata de la confirmación de que lo que todavía no es (como en la fe), será. Es una experiencia real que comienza el día en el que uno se da cuenta de que la vida es más que un acto de confianza en lo tangible y visible. Que la esperanza va más allá de la pura ciencia, que supera la investigación y la observación humanas, que te sitúa en un futuro no observable por medios científicos, sino con el misterioso telescopio de la fe. La esperanza es vínculo, y lo es desde el momento en que se hace una con aquel que ha reconocido como la fuente de la vida, el origen de todo lo que existe, el único que puede garantizar la trascendencia de esta vida para proyectarla hacia la eternidad, es decir, Dios.

El apóstol Pablo se refiere a los gentiles como quienes, «en aquel tiempo estabais sin Cristo, extranjeros a los pactos de la promesa» y, como resultado, «sin Dios y sin esperanza en el mundo» (Ef. 2:12). Estar sin Dios es estar sin fe y la consecuencia inmediata es la falta de esperanza. Ésta está vinculada a la tríada más destacada del cristianismo: «la fe, la esperanza y el amor» (1 Co. 13:13). Ninguna de estas tres virtudes teologales puede existir por sí misma, sino mediante un estrecho vínculo, aunque el orden en el que Pablo las ofrece no tiene por qué ser vinculante. La fe y la esperanza tienen en común que el objetivo que las alimenta todavía no es visible sino «intuitiva», no siendo por ello posible su demostración, aunque sí los efectos de su experiencia. Por el mismo motivo que la fe, la esperanza neo-testamentaria lleva en sí misma una certeza incondicional: «Si morimos con Cristo, creemos que también viviremos con Él» (Ro. 6:8). Estando seguro, por la fe, de las promesas de salvación, el creyente se gloría en su esperanza, es decir, alaba a Dios desde ahora por lo que aún no ha acontecido: «nos gloriamos en la esperanza de la gloria de Dios» (Ro. 5:2) Sí, la esperanza en el Nuevo Testamento es una actitud de espera y un anhelo paciente, disciplinado, confiado en el Señor como nuestro Salvador. Como escribe E. Hoffmann: «Esperar es ser atraído por la meta y lanzarse a ella, es un mantenerse en ese dinamismo. La esperanza muestra su vitalidad perseverando en la espera, en el soportar pacientemente las tensiones entre el ahora, guiados por la fe, y nuestra vida futura». Así lo entiende Pablo en su carta a los Romanos: «Empero si lo que no vemos esperamos, por paciencia esperamos» (8:25).

Ahora bien, no parece correcto pensar que vivir en la esperanza cristiana sea una invitación a la quietud improductiva, a un cruzarse de brazos frente a las exigencias de esta vida, como si ésta no tuviera ningún significado ante la magnitud de lo que se espera. E. Fromm dice que la «espera pasiva es una forma disfrazada de desesperanza y de impotencia» (*op. cit.*, p. 20). Vivir en la esperanza cristiana no convierte al ser humano, como muchos piensan, en un personaje apático en continuo proceso de espera de la otra vida, sino en alguien capaz de cuestionarse todas y cada una de las cosas que ocurren en el mundo y de actuar en consecuencia. Esto contradice la opinión manifestada por algunos autores ateos, para quienes la esperanza en una vida mejor, después de ésta, invita a la acomodación a las circunstancias temporales, dado que éstas se presentan sin interés alguno ante el lógico deslumbramiento producido por la visión mística de las cosas que se esperan. Esperanzados con lo que «será», piensan ellos, se pierde el interés por lo que todavía «es», de modo que el mundo nada interesa. Aun más, se puede concluir, según ellos, que ese menosprecio hacia las cosas de esta vida es la más clara expresión de la fe cristiana.

¡Gran error! El llamamiento continuo del evangélico a los creyentes es el de un total servicio a las almas, servicio que se ofrece a través de muy diversos ministerios: hospitales, escuelas, universidades, residencias, ONGs, seminarios y el kerigma como comunicación oral y escrita de la buena nueva. La esperanza neo-testamentaria en un mañana trascendente y eterno es una poderosa invitación a proyectarse en los demás, a compartir esa esperanza con quienes no viven en ella, a un abandono de la vida egocéntrica, teniendo el cristiano como objetivo esparcir los efectos de su fe en un entorno tan amplio como le sea posible. Si se suspendiera por un instante la labor que realizan las iglesias en la sociedad, nos enfrentaríamos a un mundo desolado, particularmente en las zonas más pobres y marginadas. La ingente labor que se realiza en las sociedades más necesitadas es el fruto de la fe que alimenta la esperanza de millones de creyentes en un mundo mejor. Para el cristianismo no es posible

encontrar un tratado semejante a la Escritura, un tratado que alien-
te con mayor empeño una dinámica a favor del prójimo, a quien
se debe amar, sea amigo o enemigo (Lc. 10:27; Mt 5:44); a quien se
debe ayudar sin condiciones (Mt. 5:42); a quien es necesario dar a
conocer el Mesías como hizo Felipe con Natanael (Jn. 1:45). Pablo
dirá que «si alguno no quiere trabajar, tampoco coma» (2 Ts. 3:10),
como una indicación clara del interés que el creyente debe poner en
el quehacer diario que le corresponde en la sociedad donde vive,
asumiendo sus responsabilidades propias y las de su familia. La esperanza motiva el «día a día», pues El apóstol Pablo dirá: «cada día
muero»; y el Maestro nos enseña que «basta al día su afán». Cada
jornada es para el creyente una parte fundamental de su obra de
construcción: cada día un ladrillo nuevo de amor y de servicio que
mantienen firme la esperanza de millones de almas en el más allá.
Tenemos derecho a dudar de que una esperanza que sólo centra su
atención en el futuro, sin un compromiso real con el presente, sea
una esperanza válida, iluminadora de esta vida que, por sus tinieblas, necesita el resplandor de esa «luz del mundo», que debe ser la
experiencia de cada creyente. Esa esperanza no es *exógena* (su causa
y origen se generan en el ámbito exterior al ser humano), sino *endó-
gena*, que se genera desde el interior más profundo y misterioso del
hombre. Por su misma esencia teológica, la esperanza no puede ser
egocéntrica, asentada solamente en el yo, sino la identificación total
del creyente con Cristo, pues «es Cristo en vosotros la esperanza de
gloria» (Col. 1:27).

23. La ciencia no aporta esa esperanza

Podría decirse con mayor propiedad incluso que la ciencia rechaza aportar esperanza, por considerar que apoyar la existencia presente sobre las promesas de un futuro que no podemos garantizar
objetivamente no es un hecho científico y, por lo tanto, no es aceptable. Ch. Hitchens, desde su ateísmo, rechaza la intención de ayuda
al necesitado, la aportación de consuelo al alma afligida, y lo hace en
los términos siguientes: «Por lo que respecta al consuelo, como las
personas religiosas insisten con tanta frecuencia en que la fe responde a esta supuesta necesidad, diré simplemente que aquellos que
ofrecen falso consuelo son falsos amigos» (*op. cit.*, p. 23). Es decir,
que el consuelo que se aporta a partir de la fe, es necesariamente

falso, simplemente porque es un cristiano quien lo ofrece. Éste, además, debe ser considerado un falso amigo. Pienso que, en este caso, no es necesario rebatir nada, pues lo dicho parece que es suficientemente elocuente. No obstante, se impone una pregunta ¿será más correcto que alguien que pretende actuar científicamente niegue su ayuda a su prójimo que le necesita? Y si le ofrece la ayuda necesaria, ¿será falso o verdadero? ¿Será un falso amigo, o será verdadero simplemente porque no se trata de un cristiano? Tanta simplicidad me desconcierta. La ciencia no ofrece esperanza, y no puede ofrecerla simplemente porque no es capaz de proyectarse hacia el mañana y su hoy es demasiado breve e incierto.

El gran fallo de la propuesta que hace la ciencia a partir del origen casual del universo y su vacío de respuestas para definir su futuro la incapacita para susurrar una propuesta de esperanza a los corazones azotados por los problemas de esta sociedad, moderna y dolorida a la vez. Es necesario dar respuesta a los interrogantes que nos proporciona el inmenso universo del que formamos parte, pero no debería hacerse a costa de la consoladora esperanza que todo corazón atormentado por mil problemas necesita. Grande es la responsabilidad asumida por aquellos científicos que, al concluir sus investigaciones desde el telescopio o el microscopio, no aflora en su interior más humano ningún sentimiento que ofrecer, sino más bien lo contrario, por despojar a la humanidad de toda esperanza ultraterrena. Lo dije antes: ¿a quién le interesa un *big bang* sin Dios y, como consecuencia, sin nadie en todo el universo que se apiade de su dolor cuando enfrenta los inevitables dramas de esta vida?

Cuando un creyente desea que un ateo crea, no le está por ello despojando de nada, le está añadiendo. El creyente busca aliviar el alma de quienes sabe que sufren y para quienes, agobiados por su dolor, los conceptos pretendidamente objetivos de la ciencia nada valen. La fe que se les ofrece es una invitación a la trascendencia a su tiempo y su triste realidad. Es una oferta para que tomen otra senda, para que interpreten de otro modo su visión de la vida, así como el origen y el destino del hombre, de tal modo que, revisando esos conceptos y aceptándolos, puedan creer y alimentar su esperanza. Insisto, es la búsqueda de una adición, un ensanchamiento de la perspectiva de la existencia, una visión infinitamente alargada de una vida que se agota. Ahora bien, cuando un ateo busca que un creyente abandone su fe en Dios y en la vida eterna, ¿qué busca en realidad? ¿Acaso busca un bien superior para esa persona? ¿Desea, durante ese estrecho paréntesis que se abre entre la vida y la muerte, contribuir a mejorar la sociedad de su tiempo, una sociedad más feliz, más reconfortada frente a los múltiples avatares de la vida? ¿Qué está aportando con sus conclusiones desprovistas de esperanza, asentadas sobre una perspectiva que puede ser tan corta como la vida misma? ¿Es argumento suficiente pensar que con la teoría atea se ofrece una «verdad» definitiva, incuestionable, y que por ello merece la pena aceptarla aunque eso signifique la renuncia a cualquier clase de esperanza?

Quiero suponer que el científico se gozará con sus logros alcanzados y que se sentirá satisfecho por haber cumplido con su deber con la ciencia, pero ¿por qué tratar de construir por un lado para destruir por el otro? Hoy los alumnos de la mayoría de los colegios estudian el origen del universo, pero lo hacen no sólo a favor de la ciencia sino «contra» la fe en Dios, fe que ha dado sentido (no siempre de la manera más positiva, es cierto) a la sociedad durante tantos siglos. Con ello se ha conseguido que los jóvenes hayan oído algo sobre que todo empezó con una explosión, pero que hayan terminado desinteresándose, tanto por el *big bang* como por la creación de Dios. Es decir, que no entienden casi nada de su pasado y no creen en absoluto en el futuro. Se aferran al presente efímero de una vida estéril de expectativas. Para un importante colectivo de jóvenes hoy toda la filosofía y sentido de la vida se resume en un genérico «pasármelo bien», que no abre suficientes ventanas al futuro que pronto tendrán que enfrentar. En compensación, creo que también existen otros jóvenes, aquellos que sí creen en Dios y viven motivados por la esperanza, aportando una imagen de ilusión a la sociedad a la que pertenecen y a la cual sirven. Esto no es una discriminación ni positiva ni negativa, sino la constatación de un fenómeno social que nos afecta directamente, así como a nuestros hijos. En buena medida estamos de acuerdo con J. M. Lozano cuando escribe que los jóvenes «han pasado de ser propietarios del futuro a meros prisioneros del presente» (J. M. Lozano, ¿De qué hablamos cuando hablamos *de los jóvenes?*).

Todavía se cuenta, con cierto sarcasmo, la experiencia de aquel moribundo a quien visitaba su párroco, quien, para animarle en aquella situación final, le hablaba al enfermo de que abandonar esta vida no era tan grave como parecía, puesto que al dejarla iría a una vida mejor, perfectamente feliz y eterna. El enfermo le respondió con el hilo de voz que aún le quedaba: «Deje padre, deje, que como en casa en ningún sitio». Hemos llegado a ser seres aferrados únicamente a esta vida, con sus cosas, poco interesados en propuestas que no podemos controlar con nuestras manos ni todavía ver con nuestros ojos. Esto se puede definir como «una clara renuncia a la esperanza» que ya no somos capaces de reconstruir, uniéndonos con ello al sentir de E. Fromm cuando escribe: «a menudo la esperanza es destrozada a tal grado que un hombre puede no recuperarla jamás» (*op. cit.*, p. 31). Ningún pensador o científico puede garantizar que no exista una vida eterna, así como no se puede garantizar lo contrario. Lo que sí podemos afirmar es que esta vida no satisface nuestro deseo, muy humano, de permanencia, pues nuestra existencia se asienta sobre bases tan efímeras que pueden reducirse a un «ser o no ser» en un instante, en un momento, en el tiempo que dura un suspiro. Nadie discute la palabra de Eclesiastés: «Porque los que viven saben que han de morir» (Ecl. 9:5) Lo que sí parece que hemos de aprender o, por lo menos, recordar es la reflexión hecha por Santiago en su epístola universal: «Y no sabéis lo que será mañana, porque ¿qué es vuestra vida? Ciertamente es un vapor que se aparece por un poco de tiempo, y luego se desvanece» (Stg. 4:14). Cierto e impresionante este pensamiento que nos recuerda cuán frágil y breve es la vida, siendo por ello tan necesaria la esperanza.

Cuando no se cree en una vida trascendente, cuando nada tenemos que ofrecer al corazón afligido, perdemos con ello el sentido de responsabilidad hacia nuestros semejantes. Además, debemos enfrentarnos al nivel real de nuestra responsabilidad, pues cuanto mayor sea el prestigio de alguien, científico o religioso, mayor influencia ejercerá sobre aquellos que con él se relacionan y, por lo tanto, mayor responsabilidad asumen. No todo el mundo está en disposición de recibir «la verdad» cualquiera que sea el sentido de ésta. Un médico, por ejemplo, puede considerar conveniente ocultar parte de la verdad de una grave enfermedad de su paciente, pero revelárselo a otra. Algo muy parecido sucede con la presentación de la verdad evangélica. Esta debe ser ofrecida como un ungüento sanador para al alma, utilizarla para mejorar la calidad de vida de las personas atormentadas por algún problema, o simplemente para ofrecer alivio. Administrar correctamente la verdad y ofrecerla de modo que edifique, es una responsabilidad del más alto grado, que se circunscribe prácticamente a la fe. Es pues la fe, por su fundamento en la trascendencia, la única posición capaz de trasmitir aliento a aquellos que, circunstancial o definitivamente, experimentan el dolor multiforme que les llega de su obligado tránsito por esta vida. La oferta de la ciencia, en cambio, es fría, como lo es un experimento, una ecuación o una fórmula que, aun siendo necesarios para la investigación, sólo aportan hipótesis y racionalidad. Muy poco bagaje para aportar consuelo en la experiencia del sufrimiento humano.

Los físicos L. Krauss y R. Scherrer hacen una muy oportuna observación a los científicos que tienen, a veces, una manera «casi dogmática» de presentar sus conclusiones: «Seamos modestos: no hay nada que nos asegure que no vayamos a descubrir un día que nuestra aparentemente completa comprensión del universo deja mucho que desear» (*Pour la Science*, 2008, nº 368).

24. «Gozosos en la esperanza» (Tito 2:13)

El apóstol Pablo hace esa invitación a los romanos para que se gocen en la esperanza, en el conjunto de varias recomendaciones situadas en el contexto del cumplimiento de un ministerio eficaz al servicio de Cristo. Su mensaje alaba el papel de la esperanza cuando alienta a la experiencia gozosa que ésta genera: «Gozosos en la esperanza» (Ro. 12:12). La esperanza es así la expresión de la alegría que produce la expectativa de un futuro que, aunque se desconoce, es el firme fundamento que sostiene una actitud de confianza que nace de lo que todavía no es. Parece oportuno citar aquí al psiquiatra E. Fromm: «Aquellos cuya esperanza es débil pugnan por la debilidad o por la violencia, mientras que aquellos cuya esperanza es fuerte, ven y fomentan todos los signos de la nueva vida y están preparados en todo momento para ayudar al advenimiento de lo que se halla en condiciones de nacer» (*op. cit.*, p. 21). Aunque el autor no parece que haga aquí referencia a la «nueva vida» del cristianismo, (puesto que él se declara agnóstico), sí se muestra como un entusiasta de la esperanza, tal como puede comprobarse a través de su abundante obra escrita, aunque ésta se vea limitada por su concepción humanista de la vida. Pablo, sin embargo, se arroja en los brazos de una esperanza que trasciende a todo lo que podamos experimentar en esta vida. Para el apóstol, toda la fuerza que sostiene y alienta la dura experiencia de su ministerio, viene de la esperanza de salvación eterna que ha asumido gracias a su fe en Jesucristo. Es la esperanza la que le lleva a enfrentar el sufrimiento (2 Co. 11:22-30), y aun la muerte, con un sentimiento optimista sorprendente: «me está guardada la corona de justicia, la cual me dará el Señor, juez justo, en aquel día» (2 Ti. 4:6-8).

La esperanza ilumina la existencia y nadie, de cualquier modo que sea, tiene derecho a arrancarla de la vida de las personas. La esperanza tiene que ver con un estado anímico-espiritual, con un modo de interpretar el presente que llena de seguridades el futuro, iluminándolo y sacándolo de la lobreguez que genera la brevedad de la vida, su inestabilidad y el convencimiento de que después sólo existe la «nada» absoluta y vacía. El estado de esperanza dispone anímicamente, tanto para soportar la espera como para dinamizar la existencia, de modo que haga posible, de algún modo, el adveni-miento de lo que se espera. Sin embargo, es cierto que cuando nos referimos a la esperanza que nace de la fe en Dios y en su prome-sa de eternidad, tenemos pocos argumentos objetivos que ofrecer, poca luz que dar fuera de nuestro testimonio de vida iluminada por nuestra propia esperanza. Sin embargo, no es menos cierto que, teo-lógicamente, nuestra aportación es fundamental, aunque ésta con-sista solamente en aceptar lo que por gracia se nos ofrece: «Dios y Padre nuestro, el cual nos amó, y nos dio consolación eterna, y buena esperanza por gracia» (2 Ts. 2:16).

Unida íntimamente a la esperanza, se encuentra la fe, ésta como un misterio entrañable que se hace «visible» mediante la experiencia del creyente, expresada no sólo por un sentimiento interior, íntimo, sino por una actuación dinámica, es decir, sentimiento y conducta, pues no hay otra manera de hacer visible ese misterio. Será por eso que la Escritura enseña que el testimonio de fe es el único argumen-to válido para hacerla manifiesta: «Muéstrame tu fe sin tus obras y yo te mostraré mi fe por mis obras» (Stg. 2:18). Las obras no se ofre-cen aquí con una intención redentora, sino como prueba visible de nuestra experiencia de fe que no se ve. La obras, fruto de la fe, son un argumento objetivo ofrecido por quien experimenta a Jesús y se goza con la esperanza de la salvación eterna. Jesús mismo utilizó las obras que hacía como un argumento a favor de su identidad con el Padre: «Creedme que Yo soy en el Padre, y el Padre en Mí: de otra manera, creedme por las mismas obras» (Jn. 14:11).

Puede que la fe no sea siempre bien comprendida a partir de las Escrituras, pero está suficientemente argumentada mediante la vida y la muerte de cada creyente. Alguien escribió: «La fe no ha sido tanto dada para ser predicada como para ser vivida, porque cuando es vivida, es entonces que es predicada». En el caso de Jesús, es su forma de morir y los acontecimientos que rodean su muerte, lo que mueve al centurión y a los que con él estaban a dar gloria a Dios diciendo: «Verdaderamente este hombre era el Hijo de Dios» (Mc. 15:39). No sabemos si con anterioridad había escuchado algún discurso de Jesús, pero lo que sí es cierto es que el centurión le reconoce como Hijo de Dios, y eso sólo a partir de que contempla como un hombre muere, calladamente, sólo ocupado en sosegar las almas sufrientes que le rodean, llegando incluso a pedir perdón para quienes le ejecutan. En esta escena de martirio, la identidad de Jesús trasciende más por cómo vive su fe en el Padre que por sus discursos.

Así sucede con la esperanza que evoluciona su sentido desde el Antiguo Testamento (donde se traduce por «espera»), al Nuevo, donde el «mañana» se hace «hoy» y lo que había de ser ya es, tal como ha sido expuesto más arriba en el capítulo «El sentido escatológico de la fe». Buscando un ejemplo de este presentismo de la esperanza, podemos volver al evangelio de Juan, donde, curiosamente, el término «esperanza» no se cita ni una sola vez, como si aquello que se esperaba se hubiera hecho ya realidad. Hoffmann lo dice del modo siguiente: «Lo que hasta ahora era futuro, es en Él (Dios) ahora presente para la fe» (*op. cit.*). En teología, la fe hace presente lo que todavía está en el futuro, contribuyendo con ello a que la esperanza de la salvación se haga realidad como si ya estuviera aquí. Es de este modo que continúa la espera del cumplimiento de la parusía, pero no la realidad de la salvación que ésta trae aparejada, puesto que ésta es ya posible y realidad irrenunciable, después de la resurrección de Cristo y de su arrebatamiento. Pablo, cuando todavía vivía en esperanza, escribió: «Porque por fe andamos, no por vista; mas confiamos, y más quisiéramos partir del cuerpo, y estar presentes al Señor» (2 Co. 5:7-8). Es decir, que viviendo en esta vida temporal, acepta la existencia de otra vida junto al Señor, a la que ya puede aspirar. La fe de Pablo y la esperanza que de ella nace le garantizan el ser «sobrevestidos, para que lo mortal sea absorbido por la vida» (v. 4).

En la 1ª epístola a los Tesalonicenses, encontramos como el apóstol señala la importancia de la esperanza sobre la experiencia de la muerte, de manera que sea la esperanza la que marque la diferencia, pues quien vive afirmado en la esperanza asumirá una actitud más serena frente a la experiencia de la muerte. Tal es así, que Pablo señala a quienes no gozan del privilegio de la esperanza como personas entristecidas por la experiencia final de su vida: «Tampoco, hermanos, queremos que ignoréis acerca de los que duermen, que no os entristezcáis como los otros que no tienen esperanza» (1 Ts. 4:13). Aunque aceptamos que la actitud de entereza ante la muerte también puede ser asumida por un ateo, no siendo pues exclusiva de los que creen, no es menos cierto que para el creyente la muerte puede ser un motivo de gozo, por lo que ésta tiene de final de todo sufrimiento y para dar paso al cumplimiento de la promesa hecha por Dios de concedernos la vida eterna. No se trata aquí de precipitar la muerte para hacer posible el advenimiento de la promesa, sino de que se haga frente a lo que es inevitable con el sentimiento de que nada termina con la muerte, antes bien algo nuevo empieza: una forma de existencia que los seres humanos no podemos ni siquiera imaginar, pues seguramente tendrá muy poco que ver con las referencias que recibimos en esta vida.

CAPÍTULO XV
En la otra orilla del tiempo

Siempre he pensado que el científico es más categórico en sus afirmaciones sobre el misterioso universo que nos acoge que el creyente al dar testimonio de su fe en Jesucristo. Me asombran algunas de sus conclusiones sobre hechos y tiempos situados en una nebulosa de 14.500 millones de años, como si nuestra mente fuera capaz de captar la verdadera dimensión de un período tan enorme de tiempo. Así mismo, quedo sorprendido cuando los grandes científicos llegan a la conclusión de que «Dios no es necesario» para que exista un universo el cual, según dicen, se nos revela en constante desarrollo debido a la expansión constante que experimenta desde el *big bang*. Parece como si, cuanto mayor sea el universo, con una tendencia hacia el infinito, menos necesario es un Creador.

Pues bien, con esa misma libertad voy a referirme aquí, con el valor que confiere la fe, a un tiempo que todavía no es y cuya duración también está recogida en el concepto de lo infinito. Si partiendo de la nada los científicos pueden contemplar la posibilidad del nacimiento de un universo, o hablarnos de la energía «infinita» contenida en el punto cero, una fracción de segundo antes de la «gran explosión», ¿por qué no podemos hablar también del futuro infinito desde la fe en Dios, y hacerlo sin ningún sonrojo porque pueda ser considerado por algunos como un «cuento de hadas»? Pienso que adelantaré bastante en mi exposición afirmando que creo en la vida eterna y, por lo tanto, en un despertar después de la muerte que me permitirá experimentar la promesa de Jesús: «El que cree en Mí, aunque esté muerto vivirá» (Jn. 11:25). No en el sentido nietzscheano del «eterno retorno», como ya hemos explicado más arriba (p. 92), sino el despertar a una vida tal como debió ser cuando el Creador dio la luz de la existencia a la primera pareja, haciéndola inteligente, sensible y espiritual, éticamente responsable de sus actos.

25. ¿Por qué renunciar al paraíso?

Hawking piensa que el paraíso después de la muerte es completamente irreal. Este reconocido científico cree que la idea del paraíso y de la vida después de la muerte es un «cuento de hadas», apropiado para la gente que le tiene miedo a la muerte. Así lo ha afirmado en una entrevista publicada el 16 de mayo 2011 en el periódico británico *The Guardian*, en la que vuelve a poner el énfasis en su rechazo a las creencias religiosas y considera que no hay nada después del momento en que el cerebro deja de funcionar. «Yo considero al cerebro como una computadora que dejará de funcionar cuando fallen sus componentes. No hay paraíso o vida después de la muerte para las computadoras que dejan de funcionar, ese es un cuento para gente que le tiene miedo a la oscuridad».

Siendo admirable por muchos motivos la vida y la obra de Hawking, no deja de extrañar que trate la fe del creyente con tan escasa consideración. ¿En función de qué argumentos objetivos se permite él, un científico, negar la vida después de la muerte? ¿Es porque asegura que «Dios no es necesario» que se permite tratar la vida eterna como un «cuento de hadas»? Además, asegura, la creencia en el paraíso es «un cuento para gente que le tiene miedo a la oscuridad». Dicho de otro modo: según Hawking, hay que ser un ignorante y un timorato para creer en la esperanza. Es más, parece ser que la esperanza es hija de la simplicidad, mientras que la falta de esperanza frente al futuro es fruto de la inteligencia de los sabios. Con cuánta razón Jesús pudo decir: «Te alabo, Padre, Señor del cielo y de la tierra, que hayas escondido estas cosas de los sabios y de los entendidos, y las hayas revelado a los niños» (Mt. 11:25). O aquella otra cita de Pablo, que ya hemos dado con anterioridad: «Diciendo ser sabios, se hicieron fatuos» (Ro. 1:22). Me parece que los científicos que proclaman «Dios es innecesario» son extremamente atrevidos, debido al escaso conocimiento que tienen del universo, no tanto por su escasa formación científica, como por la inmensidad misma del universo. Asegurando que el cosmos está todavía en expansión, no pueden certificar si dicha expansión será infinita (eterna) o terminará en algún momento, produciéndose, en ese caso, una recesión que, a través de un inmenso período de tiempo, retornará todo lo existente al punto cero, cuando tuvo lugar el *big bang*. Y, seguramente ¡vuelta a empezar! Esta claro que nos movemos aquí en el terreno de la más pura hipótesis, supuestos de lo que pueda acontecer universalmente dentro de un indefinido pero formidable espacio de tiempo. No pueden ofrecernos más que lo que tienen y, comparativamente hablando, el hombre, con todos sus avances actuales, no ha hecho más que asomarse a los grandes misterios de la ciencia. Como dijimos anteriormente, pienso que deberían ser algo más prudentes en sus conclusiones en busca de una mayor objetividad: no por lo que saben, sino por lo que ignoran.

La diferencia práctica entre la ciencia y la fe la encontramos en que la primera pone todo su énfasis en esta vida, mientras que la fe lo hace en otra, o en «la» otra. Para el científico todo se encuadra en el binomio espacio-tiempo, mientras que para el creyente el énfasis lo encontramos fuera de esos conceptos, en la eternidad, en una existencia trascendente de características diferentes a la vida actual y con similitudes con aquella que la primera pareja recibió al origen. La fe, como sostenedora de la esperanza, tiene como sentido trasladar a quien la experimente «al otro lado del tiempo», es decir, a un momento y lugar cuando el tiempo deponga su imperio para ser substituido por lo eterno y, entonces, la esperanza dejará de ser esperanza, porque lo esperado ya habrá llegado y se habrá hecho realidad. La esperanza es una poderosa experiencia que tiene, teológicamente, fecha de caducidad, lo que sucede es que ignoramos esa fecha. El apóstol lo expresa del siguiente modo: «Porque en esperanza somos salvos; mas la esperanza que se ve, no es esperanza; porque lo que alguno ve ¿a qué esperarlo?» (Ro. 8:24). Lógico, esperanza es la expectativa de que algo va a suceder, pero, cuando lo que esperas llega, se acabó la espera y, con ello, deja de existir la esperanza. Para el creyente es este el cumplimiento de su más anhelado deseo, tal como lo expresa el apóstol: «Los que estamos en este tabernáculo (el cuerpo), gemimos agravados; porque no quisiéramos ser desnudados, sino sobrevestidos, para que lo mortal sea absorbido por la vida» (2 Co. 5:4).

La esperanza terminará un día y no existirá más, por lo menos bajo las condiciones actuales. Si la noción actual de espacio y tiempo desaparece (cosa muy posible al pasar del nivel de vida actual al nivel de una existencia eterna), no podremos ya seguir pensando en ninguna forma de espera semejante a lo que ahora experimentamos. Desearemos cosas, pero su recepción no estará condicionada por el espacio y el tiempo, que ya no existirán como en la actualidad. Nos parece adecuado pensar que, como participantes de la eternidad, participaremos también, de algún modo, de la naturaleza divina, y no olvidemos que, en la creación «dijo Dios: 'Sea la luz'; y fue la luz» (Gn. 1:3). Es decir, no hubo espera, no hubo tiempo intermedio: Dios «dijo», y lo que dijo «fue». Respetando la diferencia inconcebible entre el Creador y las criaturas ya salvas, podemos pensar que participaremos de la misma inmediatez divina, de modo que podamos hacer realidad los justos deseos que tengamos en esa existencia eterna.

El acceso al otro nivel de existencia ofrecerá también un nuevo paso en la evolución de la fe, puesto que si la fe es «la demostración de lo que no se ve» y allí serán mostradas todas las cosas, la fe dejará su natural significado de confianza en lo que no vemos y, con ello, la fe pasará a ser solamente un grato recuerdo de una experiencia pasada, que nos llenará de gratitud por haberla experimentado, pero que ya no será necesaria en el sentido actual. Hoy todavía «andamos por fe, no por vista» (2 Co. 5:7), pero cuando andemos por vista en el Reino de Dios, entonces la fe será una experiencia nueva, probablemente limitada a confiar en la naturaleza de Dios, fuente infinita de misterio que la eternidad será insuficiente para desvelar. Sí, pienso que mientras exista el misterio será necesaria la fe, aunque se trate de una fe en algunos aspectos diferente a la que ahora experimentamos. Dios será siempre misterio para las criaturas, pues éstas, aun siendo ya moradoras en el Reino de los cielos, jamás podrán alcanzar a comprender toda la magnitud de la esencia divina y su existencia, que son en Dios la perfecta expresión de lo infinito. En la vida eterna, recompensa de los salvos, todo lo existente revelará la realidad de un Dios de amor y perfección, sin las limitaciones que soportamos en un mundo como el actual, donde con frecuencia nos resulta difícil discernir que Dios revela su amor por nosotros, en Jesucristo. No creo exagerar al decir que Dios quedará siempre en el misterio, en esta vida y en la próxima, misterio inalcanzable para nuestra mente de criaturas, incapaces de comprender los conceptos de eternidad y de omnipotencia. Es fácil suponer que, al ser la experiencia del creyente en esta vida un continuo desarrollo espiritual: «Porque la senda del justo es como la luz de la aurora, que va en aumento hasta que el día es perfecto» (Pr. 4:18), no tenemos motivos para pensar que ese desarrollo espiritual e intelectual no habrá de continuar en la otra existencia. No obstante, debo dejar claro mi pensamiento de que la distancia entre el Creador y nosotros, sus criaturas, será siempre infinita. Los salvos podrán participar de algunas de las prerrogativas de Dios, como, por ejemplo, la eternidad futura (nunca la eternidad absoluta que se alcanza en el pasado), pero todo el gozo de los salvos será siempre recibido por «concesión» pues, aunque tengamos «derecho» a reclamar la herencia gracias al sacrificio de Cristo y nuestra fe en Él, no dejará por ello de ser una concesión de la gracia divina que nos viene del Hijo, y por la cual pagó el altísimo precio de la cruz. Teológicamente, y gracias al Calvario, la tierra llega a ser el centro de atención del universo entero.

Si, como se dice en astronomía, el universo puede ser infinito, en el supuesto de que lo fuera, se habría resuelto el problema que tanto ardor apologético trajo en el siglo XVI con su teoría del heliocentrismo, pues los científicos a favor de un universo infinito concluyeron que en un universo tal cada punto del universo podría ser su centro, puesto que, desde cualquier punto de ese universo infinito, encontraríamos de nuevo el infinito, perdiéndose la noción de «distancia límite» y de «tiempo límite». ¿Cómo aplicar esto a la idea sobre la evolución de la fe y de la esperanza cuando hayamos accedido al «otro lado del tiempo», al Reino de los cielos? La distancia entre las criaturas y el Dios Creador será siempre insuperable, como insuperable lo será cualquier punto en un universo infinito. El hombre y la mujer se rebelan contra la idea del misterio de Dios y, sin embargo, aceptarlo es, posiblemente, el primer acto que nos exige la fe que da sentido a la esperanza. Mi esperanza actual no debe contemplar la posibilidad de que el misterio de Dios me sea revelado en plenitud en algún momento (en esta vida o en la otra), sino esperar que el misterio presente de la existencia de Dios y de la vida trascendente sea mejor comprendido y aceptado en la otra vida, pero no que asumamos en nuestra naturaleza la plenitud de la esencia y la existencia de Dios. Por fin sabremos objetivamente que Dios existe, pero jamás alcanzaremos a comprender su naturaleza infinita y su existencia que corresponde a un otro nivel de existencia supremamente superiores a la nuestra. La diferencia está señalada por Dios mismo: «Como son más altos los cielos que la tierra, así son mis caminos más altos que vuestros caminos, y mis pensamientos que vuestros pensamientos» (Is. 55:9). Nunca podremos vaciar el océano en el cubo de juegos de un niño.

Para Martin Rees, en su obra ya citada *Nuestra hora final*, nuestro planeta puede tener una existencia relativamente corta, por eso se pregunta en el subtítulo «¿Será el siglo XXI el último de la humanidad?». Como ya hemos dicho en otro lugar, Rees no trata el tema del posible fin de nuestra civilización desde el punto de vista de un teólogo o de un creyente; nada de eso, lo hace desde su posición de científico y argumentando sólo científica e históricamente. No olvidemos que es Astrónomo Real de Inglaterra. Su gran preocupación son las futuras generaciones que, si nuestra planeta llega a su fin, con él llegará el final de toda forma de vida. Escribe: «A la mayoría de nosotros nos preocupa el futuro no sólo por un interés personal en nuestros hijos y nietos, sino porque todos nuestros esfuerzos perderían valor si no pasasen a formar parte de un proceso perdurable si no tuviesen consecuencias que resonaran en el futuro» (ibíd., p. 189). Para M. Rees, «la ciencia puede ser el gran problema para la humanidad, pues podría provocar catástrofes que aniquilaran todo opción de vida en este planeta aunque, a la vez, esa ciencia podía generar los medios necesarios para que el ser humano (tal vez sólo algunos grupos) pudiera sobrevivir en comunidades autosuficientes fuera de la tierra, sea en otro planeta de nuestro sistema solar o flotando libremente en el espacio en enormes cápsulas» (ibíd., p. 190).

Me parece que este autor, como tantos otros, intuye las limitadas posibilidades de nuestro planeta frente al tiempo y desea que la vida en ella no termine. La muerte, individual o colectivamente, sigue inquietándonos seriamente. Desaparecer para siempre, sin ninguna opción para que esa vida que se escapa inexorablemente vuelva a nosotros en alguna forma posible. El científico, ateo o agnóstico, busca la posible supervivencia en la ciencia-ficción, aun reconociendo que, con el actual nivel científico en el que nos encontramos, se halla claramente en una situación insuficiente para pensar en soluciones extraterrestres. Es cierto que, como casi cualquier pregunta en evolución o en ciencia-ficción, la respuesta es siempre la misma: eso puede suceder dentro de muchos millones de años. Arthur C. Clarke opina sobre la vida de los humanos en el futuro: «Tendrán tiempo suficiente, en estos interminables eones, para intentarlo todo, para alcanzar todo conocimiento». Los largos períodos de tiempo pasan a sí a ser el motor de la esperanza de los hombres, como lo son para el hombre de ciencia.

El creyente, sin embargo, sitúa a Dios en el pasado primigenio y en el futuro eterno del universo, de nuestro planeta y de sus habitantes, es decir, nosotros. Las Escrituras, que se refieren tan abundantemente al tema del fin del planeta tierra, dando por sentado que ese es su destino, también se refieren a la supervivencia de los seres humanos, describiendo con enorme claridad las condiciones de la misma. La esperanza así, nacida de la fe en un Dios Creador, no necesita variar ningún concepto cuando se refiere al Dios Salvador. En esta línea se pronuncia H. Küng cuando escribe: «Los enunciados bíblicos sobre el fin del mundo transmiten un testimonio de fe sobre la consumación de la obra de Dios en su creación: ¡también al final de la historia del mundo y del ser humano está Dios! (...) Pues, si el Dios que existe es de verdad Dios, entonces no lo es sólo para mí aquí y ahora y hoy, sino que también lo será al llegar el fin del mundo. Si es el Alfa, también será el Omega» (*El principio*, p. 200). El mismo Dios que «hizo» todo originalmente, por el mismo poder dará continuidad a la existencia del hombre, puesto que de acuerdo con la teología bíblica, Dios lo creó para que viviera, no para que muriera. La muerte en las Escrituras es presentada como un hecho circunstancial, no programado inicialmente, siendo un accidente ético de consecuencias físicas y espirituales dramáticas: «Porque la paga del pecado es muerte» (Ro. 6:23).

Ahora bien, podemos quedarnos ahí, aceptando el hecho de que morimos, cualquiera que sean las causas que lo hacen posible y después nada más o, por el contrario, abrir una puerta a la esperanza de que nuestra existencia tiene un motivo, un por qué que la justifica y que la prolonga. En este caso estaríamos respondiendo a la pregunta que se formuló G. W. Leibniz: «¿Por qué existe algo y no más bien nada?», o bien la paráfrasis propuesta por H. Küng a esta misma pregunta: «¿Para qué existe algo, para qué el mundo, para qué yo mismo?». Es decir, ¿puede que la vida exista sólo para unos pocos años, y después la nada más absoluta? ¿Y la Tierra? ¿Y el Universo? ¡Tanta materia, tanta vida, tanta inteligencia para nada! Sería un derroche de carácter infinito sin ningún motivo que lo justifique chocando esto, además, con nuestro intelecto y con nuestro espíritu. La respuesta a la pregunta que nos hacemos sobre nuestro fin último no puede darla la ciencia natural sólo, sino una actitud de confianza que se puede identificar con la fe. De nuevo citamos a H. Küng en referencia a la «realidad de Dios», afirmando que ésta se acepta «en virtud de una confianza del todo razonable (...) es una confianza en el estricto sentido del término, o en otras palabras, la fe en Dios, que es lo que en definitiva se nos reclama cuando nos preguntamos por el principio y fin de todas las cosas» (¿Vida eterna?, p. 370).

Antes he citado al apóstol Pablo, quien afirma que la muerte es la consecuencia del pecado, pero nos detuvimos en la primera parte del texto, en la catástrofe, en el drama del ser humano, sin aportar ninguna solución al problema. Ahora añadiremos a la escueta, pero clara afirmación de que «la paga del pecado es la muerte», la luminosa esperanza que asegura que la muerte no es el agente victorioso sobre la existencia de las criaturas de Dios, pues el apóstol asegura: «mas la dádiva de Dios es vida eterna en Cristo Jesús, Señor nuestro» (Ro. 6:23b). Es decir, que si la muerte fue un asunto estrictamente humano (pues fue quien pecó), la vida eterna es cosa de Dios. El hombre pecó y peca, por lo tanto es responsable de una situación no querida por Dios, pero que, finalmente, será reconducida por Él gracias al don inefable de Jesucristo. Cierto que nos estamos moviendo en el terreno de la fe y que esto puede no tener ningún significado para quien no cree, pero ¿podemos pensar con mayor tranquilidad en la no existencia de Dios? Como ya hemos señalado anteriormente, no pocos científicos afirman que Dios no es necesario para que exista el universo, habiendo llegado a esa conclusión sin la intervención de nadie, sólo gracias a su inteligencia, nacida del vacío, de la casualidad o de la evolución no dirigida. Esta posición, aunque les parezca razonable, no lo es más que aquella otra que afirma que Dios es el Creador de todo y el Salvador de los hombres. Se necesita la experiencia de la confianza plena para posicionarse ante una u otra perspectiva, pero nos parece que esa confianza es más lógica y satisfactoria para la condición humana cuando emerge de la fe en el pasado y en la esperanza de un futuro mejor y eterno.

La esperanza nos transporta siempre hacia el futuro, un futuro sin límites, como, por otra parte, vemos en el caso de la ciencia no creyente, o simplemente del no creyente cualquiera que sea la causa de su increencia. El futuro es patrimonio de la fe, pues sólo el que cree en Dios y en un futuro que cumple las expectativas del presente está en situación de proyectarse con confianza hacia ese «después» que llamamos el Reino de los Cielos. La esperanza tiene fecha de caducidad, señalada ésta por el momento escatológico que encontramos en las Escrituras, identificado con el Juicio final y con la parusía: «Cuando el Hijo del hombre venga en su gloria, y todos sus santos ángeles con Él, entonces se sentará en el trono de su gloria» (Mt. 24:31). Los discípulos ya se interesaron por el momento cuando debían tener lugar estos acontecimientos: «Dinos, ¿cuándo serán estas cosas y qué señal habrá de tu venida y del fin del mundo?» (24:3). No deseamos construir un futuro eterno con el actual sistema de vida, ni nos sentimos capaces los creyentes del concebir un futuro vacío, pues al final de esta vida no queremos que esté la nada (no es lógico que esté), porque el futuro es de Dios, un Dios principio y fin de todo, un Dios al cual no debemos renunciar sólo porque no alcancemos a comprenderlo. No sabemos para cuándo será el encuentro, pero lo importante, lo esencial es que tal encuentro tenga lugar, para dar sentido al pasado y al futuro, porque el pasado nada es sin el futuro. ¿Qué sentido tiene lo que ya ha sido, si todo está destinado a desaparecer mediante el ya famoso *big crunch*, es decir, un *big bang* a la inversa? Una densidad y un calor infinitos, dicen algunos científicos, pondrán punto final al universo actual (*El destino del universo*, pp. 15, 64). Otros, aquellos que no se resignan a renunciar a un futuro, se adentran en la hipótesis de que un nuevo *big bang* dará comienzo a otra creación, seguramente de características diferentes a las actuales. Me parece casi emocionante el hecho de que aquellos que definen la fe como una fantasía, exenta totalmente de rigor científico, se pronuncien en tales términos en relación con nuestro futuro personal y estelar. Cuando me detengo a pensar en mi futuro fundamentado sobre un pasado creacionista, y sitúo a Dios en mi vida como ese ser inalcanzable para mi mente, pero real y operativo en mi vida, encuentro una gran tranquilidad personal que no deseo dejar en manos de aquellos que hacen de las explosiones y de una evolución «ciega» la explicación a su vida actual y a su futuro negro como un túnel en el que la salida está tapiada. La única ventaja que aparentemente tiene el no creyente en la vida futura es que ya «sabe» que le espera la nada más absoluta; mientras que para el creyente, el futuro está lleno de descubrimientos por hacer, de sorpresas por experimentar, gozando, además, de todo el tiempo posible y necesario, sin ningún *big crunch* que acabe con nuestra historia.

El no creyente agota con su corta vida todas las posibilidades de «ser», mientras que el creyente vive esa misma expectativa de vida con una calidad única: con la esperanza de que tendrá lugar el cumplimiento de la parusía, puerta abierta al Reino de Dios. No es lo mismo emprender el viaje de regreso al hogar sabiendo que allí te esperan las personas que te aman y a las que amas, que el regreso a un hogar vacío y solitario. El sentimiento de expectativa es diferente, incluso independientemente del resultado final en cada caso. La esperanza confía en el cumplimiento de lo esperado y, cuando éste llega, entonces nace el verdadero gozo. Pero mientras, y aun en esta vida, la esperanza nacida de la fe da sus frutos gratificantes. Refiriéndose a la vida eterna, H. Küng escribe: «Los cristianos están, ya ahora, irrevocablemente insertos en el radio de acción, en el ámbito de soberanía del Reino de Dios, que para ellos se identifica con el Reino de Cristo», (*op. cit.*, p. 349).

No hay duda de que imaginarse qué es y lo que significa el Reino de Dios conlleva un riesgo indudable, puesto que nos enfrentamos a lo desconocido, a algo que hemos recibido por revelación y que reclama su aceptación solamente por la fe. Señalaremos aquí únicamente dos tendencias principales de interpretación del «cielo» que, además, citaremos en síntesis, puesto que no es el propósito de esta obra entrar en más profundas disquisiciones sobre el tema:

Primera. Quienes lo definen con un realismo inspirado en las referencias de esta vida, pero magnificando su color, su brillo, su magnificencia, tal como vemos que se presenta la descripción de la Nueva Jerusalén en el libro de Apocalipsis 21: «su luz era semejante a una luz preciosísima» (v. 11), «el material de su muro era de jaspe: mas la ciudad era de oro puro»(v. 18), «los fundamentos del muro estaban adornados de toda piedra preciosa» (v. 19), «y las doce puertas eran doce perlas» (v. 21). Es así el Reino de Dios un lugar perfecto, pero con una perfección «materialista», llena de conceptos que hagan posible que los seres humanos comprendamos su forma y su existencia, más próxima al paraíso original que perdimos, que a la vida actual. Apegados como estamos a esta vida (la única que nos ha sido concedido experimentar), resulta gratificante contemplar la vida eterna mediante figuras que, a modo de parábolas, nos ilustran sobre todo aquello que desconocemos. Es decir, se concibe una vida semejante a ésta, pero inmensamente superada, iluminando todo aquello que ahora nos resulta oscuro e insoportable. Esta vida será definitivamente superada y la próxima será la realización de todo aquello que aquí hemos deseado: lo más noble, lo más bello, todo lo perfecto que nuestro espíritu ha sido capaz de concebir. ¿Para qué, si no, ha encontrado acomodo en nuestro espíritu? La frustración que se genera al comparar aquello que deseamos que nos conceda la vida (no exento de fantasía) y lo que la vida nos da finalmente, será una experiencia definitivamente superada, puesto que la realidad de la vida eterna superará de forma suprema cualquier expectativa con la que ahora pudiéramos soñar. He predicado muchas veces que la experiencia espiritual en la vida futura será perfecta porque, ¡por fin!, podrá ser corregida la dolorosa y contradictoria experiencia que describe el apóstol Pablo: «Porque no hago el bien que quiero, mas el mal que no quiero este hago» (Ro. 7:19), por aquella otra: «Hago el bien que quiero y el mal que no quiero no lo hago». Pablo que, como hemos citado anteriormente había visitado el cielo (no sabe si en cuerpo o en espíritu), expresa su asombro por lo que ve del modo siguiente: «oyó palabras secretas que el hombre no puede decir» (2 Co. 12:2-4); y en otro lugar, citando al profeta Isaías: «Cosas que ojo no vio, ni oreja oyó, ni han subido en corazón de hombre, son las que Dios ha preparado para aquellos que le aman» (1 Co. 2:9).

Segunda. Quienes contemplan el Reino en su sentido plenamente espiritual. Los salvos vivirán en espíritu, por lo menos durante el tiempo que nos lleve hasta el juicio final y la «resurrección de la carne». Es la doctrina de la inmortalidad del alma, donde esta vive dos etapas diferentes: hasta el juicio final y después del juicio. Es una posición notablemente diferente a aquella otra que contempla la muerte como un estado de inconsciencia (Jn. 11:11-13; Sal. 13:3; Ef. 5:14) en espera de la resurrección y del juicio. Es decir, que la salvación tiene un período de espera, aunque el que «duerme» no es consciente de ella.

No hay duda de que el arte, y muy especialmente la pintura del barroco tardío, ha proporcionado una imagen del «cielo» poblada de alas, ángeles, santos y representaciones de la Trinidad. Cualquier suceso era motivo para inspirar la obra de un artista: la apoteosis de un santo, el enaltecimiento de una orden religiosa o un canto a la «unidad» y universalidad de la Iglesia. La pintura ilusionista trataba de ofrecer un cielo como si Copérnico no hubiera existido y Galileo no hubiera muerto dejando su herencia copernicana sobre el movimiento de la Tierra. Es decir, la presentación de un cielo espiritualista para los que han muerto, que soslaya el mensaje de las Escrituras que certifica que «los muertos nada saben, ni tienen más paga en todo lo que se hace debajo del sol» (Ecl. 9:5), «esperando aquella esperanza bienaventurada y la manifestación gloriosa del gran Dios y Salvador nuestro Jesucristo» (Tit. 2:13).

Lo que importa aquí es que el final es el mismo, cualquiera que sea la propuesta de interpretación que se haga: los creyentes accederán al Reino de los cielos como cumplimiento de su esperanza. El tiempo, después de abandonar esta vida dejará de existir, al menos con sus valores actuales, debido al estado de inconsciencia al que se accede después del fallecimiento. Recordemos, una vez más, que Jesús parece definir claramente el estado en el que los seres humanos entran en el momento de abandonar esta vida, tomando la referencia de que Lázaro había muerto («Lázaro está muerto», Jn. 11:14). Ahora bien, Jesús se refiere a ese hecho luctuoso en los términos siguientes: «Lázaro nuestro amigo duerme, mas voy a despertarle del sueño» (v. 11). Es por eso que, frente a la eternidad, no importa tanto el momento de la muerte como la garantía que otorga la fe de alcanzar el objetivo de la salvación en el momento de la resurrección.

26. ¿Diferentes niveles de existencia?

Con frecuencia los creyentes nos preguntamos por la ubicación del cielo, como el «lugar» donde Dios habita y donde se congregan los innumerables seres que le acompañan. Es fácil comprender que esta manera de hablar no es más que un intento de aproximación a seres y conceptos que superan infinitamente nuestra capacidad de comprensión y de explicación. En general situamos el cielo «arriba», convencidos de que es de allí de donde nos llegará el cumplimiento de nuestra esperanza, sin duda atraídos por la perspectiva que nos ofrecen las Escrituras: «He aquí que viene con las nubes y todo ojo le verá» (Ap. 1:7), «vi otro ángel descender del cielo» (10:1), «Vi otro ángel descender del cielo teniendo grande potencia» (18:1), «Este mismo Jesús que ha sido tomado desde vosotros arriba en el cielo, así vendrá como le habéis visto ir al cielo» (Hch. 1:11); y para terminar el que es, sin duda, uno de los textos que mejor expresan la idea de «arriba» como el origen de todo lo bueno y divino: «Buscad las cosas de arriba, donde está Cristo sentado a la diestra de Dios. Poned la mira en las cosas de arriba, no en las de la tierra» (Col. 3:1-2). Esto, sin embargo, no deja de ser una fórmula utilizada en las Escrituras para referirse a la parusía o a otros acontecimientos relacionados con la historia de la Iglesia. En un universo inmenso (o infinito) y situados como lo estamos en un pequeño planeta como es la Tierra, no podemos pensar en términos de «arriba» o «abajo», porque el arriba de un europeo es, por ejemplo, el abajo de un australiano. A nuestro planeta le rodea el universo, al igual que lo hace la presencia de Dios, y nuestro sistema solar es sólo una mota de polvo galáctico, situado en un rincón de nuestra galaxia, la Vía Láctea y, según los científicos, a «tan sólo» 25.000 años/luz del núcleo galáctico. Sólo en nuestra galaxia puede haber 100.000 millones de estrellas como nuestro sol o inmensamente más grandes pero, además, los científicos intuyen que debe existir 100.000 millones de galaxias. Esto es lo que hace pensar a los científicos en un universo en expansión constante hasta que alcance su «máximo» que, no podrá ser nunca el infinito, puesto que éste, como tal, nunca podrá ser alcanzado pues, de serlo, dejaría de ser infinito. En un universo de estas características, referirnos a lugares determinados por los términos «arriba» o «abajo» desde nuestro insignificante planeta es sólo un esfuerzo dialéctico para expresar ideas y conceptos, pero nunca la descripción de una realidad universal, tan lejana y diferente a la nuestra.

El problema referido al «lugar» dónde se encuentre emplazado el cielo debe resolverse del mismo modo que hemos utilizado al referirnos a la naturaleza de Dios, la divinidad de Cristo o la vida eterna: no poseemos argumentos objetivos que nos permitan abordar estos temas razonablemente, sino comprender que la respuesta hay que buscarla en el campo de la fe, respuesta por otro lado tan válida como lo pueda ser la de la ciencia. La ciencia y la fe no aportan respuestas definitivas sino hipótesis, pero sabemos que la fe se nutre de la fe misma y de la esperanza que de ésta nace, mientras que a la razón sólo le queda la otra esperanza de un nuevo descubrimiento. Simplemente el misterio de lo inmenso, lo inmedible, lo inabarcable por nuestra mente, supera nuestra capacidad de raciocinio, nos sobrepasa. La infinita diferencia entre las naturalezas divina y humana, los conceptos trascendentes y los temporales, y los estados o niveles de existencia (espirituales y carnales) nos muestran que, aunque tenemos el deber de progresar en su conocimiento (y lo hacemos). Nuestra aproximación a lo divino desde lo humano reclamará siempre la confianza de la fe para aceptar lo que no somos capaces de comprender por la razón sola, siendo la esperanza el tiempo desconocido que nos queda para que el programa divino y nuestros anhelos de salvación se hagan realidad, pero sin poder determinar cuánto será ese tiempo.

Las Escrituras son ricas en citas y experiencias en las que intervienen personajes pertenecientes a niveles de existencia diferentes, que se interaccionan, siempre en cumplimiento de la suprema voluntad de Dios. Es lo que podemos encontrar en las teofanías, las apariciones, los milagros y los mensajeros de paz o de seria advertencia. Siendo un joven predicador, no dejaba de asombrarme la rapidez con la que el «ángel del Señor» se aparecía a su siervo para responder a su pregunta o para instruirle en relación con la voluntad de Dios. Un ejemplo que yo citaba era al profeta Daniel quien, orando al Señor en relación con la liberación de Israel de la cautividad de Babilonia (Dn. 9), recibió de inmediato la respuesta que necesitaba: «Aun estaba hablando en oración, y aquel varón Gabriel, volando con presteza (...) me hizo entender, y habló conmigo» (vv. 20-22). Ese «volando con presteza», me dejaba atónito, pues yo me decía: «si la velocidad de la luz (300.000 Km. /s) es la máxima medida tomada para expresar el desplazamiento interestelar en el Universo, siendo necesarios muchos años/luz para que nos alcance, ¿a qué velocidad deberá viajar un ángel, para hacerse presente al instante mismo en el que se le invoca?». Dejé de pensar así cuando entendí que bien podía tratarse de «universos paralelos», que no se trataba tanto de desplazamientos siderales como de hacerse presente. Lo divino no necesita venir a nosotros, sino que está con nosotros y puede manifestarse o no en consideración a las circunstancias. Como ya hemos dicho anteriormente, vivimos en una era de silencio divino, en la cual resulta excepcional el que Dios se haga audible, y menos aún visible.

En la Biblia encontramos expresiones espaciales que obedecen más bien a una antigua concepción del mundo y del universo, en referencia a Dios, su obra y su emplazamiento en el cosmos, expresiones que, como ya hemos dicho, tienen que ver con la expresión «arriba». Debemos pensar que psicológica y espiritualmente lo de «arriba» representa cualitativamente lo mejor, lo que se relaciona intelectual y afectivamente con lo bueno, lo luminoso y lo puro, pero comprendiendo bien que este «arriba» no es un concepto espacial, sino un modo de hablar para referirnos a lo divino, a lo supra-terreno. Lo importante es el acontecimiento en sí mismo, acontecimiento que sólo incumbe al Señor, como sólo a Él corresponde hacer posible que la parusía sea vista por todos, y a la vez, en este planeta esférico en el que habitamos.

Citemos aquí la experiencia vivida en tiempos del profeta Eliseo, en la que encontraremos abundante documentación para comprobar la relación posible entre los «dos estados de existencia» (no se me ocurre mejor manera de expresarlo) (véase 2 R. 6). Estaba el profeta en la pequeña ciudad de Dotan, desde donde ejercía su ministerio de guía y ayuda al pueblo de Israel. El rey de Siria, el adversario de Israel, entendió que el profeta era quien aconsejaba por dónde no debía ir el ejército de Israel para evitar encontrarse con el formidable ejército sirio. Más que eso: llegó a pensar que había un espía en su bando que advertía a Israel de sus movimientos, a lo que uno de los suyos respondió: «No, rey señor mío; sino que el profeta Eliseo está en Israel» (vv. 11-12). El rey sirio pidió saber donde se encontraba Eliseo y le dijeron que en Dothán; mandó inmediatamente allí un poderoso ejército, con la intención de eliminar a su adversario, el profeta de Jehová (v. 14). Dice el texto que al levantarse el que servía al profeta, debió asomarse desde la muralla y, viendo el ejército que tenía rodeada la ciudad, avisó al profeta con grandes exclamaciones de temor ante aquella situación: «¡Ah, señor mío! ¿qué haremos?» (v. 15).

Es a continuación que se produce el fantástico hecho que muestra como el cielo es posible verlo en las mismas circunstancias en las que otro no lo ve. El cielo no es cuestión de que esté o no esté, porque está, el problema es si lo veo yo o no de acuerdo con mi nivel de discernimiento espiritual. No hay duda de que existía una notable diferencia entre los estados de fe de Eliseo y su ayudante, lo cual queda certificado por la diferente visión tenida por ambos ante un mismo acontecimiento. En consecuencia uno está aterrorizado, pues ve sólo el poderoso ejército enemigo, mientras que el profeta está tranquilo porque su visión contempla un más allá seguro y confiado: el ejército de Dios dispuesto para la defensa del profeta. Los dos personajes observan los mismos acontecimientos, pero no ven lo mismo, pues el criado ve sólo aquello que su ojo humano le muestra, mientras Eliseo, con una visión extendida, contempla la manifestación de la actuación divina en su favor, en forma de un formidable ejército «celestial», cuya visión le mueve a decir a su criado: «No tengas miedo: porque más son los que están con nosotros que los que están con ellos» (v. 16). El profeta, deseando que su siervo participase de las garantías que él descubre gracias a la visión sobrenatural, oró para que él también participara de su mismo privilegio: «Ruégote, oh Jehová, que abras sus ojos para que vea. Entonces abrió los ojos del mozo, y miró: y he aquí que el monte estaba lleno de gente de a caballo, y de carros de fuego alrededor de Eliseo» (v. 17). No nos consta, sin embargo, ninguna petición previa del profeta para que las cosas del cielo se manifestaran a los humanos, pero allí estaba la respuesta de Dios cuando fue necesaria: refulgente, gloriosa, alentadora para aquellos dos hombres privilegiados por la fe.

Aquel fue un ejército que no fue utilizado, que no entró en combate con el ejército sirio, pues parece que su aparición se debió más al deseo de Dios de ofrecer protección a sus siervos que a desencadenar una batalla llena de violencia y de muerte. Un apoyo firme para esta interpretación de los hechos lo encontramos en el versículo 17, donde se recoge que la petición de Eliseo fue «que hieras a esta gente con ceguedad», método que se utilizó para vencer a los enemigos de Israel (vv. 19-22). Una oportuna ceguera de todo el ejército sirio (una vez más la manifestación poderosa de Dios) fue suficiente para que se retiraran sin derramamiento de sangre. Lo divino se unió a lo humano para hacer posible una victoria grandiosa.

No creo extralimitarme al afirmar que, si le fuera posible a Dios abrir nuestros ojos espiritualmente como sucedió entonces, veríamos que el cielo, Dios, y las criaturas que le acompañan están con nosotros, llenándolo todo, ocupando todo el universo, porque pienso que no hay lugar donde no se encuentre la presencia de Dios. Todo está lleno de la presencia de Dios (Sal. 139:7-12), salvo cada lugar donde el pecado habita. Es imposible amistar la dualidad luz-tinieblas, puesto que el pecado es el repudio de la voluntad de Dios y el hacer la voluntad de Dios se opone totalmente a la experiencia del pecado consentido. Jesús dijo: «Yo soy la luz del mundo: el que me sigue, no andará en tinieblas, mas tendrá la lumbre de la vida» (Jn. 8:12), por eso Pablo se cuestiona: «¿Qué comunión (tiene) la luz con las tinieblas?» (2 Co. 6:14). El pecado es la gruesa cortina que hemos puesto a la ventana para que no entre la luz de Dios. La luz sigue brillando en el exterior pero no puede acceder al interior porque la cortina lo impide. La conversión, la fe en Jesucristo, es el acto de permitir que la cortina sea descorrida para que la luz entre y amanezca la paz en nuestro corazón, preámbulo del gran amanecer de la parusía, la apertura total hacia la luz, cuando, sin interferencias ya, brillará la gloria del Creador para gozo de los que en Él han creído.

27. Se rompe la armonía universal

Cuando la primera pareja pecó, el resultado más inmediato de su acción quedó reseñada en el libro del Génesis: «Echó (Dios) fuera al hombre, y puso al oriente del huerto de Edén querubines, y una espada encendida que se revolvía a todos los lados, para guardar el camino del árbol de la vida» (Gn. 3:24). Es con ese acto que se clausuró el tiempo cuando los actuales niveles universales de existencia eran solamente uno. En ese momento se definieron los espacios carne-espíritu, lo material y lo espiritual, pues, después de la rebelión, ya no podían identificarse con el Reino de Dios, donde con anterioridad al pecado, se mostraba a plenitud y con totalidad la voluntad soberana de Dios. Ya no podía mantenerse un lugar único en el que el Creador se mostraba a la criatura y dialogaba con ella cara a cara (2:15-24). Esa puerta que entonces se cerró, sólo podrá abrirse cuando el conflicto ético-espiritual creado por el pecado de la primera pareja sea resuelto definitivamente con el establecimiento del Reino de Dios.

No obstante, no hay duda de que la comunicación entre el Reino del espíritu y el de la carne no se cortó con carácter definitivo, puesto que conservamos abundantes pruebas bíblicas de que la interacción entre los dos niveles ha continuado. Nuestros actos tienen resonancia en el cielo, tal como se desprende del texto: «Hay más gozo en el cielo de un pecador que se arrepiente, que de noventa y nueve justos que no necesitan arrepentimiento» (Lc. 15:7); así como a nosotros nos afecta todo aquello que el cielo provee para nuestra salvación. La oración es el medio provisto por Dios para que nosotros, simples criaturas carnales y víctimas de nuestra naturaleza de pecado, podamos traspasar los límites de nuestro medio pecador para comunicarnos con el «otro lado» del tiempo y del espacio. Dios, a su vez, propicia una carta (la Escritura) mediante la cual mantiene su contacto-revelación con nosotros. Aún más, el amor otra vez rompe barreras: el amor divino hacia el hombre y el amor del hombre hacia Dios hacen posible una interacción fructífera en bienes espirituales. No obstante, debemos aceptar que el amor que a Dios tenemos es sólo la consecuencia del amor previo que Él nos tiene, tal como lo enseña la Escritura: «que nosotros le amamos a él, porque él nos amó primero» (1 Jn. 4:19). Nuestro amor a Dios no es causa, sino consecuencia.

Está demostrado que para los bebés, las caricias y el contacto físico con los padres (especialmente con la madre), son un poderoso argumento a favor de un buen desarrollo físico, psíquico y emocional. No son los argumentos, ni la ciencia bien explicada, ni siquiera la lógica de las razones educativas lo que conseguirá que el niño se desarrolle satisfactoriamente y, sobretodo, con una emotividad madura y equilibrada (las excepciones a esta regla general ya se encarga de dictarlas la experiencia). Es cierto que, con el discurrir del tiempo, el ser humano tiene la misión de madurar, pero en ese proceso de maduración juega un papel importante la clase de educación recibida en los primeros años de su vida, así como el grado de afectividad. El apóstol Pablo habla de esta experiencia en los siguientes términos, aunque sea en referencia al desarrollo espiritual y afectivo: «Cuando era niño, hablaba como niño, pensaba como niño, juzgaba como niño, mas cuando ya fui hombre hecho, dejé lo que era de niño» (1 Co. 13:11).

Siendo cierto que en el proceso de desarrollo tenemos la necesidad de madurar, no parece menos cierto que lo que fuimos de niños juega un papel, a veces decisivo, en la determinación de la clase de hombres que seremos. La niñez, como etapa vital, se caracteriza en general por su autenticidad y su total dependencia, siendo por ello reconocida en las Escrituras como el estado ideal para alcanzar el Reino de los cielos.

Liberalizando el sentido del texto «si no fuerais como niños», podría pensarse, como ha sucedido en no pocos casos, que la experiencia de la fe es más propia de niños, quienes por su simplicidad pueden confiarse a la creencia en un Dios Creador y todopoderoso, interesado en los asuntos de los hombres y mujeres de este mundo. No sucede así, piensan algunos, con quienes razonan con madurez e interpretan correctamente el sentido de la vida, ignorando con ello a los millones de sabios adultos que han creído en Dios en todos los tiempos del pasado, y lo han hecho con una entrega sin reservas, con la confianza de un niño. Parece ser cierto que la fe auténtica se hace más difícil de experimentar con el discurrir del tiempo, cuando la personalidad va siendo influenciada por los acontecimientos propios del desarrollo de la vida y por las diferentes ideologías a las que se debe hacer frente. Sin embargo, sin abandonar el texto de 1ª Corintios 13, señalaré que cuando Pablo escribe «cuando fui hombre hecho, dejé lo que era de niño», no parece que haga ninguna referencia al abandono de lo que de niño creía, sino más bien a la maduración de sus conceptos infantiles, aunque auténticos, de la dimensión espiritual de la vida: «Entonces veremos cara a cara; ahora conozco en parte; mas entonces conoceré como soy conocido» (v. 12). En las Escrituras no encontramos ningún abandono de la fe a causa de la edad o del conocimiento de las ciencias, antes bien, como lo señala el salmista: «La senda del justo es como la luz de la aurora, que va en aumento hasta que el día es perfecto».

La fe de un niño, en el sentido bíblico del término, nada tiene que ver con la edad, sino con una actitud de total confianza en Dios, sustentada ésta por el sólido armazón que nos aporta la aceptación de que en Él se encuentra el origen de todas las cosas. De acuerdo con la experiencia histórica, la fe nos capacitará para desarrollar una calidad de vida que asuma, y aun supere, el dolor que la misma vida, tarde o temprano, habrá de aportarnos.

EPÍLOGO
Ciencia y fe, una confrontación
que debe ser evitada

Desearía citar aquí, una vez más, al teólogo suizo H. Küng, en su reflexión sobre el futuro de la religión: «Los estudios histórico-culturales han mostrado que hasta ahora, en toda la historia de la humanidad, no se ha descubierto ningún pueblo o tribu sin rasgos religiosos de uno u otro tipo, aunque a menudo no puedan ser distinguidos de la magia. La religión es omnipresente, tanto histórica como geográficamente. Pero si miro hacia delante, ¿cabe deducir del pasado que también en el futuro habrá religión? No necesariamente. Las religiones pueden morir: la egipcia, la babilónica, la romana, la germánica... Sin embargo ¿puede morir el fenómeno humano 'religioso'? Ello probablemente es tan difícil como que desaparezcan los fenómenos humanos 'arte' y 'música'» (*Lo que yo creo*, p. 100).

Ya lo he dicho con anterioridad, que la ciencia y la fe se encuentran en un estado de lucha, en el siglo XXI, con representantes de las dos posiciones llenos, a veces, de deseos de aniquilamiento. Hay científicos que no sólo han hecho de sus conocimientos un baluarte inexpugnable de su verdad, sino que su saber lo utilizan con una intención beligerante contra la religión. Cierto es también que las iglesias, sobre todo en el pasado, han asumido esa misma actitud contra la ciencia. Es decir, todo aquello que no esté de acuerdo con mi punto de vista sobre el origen y destino del universo debe ser desechado sin contemplaciones. Y claro, ¡así no hay forma de entenderse!

1. Algunos beneficios de la confrontación ciencia-fe

La ignorancia es el elemento que mejor contribuye a facilitar la confrontación. Recordemos, una vez más, los casos de Copérnico y Galileo. No tenemos ningún derecho a juzgar con dureza los errores que se cometieron con ellos, pues fueron típicos de un tiempo cuando la cultura y la fe tenían un sentido completamente diferente al de nuestro tiempo. De acuerdo con su realidad intelectual y espiritual, la Iglesia de entonces actuó de acuerdo con la intransigencia ejercida en aquel tiempo a todos los niveles. Fue una situación parecida a la que encontramos en el Antiguo Testamento, cuya dureza y aun crueldad nos parecen hoy inaceptables desde nuestra mentalidad posmoderna. Lo curioso es que, a pesar de la gran sensibilidad que nuestra sociedad manifiesta para juzgar duramente otras etapas del pasado, el hambre sigue afectando a millones de personas, la esclavitud laboral se mantiene, las guerras no se terminan nunca y la violencia campa por doquier, sobre todo en los centros urbanos. Comprender donde está el mal nada arregla, si dicha comprensión no va acompañada de una actuación acorde con las mejores leyes e intenciones de los hombres. Probablemente los hombres y mujeres que vivan dentro de 100 años se asombrarán cuando vean, en sus modernísimos DVDs, los reportajes sobre una sociedad como la nuestra, atormentada por tantos males, tantas plagas modernas que nos afectan y nos atemorizan.

Deberíamos ser inteligentes para obtener algo bueno del dolor que soportamos por vivir en una sociedad como la nuestra, así como del enfrentamiento de la ciencia con la fe: una mayor y mejor comprensión de nuestras discrepancias con las personas o las ideas para laborar a favor de un mejor entendimiento de «lo otro». Como consecuencia, se podría configurar una sociedad fundamentada sobre un mayor respecto hacia todo lo que sea «contrario», aprovechando la disparidad de opiniones, no para la confrontación, sino para el enriquecimiento de las partes en conflicto. Así, se ven brotes alentadores de comprensión y aun de concordia entre la teología y la ciencia, que en otro tiempo no hubieran sido posibles. Como consecuencia, no pocos creacionistas son hoy evolucionistas y tampoco faltan los evolucionistas que creen, con ciertos matices, en el creacionismo. Traigo este hecho a colación no con un sentimiento de victoria o de derrota, ni siquiera de que la confrontación haya amainado. No se trata de determinar ahora quién vence y quién es derrotado, el evolucionismo o la creación, sino de demostrarnos a nosotros mismos que el entendimiento puede ser posible a un nivel que aún no podemos evaluar con fiabilidad. Es decir, que soy optimista en relación con un posible encuentro y entendimiento entre la ciencia y la fe, como una especie de respuesta final a la gran pregunta de siempre: ¿cuál es nuestro origen y cual será nuestro destino? La respuesta la encontraremos cuando la ciencia y la fe se encuentren y se hermanen, hecho que acepto por creer que ambas surgen del mismo Dios Creador.

En buena lógica, deberíamos pensar que los grandes avances científicos alcanzados durante las últimas décadas debían haber aportado respuestas a muchos de los grandes problemas que tenemos para poder explicar y comprender nuestro origen y nuestro destino. En lugar de que las respuestas aportadas por la ciencia hayan aclarado el panorama de la religión, nos encontramos con el establecimiento de posiciones críticas con la fe, hasta el punto de que, para algunos científicos y teólogos, es imposible el entendimiento entre ambas, por tratarse de dos caminos de búsqueda sin ninguna posibilidad de encuentro. R. Dawking, el actual paladín del evolucionismo ateo, se refiere a la fe en los términos siguientes: «La fe es una gran evasión, una gran excusa para evadir la necesidad de pensar...La fe, siendo una creencia que no se basa en la evidencia, es el principal vicio de cualquier religión» (*Is Science a Religion*, pp. 26-29).

¿El dilema está definitivamente planteado desde dos posiciones muy diferentes: ¿Dios existe o Dios no existe? F. S. Collins se plantea esta pregunta del modo siguiente: «¿Existe aún la posibilidad de encontrar un armonía ricamente satisfactoria entre la concepción científica y espiritual del mundo? Yo respondo con un sonoro SÍ. En mi opinión, no existe ningún conflicto entre un científico riguroso y una persona que cree en un Dios que tiene un interés personal en cada uno de nosotros» (¿Cómo habla Dios?, p. 14). Pero la realidad es que el conflicto existe y que los no creyentes acumulan cada vez más material opositor contra la fe sencilla que se trasmite a la sociedad. Esto es tan real que, como Paul Tillich señala, hoy resulta difícil hablar de Dios con cualquiera, pues la respuesta más fácil que podemos recibir es «Si Dios existe...». Resulta muy complicado tratar de «pensar» a Dios si empezamos por no aceptar su existencia. Si iniciamos nuestro pensamiento desde el esquema de que Dios no es necesario (Hawking), y por lo tanto no existe, nuestro diálogo teológico se habrá agotado antes de empezar. F. S. Collins dedica un espacio al tema en su obra ¿Cómo puede una persona racional creer en los milagros? (p. 56), definiendo el milagro como «un hecho que ocurre sin que las leyes de la naturaleza lo puedan explicar y por lo tanto se considera de origen sobrenatural» (*ibíd.*). La propia definición sitúa al milagro en la esfera de actuación de un Ser sobrenatural, Dios, siendo así que el milagro no puede explicarse mediante la filosofía, la lógica, ni por las ciencias naturales, sino en función de la existencia de quien reconocemos como Dios. Por eso el milagro se explica sólo cuando se le asocia con lo sobrenatural y lo trascendente. Si no hay Dios, no hay milagros y a Dios se llega por el camino de la fe, no por el de las ciencias naturales. Luego los milagros también son hijos del misterio de la fe, como manifestaciones del mundo sobrenatural. En los laboratorios se podrá investigar el acontecimiento milagroso para determinar si en él han intervenido, o no, causas naturales que expliquen la naturaleza del fenómeno, pero reconociendo a la vez que la ciencia no tiene la respuesta definitiva que explique aquellos acontecimientos que se sitúan fuera de las leyes naturales. Para el creyente, los milagros existen porque un Dios todopoderoso existe y los hace posibles.

A la profecía podemos aplicarle el mismo tratamiento, es decir, para que exista la profecía, debe antes reconocerse la existencia de Alguien que tiene la capacidad de prever todas las cosas, de modo que esa omnisciencia le capacita para reunir todas las fuentes del saber universal, anticipándose a cada momento de la historia. Nadie se ha atrevido a conceder a las leyes naturales el pre conocimiento omnisciente que el creyente reconoce en Dios (ciertamente por la fe). Luego, cuando hablamos de profecía, realmente estamos hablando de Dios, pues es el único capacitado para contemplar la historia como un todo, en el que los tres tiempos: pasado, presente y futuro, se hacen presente continuo. Collins lo razona del modo siguiente: «Si Dios existe, entonces es sobrenatural. Si es sobrenatural, no está limitado por las leyes de la naturaleza. Si no está limitado por las leyes de la naturaleza, no hay razón de que esté limitado por el tiempo. Si no está limitado por el tiempo, entonces está en el pasado, en el presente y en el futuro» (*op. cit.*, p. 92).

La profecía es un desafío al futuro, un anticipo de lo que está por venir para poder contemplar acontecimientos de la historia que, para Dios, ya son, pero para el hombre no, quien tiene como misión ir descubriendo su cumplimiento en el desarrollo de los acontecimientos. Si en la revelación no existen riesgos, sí los hay en la interpretación, donde podemos actuar subjetivamente, confundiendo nuestra realidad con la descrita por la revelación, anteponiendo nuestros deseos personales al auténtico mensaje contenido en la profecía. Esto ha sucedido en multitud de ocasiones en relación con la escatología bíblica, como ya hemos mostrado con anterioridad en la presente obra. Las profecías sobre la parusía, tan deseada por el alma del creyente, han sido interpretadas durante dos mil años con un balance de fechas que han situado tal acontecimiento casi en cada siglo transcurrido, con la consiguiente decepción en los que esperaban ilusionados su cumplimiento.

2. ¿Dónde está el fallo?

Para el no creyente, no es necesario plantearse siquiera esta pregunta, puesto que no tiene ninguna perspectiva trascendente del futuro. Para él el fin del mundo y el futuro de la humanidad es otra cosa: se trata sólo de un fin cósmico, físico, estelar, y la muerte de todo ser humano será el fin definitivo y eterno. La vida en la tierra durará lo que sea y entonces nos alcanzará el fin último de nuestra historia. Para algunos científicos como el astrofísico agnóstico M. Rees, estamos viviendo en nuestro tiempo el punto más crucial de la historia del universo, después del *big bang*, y añade: «Creo que la probabilidad de que nuestra actual civilización sobreviva hasta el final del presente siglo no pasa del 50%» (*Nuestra hora final*, p. 16). Este reconocido cosmólogo inglés, basa su inquietud por el futuro de nuestro planeta en la misma ciencia que nos trae conocimiento y prosperidad. El doctor Rees se manifiesta en la línea de H. G. Wells (aunque menos pesimista), quien en 1902 presentó su conferencia titulada «El descubrimiento del futuro» en la *Royal Institution* de Londres. Ya entonces hacía referencia al peligro de un desastre global: «Nos resulta imposible precisar por qué ciertas cosas no habrán de destruirnos completamente y poner fin a la raza humana y su historia». En fin, recogemos las palabras de M. Rees con las que termina su obra ya citada: «El tema de este libro es que la humanidad corre un riesgo mayor que en cualquier otro momento de su historia» (*op. cit.*, p. 208).

Después de esta perspectiva pesimista que aporta la visión materialista de la «sola ciencia», señalaremos el optimismo que se extrae del mensaje bíblico en el cual el creyente cristiano fundamenta su esperanza. Cuando se trata de escatología, necesitamos recurrir incansablemente al texto de Juan 14:1-3, del que recordaremos las palabras de Jesús: «Vendré otra vez, y os tomaré a mi mismo, para que donde Yo estoy vosotros también estéis» (v. 3). El creyente contempla el futuro con gran serenidad, sea para recorrer lo que le quede de su caminar por esta vida, sea para encarar la muerte como una experiencia final, la cual nos introducirá en un más allá eterno y compensador de los avatares de esta vida: «Bien que esperamos cielos nuevos y tierra nueva, según sus promesas, en los cuales mora la justicia» (2 P. 3: 13). Para un científico como M. Rees, no creyente pero que ve como posible el fin de la vida sobre nuestro planeta, el ser humano podrá seguir viviendo si, haciendo sus deberes ahora, se prepara para el gran viaje a otro planeta, todavía por descubrir, con condiciones de vida semejantes a las nuestras: «Una vez existan comunidades autosuficientes fuera de la Tierra, nuestra especie será invulnerable ante el peor de los desastres globales» (*op. cit.*, p. 190). Para un científico creyente en Dios y en sus promesas, como es el caso de F. S. Collins, para quien todo está en las manos de Dios, el origen de todas las cosas y su destino eterno no dependen de la actuación del hombre, sea científico o sea teólogo. En Dios, la ciencia y la fe se dan una cita entrañable y unificadora. Collins, citando al astrofísico Robert Jastrow, escribe: «Los detalles difieren, pero los elementos esenciales y los relatos de la astronomía y de la Biblia sobre el Génesis son los mismos»; y añade: «Tengo que estar de acuerdo. El *big bang* exige una explicación divina» (op cit., p. 77).

El posible fin del mundo no deja indiferente a nadie, creyente o no creyente. Vivimos una vida y en un mundo donde nada es totalmente seguro, donde empezamos cada día con la incógnita de si lo terminaremos bien y en paz. Ni la ciencia ni la teología pueden garantizarnos el éxito y la existencia, por mucho que lo deseemos y tomemos toda clase de medidas para protegernos. No es necesario citar aquí ningún ejemplo que certifique lo que decimos, pues estos están al alcance de cada uno con sólo asomarnos a nuestra propia experiencia o la de nuestro entorno. Este hecho genera gran inseguridad y la inseguridad produce temor, para el que el creyente tiene el mejor antídoto: la garantía que le viene de su fe en el Padre eterno. H. Küng escribe: «Los enunciados bíblicos sobre el fin del mundo transmiten un testimonio de fe sobre la consumación de la obra de Dios en su creación: ¡también al final de la historia del mundo y del ser humano está Dios! De ahí que la teología no tenga necesidad de favorecer este a aquel modelo científico; su único interés es hacer comprensible a los seres humanos a Dios en cuanto Origen y Consumador del mundo y del hombre » (*El Principio*, p. 200).

Cuando los discípulos de Jesús se inquietaron por su futuro, después de oír decir a su Maestro: «Hijitos, aun un poco estoy con vosotros. Me buscaréis; mas, como dije a los judíos: donde yo voy, vosotros no podéis venir; así digo a vosotros ahora» (Jn. 13:33), Él los consoló con el mensaje central de la escatología bíblica: «Si me fuere, y os preparare lugar, vendré otra vez, y os tomaré a Mí mismo, para que donde Yo estoy, vosotros también estéis» (14:3).

Se nos ofrecen, pues, dos corrientes de opinión ante la vida y ante el futuro: 1) La seguida por los que aceptan la «realidad» indemostrable de la evolución; 2) La asumida por quienes aceptan la «realidad» indemostrable de la fe. Siendo objetivos, tenemos que reconocer que nadie puede demostrar empíricamente que Dios existe, ni tampoco que no existe. Como ya lo hemos citado en otro lugar, el gran filósofo E. Kant ya lo pensaba así. F. S. Collins, con un cierto desencanto, se refiere al efecto que esta dicotomía produce sobre las personas razonables, «quienes concluyen que se ven forzadas a elegir entre estos dos extremos, ninguno de los cuales ofrece mucho consuelo. Desilusionados por la estridencia de ambas perspectivas, muchos (...) se deslizan hacia varias formas de pensamiento anticientífico, espiritualidad superficial o simple apatía» (*op. cit.*, p. 13). De todos modos, pienso que el estado de fe, cuando se ha adquirido, es un estado superior al de la no creencia, pues, ante la realidad de una vida azotada tantas veces por situaciones de tensión, de dolor y con un final frecuentemente no deseado y hasta dramático; cuánto mayor consuelo hallaremos en abandonar nuestra angustia en las manos de Dios, quien nos ofrece su infinito amor y, con él, la salvación eterna. Cito una vez más a F. S. Collins, el científico ateo que se convirtió al cristianismo y que, por ser médico, ha tratado frecuentemente con el dolor: «Fui testigo de numerosos casos de individuos cuya fe les daba una fuerte seguridad y paz absoluta, ya fuera en este mundo o para el siguiente, a pesar del sufrimiento que, en la mayoría de los casos, les hubiera llegado sin que ellos hubieran hecho nada para ocasionárselo» (*ibíd.*, p. 28).

3. La luz del creyente, ¡siempre la luz!

Puede que no siempre seamos conscientes de que la luz del sol y la luz eléctrica son suficientes para impedir que las tinieblas cubran la faz de la tierra; regresando, cada vez con mayor propiedad, al tiempo genésico, cuando la Escritura describe el estado de la tierra en el principio de todas las cosas: «Y la tierra estaba desordenada y vacía, y las tinieblas estaban sobre la haz del abismo» (Gn. 1:2). Cierto es que el concepto de tinieblas puede entenderse de muy diversas formas: oscuridad resultado de la ausencia de luz, escasez o ausencia de expectativas, ignorancia, falta de principios éticos y tantos otros. No hay duda de que tanto la teología como la ciencia hacen su parte para que desaparezcan cualquier tipo de tinieblas que envuelven la vida de los seres humanos, eso sí, haciéndolo mediante muy diferentes métodos y objetivos. Las Escrituras resuelven el problema de manera rápida y directa pues, fundamentándose sobre el poder ilimitado de Dios, todo se resolvió en un instante: «Y dijo Dios: 'Sea la luz'; y fue la luz» (v. 3). Cierto es que hay quienes separan las diferentes órdenes creadoras de Dios, no por períodos de veinticuatro horas, sino por largos períodos de tiempo intermedios que no pueden cuantificar. Esta es la opinión de quienes aceptan la teoría de la «tierra antigua», o simplemente los evolucionistas, para quienes Dios no interviene, puesto que no existe. Como ya he dicho con anterioridad, el tiempo y las leyes naturales substituyen a Dios en el acto de la creación. Siendo empíricamente indemostrables las dos posiciones, personalmente me decanto por la primera, aquella en la que Dios interviene y, a partir de su intervención, ya todo es posible sin necesidad de tiempo. Es la fe la que hace posible que esto sea aceptable, como es necesario algún tipo de fe para aceptar los largos períodos de tiempo y el azar como los artífices de la creación.

La revelación bíblica asocia la luz con todo lo bueno, divino o humano, otorgando a Jesús el ser, por derecho propio, «la luz del mundo». Mi fe está afirmada en ese Jesús que revela al Padre y que ilumina la existencia. Su promesa es clara, pues, siendo la luz, puede garantizar: «el que me sigue, no andará en tinieblas, mas tendrá la luz de la vida» (Jn. 8:12). Las tinieblas son siempre sinónimo de error, pecado, perdición e ignorancia. Jesús dice: «Andad entre tanto que tenéis luz, para que no os sorprendan las tinieblas, porque el que anda en tinieblas no sabe dónde va» (12:35). Pienso que la ciencia, como la teología, también busca la luz y que muchos de sus descubrimientos iluminan nuestro entendimiento, incluso para profundizar nuestra fe en Dios. Son los objetivos los que la oscurecen, puesto que delante no hay nada, sólo el vacío y la oscuridad de la muerte. La fe aporta ese plus que desvela el origen y el destino de la humanidad, que conecta con la luz de la esperanza, otorgando conocimiento, seguridad y alegría a la existencia.

Me uno a H. Küng cuando, apoyado en su confianza en Dios como Alfa y Omega, principio y fin de todo, se refiere a «la muerte como ingreso en la luz» (*El Principio*, p. 201). Aquí no se trata de considerar al que no cree como un desdichado, ni al que cree como un ignorante. A ambos no les debe ser ajena la lucha que se desarrolla en el terreno de la fe o el de la increencia con su inquietud frente al futuro. El que no cree debe renunciar totalmente a la esperanza en un más allá que no se siente capaz de aceptar; mientras que el que cree debe cada día reafirmar su fe, sin por ello renunciar al estudio de todo aquello que la alimenta y desarrolla, sea la teología o sea la ciencia. El apóstol Pablo nos orienta al respecto cuando escribe: «Examinadlo todo, retened lo bueno» (1 Ts. 5: 21), o cuando encomienda «No os conforméis a este siglo; mas reformaos por la renovación de vuestro entendimiento, para que experimentéis cual sea la buena voluntad de Dios, agradable y perfecta» (Ro. 12:2). No, no es fácil creer sin renunciar al saber, pero la fe hace su obra y confirma al creyente en su andadura hacia la luz que se le ofrece: la promesa de una vida mejor, exenta de tinieblas. Es lo que H. Küng llama su «esperanza ilustrada».

Creo que el viento de la ciencia nunca podrá apagar la llama de la fe: 1) Porque Dios existe y su plan de salvación de la humanidad (aun a pesar de ésta) está en proceso y ha sido confirmado durante una larga historia llena de avatares y de luchas, y ha prevalecido; 2) Porque el ser humano, con carácter de exclusividad entre todo lo que existe en este planeta, necesita la esperanza para hacer frente a tantos días de su vida en los que no encuentra contentamiento. Nuestra inteligencia, que hoy por hoy nos diferencia decisivamente de las otras criaturas, se revela contra la idea de un fin definitivo y, cuando no consigue superar esa idea, teme ante la posibilidad de desaparecer para siempre. ¿Quién ha puesto en el hombre y la mujer ese deseo imperioso de permanencia? Si no nos gozamos con la esperanza, ¿qué ventaja obtenemos con nuestra humanidad? ¿No sería preferible ser como cualquier animal que no se plantea el drama de la muerte, porque hasta ahí no le alcanza el instinto de supervivencia? Vivir conscientes de que hemos de morir y, además, que tal hecho dramático pueda tener lugar en cualquier momento desde nuestro nacimiento y que no exista ninguna solución de continuidad

¿no es una crueldad indescriptible? Valorar la vida, temer por ello a la muerte y no poder evitarla. ¿Para qué esa conciencia del tánatos (muerte) que tanto tememos, si no tenemos ninguna respuesta que alivie nuestro drama? ¡Gracias a Dios que nos ha concedido la esperanza de vida eterna! Para el creyente, la muerte es el camino que se abre hacia la luz de una vida mejor; renunciando con ello al temor a morir y aceptando que el verdadero sentido de la vida se encuentra en la confianza que sólo puede encontrase en una sólida preparación para el tránsito.

Termino, como lo hace H. Küng en su obra *El Pensamiento*, cuando se refiere a las palabras del libro de Apocalipsis alusivas a la vida en el más allá: «Y allí no habrá más noche; y no tienen necesidad de luz de antorcha, ni de luz de sol, porque el Señor Dios los alumbrará, y reinarán para siempre jamás» (Ap. 22:5).

Otros títulos de la misma temática

Jesús bajo sospecha
Michael Wilkins y J.P. Moreland, eds.

Certeza de la Fe
Richard B. Ramsay

Nuevo ateísmo
Antonio Cruz Suárez